紙上的王冠

誰是下一位諾貝爾
文學獎得主

路鵑、曹亞瑟
——編譯

我們為什麼需要諾貝爾文學獎？

2004年底的一天，我正在中國社科院的一間大會議室裏坐著，一位我尊敬的先生附耳過來，低低地說了五個字：「桑塔格死了。」

會議室裏坐著不少學者和研究員，他們正在談論另一個女人：艾爾弗雷德・耶利內克，諾貝爾文學獎新科得主。《鋼琴教師》中譯本也剛剛火線出版。譯者寧瑛老師興致盎然地談著她翻譯這本書的體會。葉廷芳老師，馬文韜先生，德語界的達人都在，世界文學界原來從未放棄過對世界文學的關心。可是，我有一種感覺，我們就像是巴布亞新幾內亞的一群泥人族男女，坐在一間快要廢棄了的樹屋裏為一支名叫拜仁慕尼克的德國足球俱樂部隊吶喊助威。

一個奧地利女文人出名了，另一個已經很出名的美國女文人去世了，把這兩件事聯繫在一起的是一群瑞典人作出的一個決定，被一群中國人沸反盈天地研討著。社科院外文所聚集了中國最純良的一個文化人群體，他們抱著最大的善意去揣度諾貝爾文學獎為什麼頒給這個而不是那個作家，總是首先從作品價值方面去分析獲獎者的表率力量。不過在民間，這個獎激

發出來的分析評論，可以涉及冷戰遺產、區域衝突、多元文化、社會平權、貿易全球化和反壟斷、國際財團的利益糾葛以及環境保護，一個剛拿到公務員考試教材的大四學生，如能梳理清這些，便可一躍而入公共知識分子的行列。文學，我一向認為，是一個人涉水公共思考的捷徑，而諾獎則是討論文學的捷徑；七年來，蘇珊・桑塔格，以及約翰・厄普戴克、諾曼・梅勒、卡普欽斯基、哈里・穆利施等等，他們每一個人在離世後，都被（可能是很惡俗地）放到諾獎的天平上去稱量，論者們一次次套用列夫・托爾斯泰的名言說：成功意味著十分之一的靈感，外加十分之九的健康。

很多人至今仍然心懷遺憾，希望領到1901年諾獎的人是托翁（「他用西伯利亞莽原般遼闊的愛寫下的史詩性文學作品，豐富了世人對苦難和人類前景的認知」），而不是那個生活不能自理的法蘭西學院院士。比昂松的名字出現在獲獎者榜單裏也是個錯誤，他1903年拿到的支票，最好直接背書轉讓給他的挪威同胞易卜生。1907年，更該獲獎的是約瑟夫・康拉德，而不是更年輕、也更頑固的殖民主義者吉卜林。此外，還有人記得1912年拿獎的那位據說是德意志一代文豪的格哈德・豪普特曼嗎？又有誰會想念1904年的得主、西班牙戲劇家埃切加賴？彭托皮丹是誰？吉勒魯普又是誰？1915年的羅曼・羅蘭，法國人心目中常年處於二流偏下，也就是都德的級別。1909年，生命哲學家魯道夫・奧伊肯，因為「對真理的熱切追求、對思想的貫通能力」云云獲獎，可那時，生命哲學真正的奠基人、奧伊肯的同胞威廉・狄爾泰還活得好好的呢。

　　我們只能把這些昏聵的行為理解為一種試錯。人類理性是有限的，諾貝爾先生本人不是還炸死了兄弟、炸殘了老爹？他們不完整的遺體滋潤了科技的沃土，那些僥倖忝列「偉人」的人，則幫助人們調整心態，認清了一個獎無完獎的現實。經過一個世紀的試錯，評委們在品位、深度和膽量上已有長足的精進，例如，1909年塞爾瑪‧拉格洛夫得到的評語滿夠得上一篇小學生作文：「因為她作品中特有的高貴的理想主義、豐富的想像力、平易而優美的風格……」；到了2004年，耶利內克的獲獎理由裏出現了「musical flow of voices and counter-voices」一語，讓各媒體的新聞工作者絞盡腦汁，產生了多達二十餘種譯法。

　　雖然托翁沒能在斯德哥爾摩朗讀他的《天國在你們心中》，但是早期的評委們似乎是相信，最偉大的作家和作品，應該嘗試把涉及人世的終極問題一網打盡的，否則，拉格洛夫們不會領到那些，老派的現實主義作家，例如羅曼‧羅蘭、法朗士，也不會得獎。這種信念，到文學的專業化、學科化漸成事實，活躍的批評業把小說、詩歌、戲劇還原為解剖台下的文本，甚至文字及意義都一拍兩散的時候，仍然沒有太大的變化。每個嚴肅作家都與普世理想發生關聯，好比每一個拿著酒店門卡的客人，都能從自己的客房走進琴聲悠蕩的大堂裏。

　　包括外文所的那些賢達在內，我們之所以依然如此關心諾貝爾文學獎，關心得了獎的、沒得獎的和再也不可能得獎的，是因為我們很難割捨對完美的念想，總盼著文學能做些天大的好事——攘外也可，安內也可，即使不能抵抗該死的通

脹，至少幫著讀者練出一根抗通脹的神經。是的，瑞典人站在我們這邊。新世紀以來，很多人學會了一種名叫「認真你就輸了」的養生之道，但諾貝爾文學獎卻保持了足夠的矜持：2002年的凱爾泰茲、2003年的庫切、2007年的萊辛和2009年的荷塔‧慕勒，這些人獲獎，都證明評委們須臾不敢忘憂，他們肅穆的靈魂還在20世紀的爛攤子裏沉吟。

在路鵬、曹亞瑟苦心編譯的這本書裏，我看見了幾個常年熱門，但獲獎可能一直不大的名字：阿摩司‧奧茲，當世最知名的以色列作家，他的小說對諾獎來說太溫情，太通俗易懂，選他得獎，不能反映評委們的慧眼識珠；米蘭‧昆德拉，走紅過早，要想得獎，就必須有巴爾加斯‧略薩的耐心和多麗絲‧萊辛的體質；瑪格麗特‧愛特伍，上廁所都在寫字的大才女，拿獎拿到手軟，得不到諾獎，只皆因聰明風趣盡顯於外，活得太滋潤。有意無意地，諾獎評委們看好那些低調而有大悲憫的人，腦子裏總有點什麼想不明白，故而使著拙勁逆流而動。荷塔‧慕勒是如此，勒克雷齊奧也是如此，他們可以效法道家乘桴浮於海，但是一定要保持「哀矜勿喜」的儒家戒懼。

託諾獎的福，有成就的嚴肅作家每年得到了一次被下注的機會。九、十月間，博彩公司把盤口推上網站首頁，兩眼通紅的書商去廟裏燒香，大眾媒體再一次翻開舊帳，把博爾赫斯、卡爾維諾、普魯斯特、喬伊斯、卡夫卡、納博科夫、托爾斯泰、易卜生、康拉德、魯迅的台卡一個個丟到我們面前，無數個聲音高叫著：「我早就不相信諾獎了！我再也不相信諾獎

了！」可是，到了辛亥革命周年紀念日前夕，全世界總會有那麼一個作家，被宣佈為一筆100多萬美金鉅款的主人。隨後，不管這個人是當晚就召開新聞通氣，舉行豪華遊艇派對，還是像耶利內克那樣杜門不出，抵禦金錢的腐蝕，全世界有心智的讀者，都會開始研習他／她到那一刻為止的人生，他／她的文學成績，去分析他／她的思想是如何——比如說——拖延了人類走向最終墮落的進程。

《紙上的王冠》的二位編譯者收集、臚列了如此多的「遺珠」，在我看來，不妨把他們看作諾貝爾文學獎專刊的「網路版」，他們所參與的，是一個一直在標榜難度的遊戲，對抗著人們持續走輕的生活態度。在第三次世界大戰來臨之前，或者在諾貝爾基金會沒有倒閉，也沒有被工商局查封之前，這個獎仍會風雨無阻，每年一次地頒下去，以此製造一種文學仍在對所有民族、所有社會和國家發生影響的幻覺，而你和我，則依然可以在哪怕是最與世隔絕的時刻，獨自翻開書頁去分享這個幻覺。

雲也退

︱目次︱

諾貝爾文學獎
盛名、爭議與遺憾

　　每年10月的第一個星期四之前，世界各地都會有很多人在猜著同樣的「謎」：今年的文學獎獲得者會是誰？阿摩司・奧茲、欽努阿・阿契貝、阿多尼斯，還是戈馬克・麥卡錫？抑或是村上春樹、瑪格麗特・愛特伍、萊斯・穆瑞、要麼是中國的北島？

　　國際上著名的博彩機構也不會放過這個賺錢的機會，開列名單，大開盤口，供人們下單、投注。

　　而每當結果公佈出來，又往往會讓人們大跌眼鏡：這回又爆冷了！一個人們平時關注不多、但作品又很獨特的名字會在一夜之間傳遍全球。

　　——在全世界的所有文學獎中，沒有一個比諾貝爾文學獎影響這麼大，這麼牽人心魄，這麼難以預測，也引起這麼多爭議的了。

　　也難怪，自1901年開始，這個迄今已經有110年歷史的獎項，越來越多地承載了世界各國文學界人士的夢想。從諾獎一

誕生起，它就是伴隨著爭議和罵名成長的。

其實，就像人們說的「文無第一、武無第二」，任何一個評獎都是有自己的標準。諾獎並不是文學的奧林匹克競賽，諾獎得主也並非世界冠軍。諾獎的獨特性就在於它提供了一個視角，一個有別於我們自己的、對文學國際化判斷的視角。

我們來看看諾貝爾文學獎的前世今生。

諾貝爾獎：歐洲的？世界的？

1786年4月5日，瑞典國王古斯塔夫三世由於仰慕法蘭西學院，按照它的模式設立了「瑞典學院」。法蘭西學院有40名院士，因為瑞典國家小，所以學院確定由18名終身院士組成，每位院士各坐一把帶有編號的交椅，終生固定不變。一位院士去世後，其缺額才由院士們提名，投票補選，經國王批准後公佈於眾。瑞典學院不受任何組織的制約，自主地選舉院士，它獨立於政府，獨立於議會，也獨立於權力機構，獨立於各式各樣的組織。

1895年，瑞典的「炸藥大王」阿爾弗雷德・諾貝爾立下遺囑，將其身後全部財產即當時的3100萬克朗（相當於現在的2.3億美元）設立基金會，用基金的盈利部分每年頒發五類獎項，「授予那些在過去一年中對人類做出最大貢獻的人」，其中「五分之一授予在文學中創作了富有理想傾向的最優秀作品的人」；文學獎由「斯德哥爾摩的瑞典學院頒發」。遺囑人表達的願望是：「文學獎的授予不強調民族的歸屬，也就是說

誰最有資格誰獲得，不管他是否屬於斯堪地納維亞國家。」從1896年12月起，瑞典學院就按照瑞典國王的旨意，接下了這一極為艱難的任務，從1901年起評選諾貝爾文學獎。

諾貝爾文學獎評委會由18名院士中選出5人組成，任期3年，可以連選連任，其中設主席1人。每年由評委會篩選確定5人的候選名單，然後提交18名院士審議投票。所有的評議和表決紀錄都嚴格保密，有效期50年。

關於諾貝爾文學獎的評選標準，目前概括為5點：第一是要對人類有重大貢獻；第二個標準是作品的候選人在前一年有舉世矚目的工作成就；第三是不必考慮獲獎者的國籍；第四點是獲獎作品必須在文學上有極其出色的貢獻；第五點獲獎作品必須是趨向於理想主義色彩的作品。

關於諾貝爾文學獎的提名和評選程序，經過半個多世紀的評選和經驗積累，在1970年代基本上形成了這樣的操作模式：

一、提名。文學獎的提名人資格是：①瑞典學院院士和各國相當於文學院士資格的人士；②世界上所有大學的文學教授和語言學教授；③歷屆諾貝爾文學獎得主；④各國作家協會（筆會）主席。

每年9月，評選委員會都會向世界各地相關團體和被認為有資格提名的個人發出徵集函。提名人必須遞交正式提名信，並附上候選人的相關資料（如原著或譯本），於當年2月1日午夜前送達評委會，逾期則列入下一年度的名單。

二、資格確認。評委會把符合要求的有效提名匯總在「初選名單」上，在2月初提交學院審核，一般會形成200人

左右的「長名單」。

三、初選。評委會按照評選標準淘汰大部分候選人，形成一份15至20人的「複選名單」，4月份再次提交學院審議。有些落選者是因為作品文學價值不夠，或是作品在某方面沒有達到標準；有些被提名者是由於非文學性的因素，如基於政治、意識形態或民族主義等方面的理由，當然不在考慮之列。此外，首次獲提名者一般也先會遭到淘汰（目前還沒有首次提名就獲獎的），政府高官或前政府高官基本上也難過關。在這個階段，評委會也會就某些不熟悉的作品徵求專家意見，或為某些缺乏適當譯本的作品安排緊急翻譯。

四、複選。評委會到5月底會提出一個5人左右的「決選名單」，第三次報學院評議。學院在18名院士會議上會修改名單，更換或添加人選。

五、決選。從6月份開始，全體院士暑期3個月的主要工作就是閱讀5名候選人的作品，由於候選人多數都在前幾年亮相過，因此一般只用閱讀那一、二位新候選人的作品，以及老候選人最近一年的新作品。每位評委根據自己的閱讀感受寫出推薦意見。9月中旬，學院復會開始進行決選。有關「決選者」近況的調查，也會在這三個月內完成。

18位院士在2周至4周的時間內，會在每週四晚上進行討論、評議、表決，每一次投票必須有超過12位院士的投票才算數，每一個得主只有超半數的票，而且要超過8票以上的，評選才算有效。若經多次投票無人過半，有時會達成妥協評出兩人分享（100年來共有4次）。

　　六、頒獎。諾貝爾文學獎的公佈時間一般是在10月份的第一個星期四，有時也會拖至第二個星期四。頒獎公告只公佈最後通過的頒獎決定，以及相關贊辭。對所有爭議和質疑，院士們及5人評委一般不予回應。每年在諾貝爾的祭日即12月10日，定為「諾貝爾日」，將舉行隆重的授獎大典，由瑞典國王在斯德哥爾摩音樂廳為獲獎者授獎。諾貝爾獎每個得主除了得到相應的獎金外（每年數目不等，近年獎金數約合140萬美元），還會得到一張獎狀和一枚刻有諾貝爾頭像的金質獎章。此後的一周為「諾貝爾周」，會舉辦各種演講、座談、音樂會、訪談等等。

　　諾貝爾文學獎評選從1901年至2011年，已經整整111年了。其間，共評選出108位獲獎者，其中1914、1918、1935、1940、1941、1942、1943年因為戰爭沒有授獎，1907、1917、1966、1974年各有兩位作家獲獎。

　　我們來看看這些獲獎作家的國籍分佈情況：

法國：14人（含高行健）

英國：11人

美國：10人（含布羅茨基）

德國、瑞典：各8人

義大利：6人

西班牙：5人

波蘭、俄蘇：各4人

挪威、愛爾蘭、丹麥：各3人

瑞士、智利、希臘、日本、南非：各2人

　　比利時、印度、芬蘭、冰島、南斯拉夫、以色列、瓜地馬拉、澳洲、哥倫比亞、捷克、奈及利亞、埃及、墨西哥、聖盧西亞、葡萄牙、匈牙利、奧地利、土耳其、秘魯（略薩有秘魯和西班牙雙重國籍，只計秘魯）：各1人。

　　按性別比例算，獲獎的男作家共96名，女作家共12名。

　　按年齡算，英國作家吉卜林獲獎時年齡是42歲，是最年輕的獲諾貝爾獎獲得者；最老的獲獎者是英國女作家多麗絲·萊辛，她獲獎時已88歲，刷新了蒙森獲獎時85歲的記錄。

　　這裏面，屬於歐洲國家的獲獎人數就達78人，加上美國的10人，歐美作家獲獎的比例高達80%以上。這一方面是因為世界文學的重心確實是以歐美為主，另一方面前期諾貝爾文學獎的眼光也確實有些囿於歐洲範圍。不過，近三十年諾獎評委會注意到了這一問題，哥倫比亞、捷克、奈及利亞、埃及、墨西哥、聖盧西亞、葡萄牙、匈牙利、日本、南非、土耳其、秘魯等國家都有了獲獎者，不僅體現了此獎的國際性，而且挖掘出了許多過去不引人注目的作家、作品。

評選標準：「富於理想」是什麼？

　　前任諾貝爾文學獎評委會常任秘書斯圖爾·阿倫在論述諾獎的評獎標準時，曾引述過1978年的獲獎者艾薩克·巴什維斯·辛格的答謝辭詞，辛格以「為什麼給孩子們寫作」來形象地回答了這一問題：

第一，孩子們讀書，不讀評論。他們根本不理睬評
　　　論家。

第二，孩子們讀書並非為了尋找自己。

第三，他們讀書不是為了解除負罪感，壓抑反叛的渴
　　　望或者擺脫精神迷惘。

第四，孩子們不懂心理學。

第五，孩子們討厭社會學。

第六，孩子們才不想去弄明白卡夫卡或《芬尼根守靈
　　　夜》。

第七，孩子們仍然相信上帝，相信家庭，相信天使，
　　　相信惡魔，相信巫師，相信標點符號，以及令
　　　人想像不出來的東西。

第八，孩子們喜歡有趣的故事，不喜歡議論、旅遊指
　　　南或註腳。

第九，當一本書枯燥乏味的時候，孩子們就會打哈欠。

第十，孩子們並不希望自己喜愛的作家去拯救人類。
　　　他們年幼，明白他沒有那種能耐。只有大人才
　　　有這種幼稚的想法。[1]

　　斯圖爾·阿倫說，對孩子們回答的10個答案，它的精神
和諾貝爾獎的精神是完全一致的。

　　而在諾貝爾文學獎評獎的最初10年，對於遺囑中關於文
學部分至關重要的一點——「富於理想」一詞——曾經引起了
很大的爭議。

在諾獎評獎初期10年，曾擔任瑞典學院常務秘書達30年、對評獎結果影響舉足輕重的Ｃ・Ｄ・維爾森把這句話理解為「高尚和純潔的理想」，強調作者「不僅在表現手法上，而且要在思想和生活觀上真正具有高尚的品德」。他運用這一崇高而又保守的標準，否定了托爾斯泰、易卜生的入選。比如42位知名作家、藝術和評論家曾一致簽名推薦托爾斯泰，評選委員會雖然誇讚托爾斯泰在世界文學中佔有很高地位，但評價說他在「偉大作品《戰爭與和平》中，認為盲目的機遇在重大的世界歷史事件中起決定性作用；在《克萊采奏鳴曲》中，他反對真正夫婦的性關係；他在不少作品中不僅否定宗教，而且否定國家，甚至否定所有權，而他自己卻一貫享有這種權利，以及反對人民和個人有權自衛和防護。」[2]

易卜生被束之高閣，也是在他的大量作品受到一致讚賞的同時，評委會「考慮到易卜生最近的蛻變，在一些人的頭腦中產生了深刻的憂慮，就是本來希望給這位蜚聲世界文壇的偉大作家獎賞的人也望而卻步」。[3]

同樣，左拉被否定，托馬斯・哈代和亨利・詹姆斯也被排斥。對哈代的評價是：「哈代帶有宿命論色彩的作品從根本上講是非美學的，因為他沒有把藝術作品應該提供給靈魂的奮進力量給予被同情者，對於受盲目衝動控制的生靈，他缺乏興趣。此外，對世界主宰的反抗不僅是對神不敬，而且是一種暴行，如果人們認真思索的話。」[4]

而對亨利・詹姆斯，評委會認為他的作品《鴿翼》建立在「既不可能也令人厭惡的主題之上」，他的名作《一個女

人的肖像》中「細節拖著繁瑣的心理分析」，使人感到「厭倦」，作者「過多的編織一些小事，而它們對情節並沒有較大影響」。[5]

現在看這些評價，真感覺當時的瑞典學院幾乎把自己的當成文學界的「教師爺」了，它在用自己的觀念指導、左右整個世界文學創作的傾向甚至筆法。另一位院士H·舍克評價維爾森，說他確實是希望「能把歐洲的文學引入他所認為的正確軌道」。但是這一時期，後人評價除了1907年評出的吉卜林是當之無愧的之外，其他確實是乏善可陳的。

諾貝爾文學獎第一次衝出歐洲邊界，是1913年授予印度詩人泰戈爾。瑞典學院的年輕化是這些新變化的重要原因。1912年，維爾森去世，E·卡爾菲爾德接任常務秘書。接著在整個20年代，評委會都在對諾貝爾的遺囑進行新的解釋，舍克就指出過去的幾年瑞典學院對「理想一詞的解釋有些過於偏狹」，會把「一大批世界文學中的偉大作品」排斥在外。法郎士、葉芝和蕭伯納的獲獎就是瑞典學院在20年代力求克服過去直觀的片面性的成功結果。

在20年代，我們從這段歷史中看到，瑞典學院對「理想傾向」解釋的變化，這時已解釋為「人道主義」。在維爾森眼中是極為「殘酷為情」的蕭伯納，在1924年的報告中被評價為「富有進取精神的年輕的理想人物，莊重、健康、真正的仁慈、善良，簡直可以說是出類拔萃」。到1925年，對他的評價更高了：「除了滑稽和雄辯以外，還有一種嚴肅熱烈的奮進精神，力求從傳統的不獨立概念和傳統的虛偽與油滑的感情中

解放自己的思想」。[6]

1924年，托馬斯・曼進入評委會名單，但評委會對曼的《魔山》給予了一致的否定態度，理由是它缺乏「偉大的風格」，最聰明的辦法是等待新作品。後來，曼創作了《布登布洛克一家》，終於使他一舉奪得1929年的諾貝爾獎。

此外，對法國作家P・克洛岱爾和瓦萊里，都在予以相當程度的讚揚之後，以「晦澀」和「朦朧」為由被否決了。

1938年的諾貝爾文學獎授予了美國作家賽珍珠，這位被認為水準有限但作品流傳廣泛的作家，很快引起了各方非常強烈的反應。人們在報上挖苦說，等著瞧吧，將來還會把諾貝爾獎授予瑪格麗特・米切爾和A・露絲這樣的暢銷書作家的。事情雖不至於這樣，但是1938年人們確實建議把諾貝爾獎授予這位寫作《飄》的作家。

1934年的文學獎授予皮蘭德婁被認為是30年代評獎委員會所作的唯一值得稱頌的貢獻。1938年的評選報告裏，出現了A・赫胥黎的名字。

這些名單的變化，體現了評委會對「富於理想」一詞理解的變化過程。

戰後新景象：一串光彩奪目的名單

1945年選中的智利的加・米斯特拉爾，打破了歐洲和北美的界限，這是自1913年泰戈爾獲獎後的第一次。1941年，厄斯特林開始擔任瑞典學院的常務秘書，他主持推選了大膽和

有創新精神的作品，其中以黑塞、紀德、艾略特和福克納被認為是這一時期最為明智的選擇。

1945年，本來這一年的獲獎者應該是P·瓦萊里，但他不幸於當年的7月份逝世，評委會甚至考慮過給這位逝世的作家頒發諾貝爾獎。1946年諾貝爾獎授予了赫爾曼·黑塞，他的作品《荒原狼》被稱為是「最大膽的靈魂實驗」，因為在二次世界大戰期間，瑞典學院不向交戰國的作家授獎，本為德國作家的黑塞自1923年起放棄德國國籍加入瑞士國籍，並旗幟鮮明地譴責德國的法西斯暴行，因而他的獲獎名正言順。

30年代，評委會不給象徵主義或現代主義詩歌任何地位，甚至根本不考慮詩歌。在厄斯特林的新時期，諾貝爾文學獎獲得者的名單上本來想把瓦萊里列在榜首，由於他的逝世便由加·米斯拉特爾取而代之，1948年則由作品更加孤高的T.S.艾略特代表詩歌獲獎，開啟了現代主義的新風向。

而1949年威廉·福克納被授予文學獎，被認為是慧眼獨具，因為此時福克納對後世文學的巨大影響，特別是對法國新小說和拉丁美洲的魔幻現實主義的影響還沒有顯露出來。當時福克納就被評價為「無與倫比的大師」，「幾乎找不到出自他手的兩部小說使用相同的技巧」。[7]

1954年，海明威「因為充滿魅力並在當代小說藝術中創立了大師風格」而被授予諾貝爾獎。

在1940至1960年這段時間中，從黑塞、紀德、艾略特和福克納，到後來的帕斯捷爾納特、誇西莫多和聖—瓊·佩斯，現代主義傳統已逐步建立起來。

　　1964年基耶洛夫當選常務秘書，1970年擔任評委會主席，少壯派主導評選。1970年把諾貝爾獎授予索忍尼辛，1985年授予克勞德・西蒙，認為西蒙的新小說「打破了通常小說藝術的清規戒律，一部小說就是一部現實主義的歷史，它以縱觀和相互聯繫的方式在時代中馳騁」[8]。聶魯達於1971年獲得諾貝爾獎，他的作品被人們理解為超現實主義的。

　　戰後諾貝爾文學獎在歷史上的一個重要特徵是，獎勵了既難懂又光彩奪目的詩人，他們統統屬於在上一個時期被責怪為「孤芳自賞」的偉大的現代主義傳統。這個時期的評選被認為是諾獎歷史上最光彩奪目的。

賭注：授予那些被冷落的作家

　　「無論是文學獎還是其他類別的獎，都不是要獎給這個授獎領域裏最優秀者的獎金。」這是諾貝爾獎評委L・於倫斯坦的話，他是1984年回應華裔撰稿人黃祖諭的批評時說的。

　　1984年6月24日，黃祖諭在《哥德堡郵報》上撰寫文章，對諾貝爾文學獎評委會的「歐洲文學中心主義」提出了批評。

　　「諾貝爾獎不是一種榮譽——那樣的話變得保守和不順應時代和未來的潮流——而是一種投資或賭注（這樣做當然意味著有一定的風險），用於仍然可以被促進的創作，促進獲獎者或者促進他作品中為保衛當時的文學生活所創造的方向或所作的努力，促進『文學戰線』中的讀者和其他作家。」[9]於倫斯坦這樣回應質疑。

　　於倫斯坦根據遺囑證明人的材料解釋說，授獎的目的「不僅僅獎勵已經做出的貢獻，而且要為以後的作品和進一步發展在這些作品中表現出來的有希望的開端創造良好的可能性」。

　　評論家顏爾納在1903年致泰格納爾舉薦塞爾瑪‧拉格洛夫的信中就強調：

> 進而言之，諾貝爾獎恰好對她的創作有巨大的意義。她需要獲得一種有完全保障的地位，以便不再寫那些淺顯的故事和耶誕節小報上的文章。諾貝爾明確說過，他的獎金就是要支持繼續下去的活動。最好在作家年富力強的時候獲獎，以便得到鼓勵，儘管我在原則上並不反對獎勵仍然可以做些事情的有成就的老作家。……學院應該負起更大的責任，主動從眾多的作家中選出一位加以突出，這樣做遠比拿著錢袋子跟在一位已經公正地獲得了「世界榮譽」的漢子後邊增加他的遺產更為有價值。[10]

　　幾年後，與評委海頓斯塔姆交往密切的F‧伯克也提出了同樣的思想：

> 高爾斯華綏是一位受人歡迎並有著世界聲譽的大人物，他的通俗易懂的系列長篇小說廣為流傳。授予他諾貝爾獎不會有絲毫的意義，不管是對他自己還是對

文學事業。……如果把獎金授予一位重要而有特性、
但受到世俗的世界聲譽冷落並不見諸報端的作家，我
會更滿意。處於這種觀點，沒有任何其他諾貝爾獎比
授予泰戈爾、施皮特勒和葉芝的那幾次更能給瑞典學
院帶來榮譽。[11]

　　比如對1980年的獲獎者米沃什的反應，最清楚的表明了
一種信號。斯拉夫語文學專家尼爾松說：「幾年來人們看到了
瑞典學院所遵循的路線：人們在尋求那些知名度低、很少露面
和不上廣告的人。毫無疑問，人們已經找到了珍珠。」瑞典評
論家本特・赫爾姆特維斯特這樣評價近期的變化：「少獎勵那
些功成名就的作家。借助這項令人矚目的獎金廣泛介紹那些重
要但沒人充分注意的作品，無疑是一種較為理智的使用獎金的
辦法。」[12]

　　目前的獲獎者中僅有7位是在50歲以前獲得承認的，這才
是諾貝爾設立此獎的本意，即獎勵一部新書而不是終生的作
品，不是要給作家蓋棺論定或獎勵其文學的毅力和堅韌能力。
當然，著眼於青年作家也意味著增加風險。

　　但是，近幾年我們注意到，諾貝爾文學獎評委會似乎有
些走火入魔，評出的作家不僅冷門而且有些偏門，比如2002
年得主匈牙利作家凱爾泰斯，90%的讀者並不知曉，作品也
是傳統的寫實手法，難見有什麼重大突破[13]；再如2005年
得主英國戲劇家哈羅德・品特，他的最優秀的作品都是20世
紀50～60年代寫出的，而他早已經宣佈封筆，不再創作劇本

了，而在人們幾乎已經遺忘了品特之時，評委會把諾獎授予了他[14]；而2008年得主多麗絲・萊辛獲獎時已經88歲，她的傑作《金色筆記》出版於1962年，其他重要作品也大多發表在60～70年代，遲至垂暮之年頒獎給她無疑難以起到「雪中送炭」的作用。對這些結果，文學界是不無詬病的。

關於遺漏：讓人蒙羞的名單

那麼，百年來的諾貝爾文學獎都遺漏了那些出色的作家？

1984年，黃祖論與於倫斯坦在《哥德堡郵報》的論戰中，提出了用「稀有」語種創作的作家是否與用西方語言創作的作家有同等獲獎可能性的問題。他認為用「稀有」語種創作的作家如果問鼎諾貝爾獎，要「滿足兩個同等重要的條件」：

1・他或她必須寫出有理想傾向的優秀作品；
2・他或她必須能找到一位具有同等水準的其他作家，此人能將他的作品譯成某種一般的西方語言。[15]

第一條是作家所能把握的，但第二條是作家個人所無法左右的。連印度的泰戈爾的獲獎也跟他的作品是自己譯成英文的有關。很多歐洲之外的作家難以獲得諾獎與沒有好的西方文字譯本是有很大關係的。

這只是原因之一。另外一方面，對早期「富於理想」的保守理解也使得很多優秀作家錯失了此獎項。這不是這些作家

的損失，而是諾貝爾文學獎的損失。

人們對維爾森主政時期的評價最為刻薄，大家普遍認為S·普呂多姆、米斯特拉爾、埃切加賴、奧伊肯和海澤的獲獎實在勉強。比昂松應該讓位於易卜生、托爾斯泰、左拉、斯特林堡應該獲獎。人們對蒙森、卡爾杜齊和塞爾瑪·拉格洛夫的名字也沒有多少熱情；而授予吉卜林文學獎，是維爾森時代唯一獲得公眾贊許的決定。

更刻薄的批評是針對斯堪地納維亞的獲獎人數偏多，幾乎在所有人的心目中，海頓斯塔姆、吉勒普魯的得分都是最低的。唯一獲得好名聲的是漢姆生，他成了整個斯堪地納維亞一長串名單中唯一的偉大人物。

1913年諾貝爾獎授予泰戈爾，首次把觸角伸到了歐洲之外，1930年的路易士、1934年的奧尼爾、1938年的賽珍珠獲獎使得美國登上了世界舞臺；1945年女詩人加·米斯特拉爾這個「整個拉丁美洲的精神皇后」的獲獎使得諾貝爾獎的領域得到新的拓展。但是，直到1968年川端康成獲獎才真正使豐富的東亞文化出現在人們的視野中；1973年澳洲的帕·懷特獲獎又使得一個新大陸與諾貝爾文學獎的歷史緊密連在了一起。

於倫斯坦在1984年接受德國媒體採訪時就說到，瑞典學院對歐洲之外的作家的注意在逐漸增加，我們「儘量使獲獎者遍佈全球」。1986年，非洲的奈及利亞作家沃萊·索因卡獲獎；1988年，埃及作家馬哈福茲獲獎；1991年，南非作家內丁·戈迪默獲獎；1992年，聖盧西亞詩人德里克·沃爾科特

獲獎；1994年，日本作家大江健三郎獲獎；1998年，葡萄牙作家若澤‧薩拉馬戈獲獎；2000年，中文作家高行健獲獎。在十幾年間，這種地域的豐富性，超過了前80年，使得獲獎者真正遍佈了全球。

而在評委會1951年的調查、回顧當中，人們普遍認為1921～1929年中的法郎士、葉芝、蕭伯納和托馬斯‧曼都是合格者；在1930～1939年中，高爾斯華綏和賽珍珠早就被排除在合格者之外，布寧和馬丹‧杜伽爾也都排不上名次，西蘭帕更沒有找到辯護人。1934年的皮蘭德婁和1936年的奧尼爾則被評價為兩個優秀的獲獎者，開創了現代戲劇的新時代。

相當多的中等水準獲獎者掩蓋了同樣多的疏漏者。安東尼奧‧馬查多或烏納穆諾比貝納文特更有資格獲獎；佛吉尼亞‧伍爾夫比賽珍珠更有資格獲獎等。

一批偉大的作家在評選者眼皮底下溜走：哈代、瓦萊里、克洛岱爾、聖‧喬治、馮‧霍夫曼斯塔爾、烏納穆諾、高爾基和佛洛伊德。

還有一些名單的遺漏是無可挽回的，如約瑟夫‧康拉德和詹姆斯‧喬伊斯都從未被正式提名。我們還可以舉出一些遺漏的名單：普魯斯特、卡夫卡、里爾克、穆西爾、卡瓦菲斯、Ｄ‧Ｈ‧勞倫斯、曼德爾施塔姆、加西亞‧洛爾加和佩索亞。對此，瑞典學院的解釋是，很多作家在其生前是聲名不彰，很多重要作品都是在其身後出版的，也有的雖然在其生前都出版了代表性作品，但取得國際性影響都在逝世後。但這一名單畢竟是讓瑞典學院蒙羞的。

　　所幸的是，在二次世界大戰後的獲獎者——包括紀德、艾略特、福克納、莫利亞克、海明威、卡繆、帕斯捷爾奈克、聖－瓊·佩斯和薩特——構成了當時的最優秀的作家群體。

　　在對西班牙語的獲獎者的審查中，專家們認為授予埃切加賴和貝納文特是「浪費」，而給加·米斯特拉爾的桂冠應該給「一個真正的先驅者，如V·維多夫羅或C·巴列霍」。授予賈西亞·馬奎斯是一個完美的選擇，而這同時也意味著對博爾赫斯和科塔薩爾的疏漏。

　　當時的評委隆德克維斯特阻止了授予博爾赫斯諾貝爾獎，他說：

> 我無意混淆政治與文學的界限，不管對博爾赫斯還是對利特索斯。我曾翻譯和介紹過博爾赫斯，我對他懷有很高的敬意，特別是他作為詩人。但是我也看到了他的局限性，發現他被過分地美化了。就他的政治搖擺性而言，他正朝著法西斯方向發展。按我的想法，由於倫理和人道主義的因素，他不適合成為諾貝爾獎獲得者。[16]

　　在日本文學中，人們認為谷崎潤一郎最有資格獲獎，然而此人在1965年去世，1968年把獎授予川端康成被認為是一個最合適的選擇。而阿拉伯文學中當時只有兩個名字：馬哈福茲和阿多尼斯。而馬哈福茲已於1988年獲獎，人們對阿多尼斯也充滿了期待。

當然，被遺漏的名單還可以開列長長的一串：

B・布萊希特

H・布洛赫

A・馬爾羅

J・G・波伊斯

A・莫拉維亞

V・納博科夫

格雷安・葛林

埃茲拉・龐德

W・斯蒂文斯

A・阿赫瑪托娃

N・卡贊札基斯

W・H・奧登

保爾・策蘭。

這是一個無可挽回的名單，只能讓我們記住他們在文學史上的貢獻。

爭議：「政治獨立性」的悖論

關於政治性，是諾貝爾文學獎一個廣受爭議的話題。儘管瑞典學院反覆聲明自己置身於政治矛盾之外，學院的指導原則是「政治獨立性」。

1958年授予帕斯捷爾奈克、1965年授予蕭洛霍夫、1970年的諾貝爾文學獎授予索忍尼辛，都由於在不同的政治體制下

而引起了爭議。而在評委埃斯普馬克透露在資料中，其實，從1946～1950年，帕斯捷爾奈克一直作為俄國最傑出的象徵派詩人都在提名之列，1957年的《齊瓦哥醫生》直接促成了他的獲獎。

而蕭洛霍夫的獲獎更是被傳說是赫魯雪夫通過瑞典一位國務委員建議瑞典學院的，而當時蕭洛霍夫是蘇共中央委員。在對索忍尼辛的獲獎採訪中，院士隆德克維斯特回應說：「任何獎金的效果都帶有政治性，如果不是說遊藝的話。」這句話馬上被報紙引用，並加上了醒目的標題：「是政治給了索忍尼辛諾貝爾獎」。

1923年授予葉芝諾貝爾獎，被說成是因為愛爾蘭接受與倫敦簽訂邊界協定並尋求加入國際聯盟。而1939年授予「在文學上完全微不足道的」西蘭帕，是為了抵抗蘇聯對芬蘭的威脅。即使1953年授予英國首相邱吉爾，也被認為是針對他的二次大戰中貢獻。

同樣，1980年米沃什獲獎，被認為是與波蘭罷工有關；1984年授予捷克作家雅魯斯拉夫・塞費爾特，也被評價為「這是第一次獎給一位捷克作家諾貝爾獎，而發生的時間恰恰是捷克作家和人民需要鼓勵的時候」「因此瑞典學院的評選結果變成了一種政治舉動。」[17]

再比如，有人認為2000年的諾獎授予高行健是出於「不可告人的政治目的」，但是熟悉高行健的人都知道，他是從不介入政治活動的。諾貝爾文學獎的授獎詞中也是認為高的作品具有「普遍價值」。而很多左派甚至共產黨員都獲得過諾貝爾

獎，比如聶魯達和蕭洛霍夫。再比如，1998年得主葡萄牙作家薩拉馬戈獲獎時依然是共產黨員，2004年得主奧地利的耶利內克、2007年得主多麗絲・萊辛都曾是共產黨員。2005年得主英國人哈羅德・品特也是著名的左派。所以，曾在瑞典觀察諾獎達21年的萬之先生認為：「那些攻擊瑞典學院反共的人實在是無知到了極點。」[18]

也許，關於諾獎政治性的話題還會延續下去吧。

走勢：預測的不可能性

那麼，關於未來幾年諾貝爾文學獎的走勢，將會是怎樣的呢？根據2009年授予羅馬尼亞裔德國作家荷塔・慕勒爆了冷門，2010年又授予秘魯的巴爾加斯・略薩這個人們普遍覺得名至實歸的作家來說，幾乎是無法預測的。因為越是媒體炒作、眾口一詞看好的作家，往往是最不可能獲獎的；而遭受冷落、甚至成為明日黃花的作家，往往會像經歷復活賽一樣被激活。

不管是按語種、地域、作品種類來分析，還是看年齡和知名度，任何分析都是不靠譜的。比如，2009年，有人分析說，因為2008年的獲獎者是法國人勒克萊齊奧，所以本次排除法國人和法語作品；而進入新世紀以來，已有奈保爾、庫切、品特、多麗絲・萊辛四位英語作家獲獎，按地域和語種分析也予以排除。而上次的詩人獲獎是1996年的波蘭人辛波絲卡，詩人已13年未染指諾獎了；美國人獲獎是1993年的托

妮‧莫里森，也已經16年與諾獎無緣，以至於美國人諾獎情
結幾乎與中國人相當；而諾獎被指為太「歐洲中心」了，所
以，很多分析都認為2009年的獲獎者應該是排除歐洲，在其
他大陸、其他語種的作家尤其是詩人中選擇。按照「英語的」
和「非英語的」，「小說的」和「詩歌的」來分類分析，這篇
文章得出結論，可能性最大的是五個人：

【以色列】阿摩司‧奧茲（Amos Oz）

【敘利亞／黎巴嫩】阿多尼斯（Adonis）

【澳洲】萊斯‧穆瑞（Les Murray）

【荷蘭】塞斯‧諾特博姆（Cees Nooteboom）

【斯里蘭卡／加拿大】邁克爾‧翁達傑（Michael Ondaatje）

　　而在一些評論中，很多人看好的是加拿大的瑪格麗特‧
愛特伍，美國的菲利浦‧羅斯，黎巴嫩的阿多尼斯，以色列的
阿摩司‧奧茲，瑞典的特朗斯特羅姆，秘魯的巴爾加斯‧略
薩，墨西哥的卡洛斯‧富恩特斯，希臘的瓦西里斯‧阿列克札
基斯，日本的村上春樹。而在2009年10月7日諾獎公佈前夜，
賠率分析家們的口風突然轉向，眾口一詞說獲獎者很可能是出
生於羅馬尼亞的德國作家荷塔‧慕勒（Herta Müller），當天
荷塔‧慕勒的賠率也調整為1/2。而2009年10月8日公佈的結
果，果真是荷塔‧慕勒。一時間，這個新名字傳遍全球，但此
前其在中國的知名度幾乎等於零，美國、法國、英國儘管有荷
塔‧慕勒的多種譯本，評論家也大都沒關注過這個名字。這個
結果再次讓人們大跌了眼鏡。

　　在2010年的諾貝爾文學獎開獎前，很多人都預測得主應

該是詩人了，因為據上一次詩人獲獎已經14年；也有人預測是在中東、非洲或者亞洲；更有人向瑞典文學院對美國文學的偏見表示不滿，覺得菲利普‧羅斯、托馬斯‧品欽、戈馬克‧麥卡錫完全有資格得獎。所以2010年的英國立博國際博彩公司的賠率排名在開獎前幾天也一再變化，先是瑞典詩人托馬斯‧特朗斯特羅默、波蘭詩人亞當‧札伽耶夫斯基、黎巴嫩詩人阿多尼斯、韓國詩人高銀均高居榜首，後來是肯亞作家恩古吉‧瓦‧提昂戈和美國作家戈馬克‧麥卡錫分別守擂，日本作家村上春樹也曾名列第二，略薩並不被博彩公司看好，可以看出是幾種概念在輪番炒作。結果仍然是秘魯的巴爾加斯‧略薩笑到了最後。

2011年10月6日，在立博博彩的盤口上經過多次膠著，瑞典詩人托馬斯‧特朗斯特羅默幾番立在潮頭。當天瑞典時間下午1時（北京時間晚19時），瑞典學院終於揭開了謎底：托馬斯‧特朗斯特羅默獲獎！名至實歸。一個無可爭議的結果，一個皆大歡喜的結局，詩人最後得到了圓滿。

那麼，今後幾年的諾獎是什麼走向呢？從作品講，詩人、小說家、劇作家都有可能，看來瑞典學院不怎麼考慮文體之間的平衡；從地域上講，非洲、亞洲甚至澳洲都有極具競爭實力的作家，肯亞作家恩古吉、奈及利亞作家阿契貝、黎巴嫩詩人阿多尼斯、以色列作家奧茲的勝算很大，但歐洲和南美機會很少了；由於美國文學已被冷落17年，美國作家羅斯、麥卡錫、品欽、奧茨都有獲獎的可能，加拿大作家瑪格麗特‧愛特伍、愛麗絲‧門羅也都不是沒有可能性；在瑞典

詩人托馬斯・特朗斯特羅默2011年獲獎後，此後若干年詩人再次獲獎的幾率會稍稍降低；對中國而言，北島、李銳、莫言也都被瑞典學院關注和其他獲獎者屢次提及，也有獲獎的可能。

不過，瑞典學院一貫不按牌理出牌，出現什麼結果都是可能的。

翻譯：強項與缺憾並存

改革開放以來，中國的外國文學翻譯越來越成為人們閱讀的重要組成部分，各出版社也都對外國文學翻譯工作愈加重視。

傳統的文學翻譯重鎮——人民文學出版社（外國文學出版社）、上海譯文出版社、譯林出版社，加上近年在這方面表現突出的世紀文景、作家出版社、重慶出版社、雲南人民出版社、浙江文藝出版社，前幾年在這方面有所作為的灕江出版社、安徽文藝出版社、湖南文藝出版社、河北教育出版社等等，歷來都很關注國際上的幾大文學獎項，尤其是諾貝爾文學獎、英國的布克獎、法國的龔固爾獎和法蘭西學院小說獎、美國的普立茲獎和國家圖書獎、日本的芥川獎，近年更加上了英國的柑橘獎、惠特布萊德獎和布萊克小說紀念獎，法國的勒諾多獎、費米娜獎和梅第西獎，美國的全美書評人獎和福克納文學獎，德國的書業和平獎和畢希納文學獎，捷克的卡夫卡文學獎，愛爾蘭的都柏林文學獎，西班牙的賽凡提斯獎，日本的直

木獎和江戶川亂步獎等。這些獎項裏，最重要的當然是諾貝爾文學獎和英國的布克獎。英國的布克獎是各小說獎項裏水準最高的、最能傳世的，《午夜之子》、《在自由的國度》、《眼盲刺客》、《邁克爾·K的生活和時代》無不代表了這一水準，在小說評獎上，它絕對是高於諾貝爾獎的，事實上獲布克獎的作家後來屢屢獲諾貝爾獎也證明了這一點。反倒是法國的文學流派手法過於新奇、變幻過於繁雜，龔固爾獎的取向也經常隨之搖擺不定，近些年更是為突出其國際性，或者是政治正確性，頻頻發給外裔法語作品，而作品又不見得好，讓人屢屢發出看不懂之感。

而在華語開列的諾貝爾文學獎候選人的榜單上，我們能夠看出，目前華語的文學翻譯與世界主流文學仍存在很大差距。上榜的作家中，有些已經有譯本，如菲利浦·羅斯、托馬斯·品欽、阿摩司·奧茲、巴爾加斯·略薩、富恩特斯、米蘭·昆德拉、翁貝托·埃可、村上春樹、伊恩·麥克尤恩等，但也有很多作家極少介紹，有的甚至根本沒有做過任何譯介。

從候選人作品的中譯本翻譯情況來看，目前的外國文學翻譯有這樣幾個傾向：一、重美英法；二、重熱門人物；三、重暢銷書。這三個方面其實是緊密相連的，無法分述。重美英法，意味著其他語種較為薄弱，包括德語、俄語、西班牙語、阿拉伯語、義大利語、日語這些文學佳作頻出的語種，更包括那些少有人知的小語種，如荷蘭語、捷克語、波蘭語、意第緒語、波斯語等等。我們都知道，魯迅對東歐、北歐的一些小國

家的文學是很重視的，曾翻譯了很多作品。美、英、法是大語種，加之本身就是文學大國，英語和法語使用國家多，作品傳播快、影響大、翻譯多，這些都是不爭的事實。這些語種的重要作家的主要作品，我們翻譯的較為齊全，如英語的菲利浦・羅斯、托馬斯・品欽、瑪格麗特・愛特伍、戈馬克・麥卡錫、伊恩・麥克尤恩、保羅・奧斯特，法語的米蘭・昆德拉、圖尼埃、莫迪亞諾等，還有其他語種的大作家，如埃可、略薩、村上春樹等。這些都是公認的熱門人物，作品不僅叫好，市場也叫座，銷路不錯能夠賺錢。而且，每年的幾大文學獎項都是多家出版社爭搶的熱門貨，大致統計一下，10年內的布克獎作品中文的翻譯率為100%，龔固爾獎作品的翻譯率為80%。

但很多已有國際聲譽的作家，我們卻涉及很少，比如西班牙作家璜・戈提梭羅（Juan Goytisol），希臘詩人和小說家瓦西里斯・阿列克札基斯（Vassilis Aleksakis），波蘭詩人亞當・札伽耶夫斯基（Adam Zagajewski），澳洲詩人萊斯・穆瑞（Les Murray），包括韓國詩人高銀，這些都沒有中文譯本。黎巴嫩的阿多尼斯呼聲很高，總算在2009年有了譯本《我的孤獨是一座花園》，像荷蘭的哈里・穆里施（Harry Mulisch）、西班牙的胡安・馬爾塞（Juan Marse），捷克作家阿努斯特・盧斯蒂克（Arnost Lustig），我們都只有一至兩個譯本，說明重視還是不夠的。

相反的現象是，有些屬暢銷書但文學價值不大的作品翻譯量卻不少。有人做過統計，在美國暢銷書名單上的40%～

50%的作品都有中文譯本。這一個原因是暢銷書能賺錢，再一個就是我們潛意識中的美國中心論在作祟。這種美國中心論與世界文學的格局還是有很大距離，而諾貝爾文學獎評委多次對美國文學的現狀提出批評，認為其固步自封，對其他國家的文學翻譯介紹很少，公開表明諾獎會遠離美國，以對其政治強勢起到反撥作用。

相比較而言，臺灣的很多文學翻譯，雖然沒有中國大陸那麼精緻、有底蘊，翻譯的總量不如大陸豐富，但目光要比大陸寬闊。很多沒注意到的小語種、邊緣作家，都有了譯本，發現的眼光比較敏銳，反應速度也比較快得多。比如2009年剛公佈的諾貝爾文學獎獲得者荷塔‧慕勒就是個顯著的例子，獲獎名單一公佈，大陸文學界一片譁然，而臺灣早在1999年就有了譯本《風中綠李》，而這也是當時中文世界唯一的譯本；再如2006年獲諾獎的帕慕克的《我的名字叫紅》，臺灣是2004年翻譯出版的，而大陸出版是2006年10月。再如奧地利先鋒劇作家彼得‧韓德克在國際戲劇界已相當知名，中國戲劇界之外對此是毫無所知，而臺灣早已有譯本；再如菲律賓作家法蘭西斯科‧荷西、美國後現代作家威廉‧H‧蓋斯，在臺灣都有譯本。

在1980年代，中國大陸就出版過阿爾及利亞的阿西婭‧傑巴爾《新世紀的兒女》（人民文學出版社），肯亞的詹姆斯‧恩古吉《一粒麥種》、《大河兩岸》、《孩子，你別哭》（均為外國文學出版社），澳洲的大衛‧馬婁夫《飛去吧，彼得》（重慶出版社）。那時的資訊遠不如現在這般傳遞快捷，

翻譯實力也不如現在雄厚。以現在我們出版社、出版公司的實力，已遠非上世紀80年代可比，只要有恰當的機制、敏銳的反應，做到目光普照應該不是難事。

但願我們的外國文學翻譯能儘早補上這些缺漏，這也是這本候選榜小冊子想要達到的目的。

‖注釋‖

[1] 艾・巴・辛格：《魔術師・原野王》，灕江出版社1992年2月版，第489頁。
[2] 謝爾・埃斯普馬克：《諾貝爾文學獎內幕》，灕江出版社2001年3月版，第30頁。
[3] 同上，第32頁。
[4] 同上，第43頁。
[5] 同上，第44頁。
[6] 同上，第80頁。
[7] 同上，第130頁。
[8] 同上，第142頁。
[9] 同上，第151頁。
[10] 同上，第155頁。
[11] 同上，第157頁。
[12] 同上，第165頁。
[13] 萬之：《諾貝爾文學獎傳奇》，上海人民出版社2010年1月版，第119頁。
[14] 參見《諾貝爾文學獎傳奇》，第58頁。
[15] 《諾貝爾文學獎內幕》，第250頁。
[16] 同上，第195頁。
[17] 同上，第199頁。
[18] 《諾貝爾文學獎傳奇》，第76頁。

近10年的諾貝爾文學獎候選人

Achebe, Chinua

【奈及利亞】
欽努阿・阿契貝
小說家、詩人、評論家

　　欽努阿・阿契貝（Chinua Achebe），1930年11月16日出生於奈及利亞東南部奧吉迪的一個伊博族人村鎮。他是第二屆國際布克獎得主，被譽為「現代非洲小說之父」，因為他第一次寫出了「發自非洲人內心世界的英語小說」。

　　阿契貝年幼時，伊博族人正處在英國的殖民統治中，生活在部落中的人們很多信奉基督教，他的家庭亦然。阿契貝在大學裏表現出色，對世界宗教和傳統非洲文化非常著迷，並開始嘗試寫作。畢業後，阿契貝到奈及利亞電臺從事對外廣播工作，一直用英語寫作，並對英語這個「殖民者的語言」進行了辯護。

　　20世紀60年代前後，由於部落文化與西方文明發生劇烈衝突，阿契貝親歷了奈及利亞劇烈的社會動盪、目睹了獨立前後的種種變化，因而創作出反映伊博族人生活的史詩──長篇小說《瓦解》（*Things Fall Apart*, 1958），描寫了英雄如何走向末路，出版後即引起文壇轟動；其後，他又推出了其他三部長篇小說《動盪》（*No Longer at Ease*, 1960）、《神

箭》（*Arrow of God*, 1964）和《人民公僕》（*A Man of the People*, 1966），構成了「奈及利亞四部曲」。

　　1960年，奈及利亞脫離英國的殖民統治宣佈獨立。由於爭奪石油資源，部族衝突加劇，1967年奈及利亞的比夫拉地區發生內戰，阿契貝積極為伊博族人工作。為了幫助被戰爭和饑餓蹂躪的人民，他呼籲歐洲和美洲給予援助。1970年政府軍重新奪回該地區，他因為支援比拉夫而被吊銷護照。此後，阿契貝一直居住在美國，在馬薩諸塞州大學任教，直到1976年重新回到奈及利亞。1979年，他被授予奈及利亞國家文學獎。1990年3月，阿契貝遭遇車禍後癱瘓，後一直居住在美國

　　阿契貝說過：「一個非洲作家，如果試圖避開巨大的社會問題和當代非洲的政治問題，將是十分不恰當的。」他的代表作「奈及利亞四部曲」就是他觀點的體現——

《瓦解》再現了英國殖民主義者入侵奈及利亞前後伊博人的生
　　　　活，英雄奧貢喀沃因傲慢和恐懼而遭受驅逐，待七
　　　　年後他重歸故鄉，去發現部落傳統已被瓦解。

《動盪》則描寫奧貢喀沃的孫子奧比從英國留學歸來，西方教
　　　　育已經使他遠離非洲的文化之根，奧比的愛情也遭
　　　　遇部族傳統的阻礙，仕途也漸入歧路，最後導致眾
　　　　叛親離……

《神箭》主要追述英國傳教士在農村的活動，以及殖民主義侵
　　　　入所引起的變化，大祭司伊祖魯及其所代表的傳統
　　　　都在崩潰過程中。

《人民公僕》則是阿契貝最出色的諷刺小說，它描繪了獨立後以「人民之子」和「人民公僕」自詡的政客的種種骯髒手段，揭露當時政治生活的動盪與混亂。

1987年，阿契貝的第五部長篇小說《荒野蟻丘》（*Anthills of the Savannah*）在與第四部長篇小說相隔20年後問世，描寫了三個同學加好友薩姆、克里斯多夫、伊肯的不同命運：薩姆曾在英國學習，當上總統後逐漸走向獨裁；新聞部長克里斯多夫，則去監控《國家公報》編輯伊肯的言行；伊肯參加了反對獨裁者薩姆的活動，發表抨擊政府的評論……

阿契貝還著有詩集《當心，我心愛的兄弟》（*Beware, Soul Brother*, 1971），短篇小說集《戰地女郎》（*Girls at War*, 1973），兒童故事《契克與河》（*Chike and River*, 1966）和論文集《創世日前的黎明》（*Morning Yet on Creation Day: Essays*, 1975）、《奈及利亞的不幸》（*The Trouble with Nigeria*, 1984）等著作。

1991年諾貝爾文學獎得主內丁・戈迪默評價阿契貝「有一種值得稱道的天賦，他是一位充滿激情、文筆老辣、揮灑自如的偉大天才」。阿契貝於2002年獲德國書業和平獎，並於2007年贏得第二屆國際布克獎。他在世界各地贏得了無數榮譽，被英美等國家的大學授予了20多個榮譽博士學位。

中文譯本：

《瓦解》（簡 重慶出版社，2009）
《動盪》（簡 重慶出版社，2009）

《神箭》（簡 重慶出版社，2009）

《人民公僕》（簡 外國文學出版社，1988，簡 重慶出版社，
　　2008）

《荒原蟻丘》（簡 重慶出版社，2009）

Adonis

【敘利亞／黎巴嫩】
阿多尼斯
詩人

　　阿多尼斯（Adonis），原名阿里・艾哈邁德・賽義德・
阿斯巴（Ali Ahmad Said Asbar），當代阿拉伯詩歌先驅。
1930年1月1日生於敘利亞的托塔基亞。阿多尼斯是希臘神話
中的美少年，被其用作筆名。

　　阿多尼斯出生於一個貧困的農民家庭，13歲尚未進入學
校讀書。其父親是一個深受阿拉伯傳統詩歌影響的農民，經常
讓他背誦古詩，因而他也很早就開始了詩歌創作。1947年，
他在一次為敘利亞總統舒克里・庫阿特利朗誦詩歌後，命運
從此得到改變，他得到機會進入大馬士革大學學習並獲得獎
學金，1954年在那裏獲得哲學學位。在此前後，他開始使用
「阿多尼斯」筆名寫作。

1955年，他因為曾參與敘利亞社會民族主義黨的活動而被判入獄6個月。1956年出獄後，他遷居黎巴嫩貝魯特，與詩人優素福・哈勒共同創辦了《詩歌》雜誌，並擔任《立場》雜誌主編，對阿拉伯現代詩歌的發展產生過重大影響。此後他放棄了泛敘利亞主義思想，轉而成為泛阿拉伯主義者，逐漸脫離政治，並申請獲得了黎巴嫩國籍。

1960年，他前往法國巴黎學習，1970年回到黎巴嫩，在黎巴嫩大學教授阿拉伯文學。1973年，他在貝魯特聖約瑟大學獲文學博士學位，其旨在重寫阿拉伯思想史、文學史的博士論文《穩定與變化》分四卷出版後，在阿拉伯文化界引起震動，被公認為研究阿拉伯文學及文化的經典著作。他的《阿拉伯詩學概論》（*An Introduction to Arab Poetics*, 2000）也是研究阿拉伯詩學的必備著作。

1980年，他為了避開黎巴嫩內戰的戰火而旅居巴黎，並在西方多所大學擔任客座教授。20世紀80年代以來，他榮獲過布魯塞爾文學獎、土耳其希克梅特文學獎、馬其頓金冠詩歌獎、阿聯酋蘇爾坦・阿維斯詩歌獎、法國的讓・馬里奧外國文學獎和馬克斯・雅各外國圖書獎、義大利的諾尼諾詩歌獎和格林札納・卡佛文學獎、比昂松獎等國際大獎，2011年入圍格里芬詩歌獎。

阿多尼斯迄今共出版《最初的詩篇》（1957）、《風中的樹葉》（1958）、《大馬士革的米赫亞爾之歌》（*Songs of Mihyar the Damascene*, 1961）、《戲劇與鏡子》（1968）、《這是我的名字》（1971）、《圍困》（1985）、《紀念朦

朧與清晰的事物》（1988）、《如果只有大海可以睡去》（If
Only the Sea Could Sleep，三卷本，2000）、《身體之初，
大海之末》（2003）、《出售星辰之書的書商》（2008）等
22部詩集，並著有文化、文學論著近20種及部分譯著。

　　阿多尼斯的詩歌深受伊斯蘭文化遺產中的蘇菲神秘主義
影響，認為詩歌是一種最崇高的表達人的方式，應著力探索心
靈、愛情、疑問、驚奇和死亡的領地；他是阿拉伯詩歌現代化
最積極的宣導者，其有關詩歌革新與現代化的見解影響深遠。
阿多尼斯除了在世界詩壇享有盛譽外，還是一個卓有成就的文
學理論家、翻譯家和畫家。

中文譯本：

《我的孤獨是一座花園》（簡 譯林出版社，2009）

Albee, Edward

【美國】
愛德華・阿爾比
劇作家

　　愛德華・阿爾比（Edward Albee），1928年3月12日生
於華盛頓，美國荒誕派劇作家。

阿爾比出生兩星期後就為富家收養，養祖父擁有多家劇院。童年時，阿爾比經常接觸劇壇名流，很小年紀就開始顯露出文學創作的興趣，12歲開始寫詩，接著寫劇本。他在三一大學就讀一年，期間演過麥克斯韋爾‧安德森的戲，因此，熟悉了劇壇名流以外的另一面。1947年，他離開三一大學，遷到紐約格林威治村，幹過多種工作，同時為廣播電臺寫稿。

1958年，阿爾比寫成《動物園的故事》（*The Zoo Story*），曾送到紐約多家劇團，未被接受，後被朋友送到歐洲，1959年9月在柏林首演，接著在德國許多城市上演，1960年在外百老匯普羅文斯劇場上演，此劇使他名聲鵲起，但也招來不少批評。1962年，《誰害怕佛吉尼亞‧伍爾芙？》（*Who's Afraid of Virginia Woolf?*）使他大獲成功，獲紐約劇評獎，並被評為該演出季的最佳戲劇，後來又成功地改編成電影，被公認為阿爾比最傑出的劇作。他的其他較為重要的作品有：《貝西‧史密斯之死》（*The Death of Bessie Smith*, 1959）、《沙箱》（*The Sandbox*, 1959）、《美國之夢》（*The American Dream,* 1960）、《小愛麗絲》（*Tiny Alice*, 1964）、《優美的平衡》（*A Delicate Balance,* 1966）。

阿爾比是荒誕派劇作家，他在創作上成長的年代也正是荒誕派戲劇嶄露頭角和流行的年代。他的《動物園的故事》、《沙箱》和《美國之夢》從主題、動機到手法，都體現了荒誕派的特點。阿爾比最擅長寫牢騷滿腹的人物，表現人的孤獨痛苦，語言辛辣尖刻，人物對罵時語言如傾盆大雨，令人震驚，

發人深省。他喜歡用象徵、暗喻、誇大的手法描寫美國社會生活，表現了他對西方社會價值觀念的某些背棄和否定。

阿爾比曾憑《優美的平衡》（1966）、《海景畫》（*Seascape*, 1974）、《三個高大女子》（*Three Tall Women*, 1990-1991）三獲普立茲戲劇獎（1967，1975，1994），他於1972年當選美國文學藝術學院院士，並榮獲過美國國家藝術勳章（1996）、托尼獎終生成就獎（2005）。2011年，阿爾比榮獲愛德華・麥克德維爾獎章，以表彰他在戲劇創作領域內所取得的成就。

中文譯本：

無

Alexakis, Vassilis

【希臘】
瓦西里斯・阿列克札基斯
希臘語、法語雙語小說家

瓦西里斯・阿列克札基斯（Vassilis Alexakis），1943年12月12日生於雅典，希臘語、法語雙語小說家。

1961年，阿列克札基斯17歲時得到赴法學習的獎學金，到里爾學習新聞，從此立志成為作家。1964年，阿列克札基

斯返回祖國服兵役，不料3年後，希臘發生政變，他被迫流亡
到巴黎。

　　阿列克札基斯的作品從希臘、法國兩種文化中汲取靈
感，充滿了溫婉的諷刺；他的作品散發出的風格，讓讀者油然
而生知己之感，並能感受到他鮮明的個人立場。他的第一本法
語小說《三明治》（*Le sandwich*）出版於1974年，1980年
又出版了第一本希臘語小說《塔爾戈》（*Talgo*）。1995年以
小說《母語》（*La langue maternelle*）獲法國的梅第西獎。
2004年，又以《外語》（*Les mots étrangers*）獲得希臘國
家文學獎的最佳小說獎，並於2006年出版英文版，這是他的
小說第一次被譯成英文。他還以《從前》獲得過阿爾貝・卡
繆獎。2007年，他憑藉小說《*Ap.J.C*》獲得法蘭西學院小說
大獎。《*Ap.J.C*》講的是一位年輕學者前往希臘北部的聖山
（Mont Athos）尋找修士歷史的故事。

　　阿列克札基斯還著有法語作品《梆梆城的女孩》（*Les
Girls de City-Boum-Boum*, 1975）、《國王的兒子》
（*Le fils de King Kong*, 1987）、《巴黎，雅典》（*Paris-
Athènes*, 1989）、《爸爸》（*Papa*, 1997）、《阿拉斯加鱈
魚》（*Le colin d'Alaska*, 1999）、《每一天我都忘記了你》
（*Je t'oublierai tous les jours*, 2005）等；希臘語作品《心》
（*Ηκαρδιά*, 1999）等。

中文譯本：

無

Al-Koni, Ibrahim

【利比亞】
易卜拉欣‧阿爾庫尼
小說家

易卜拉欣‧阿爾庫尼（Ibrahim Al-Koni），利比亞小說家，他是高產的阿拉伯語作家之一。

易卜拉欣‧阿爾庫尼1948年生於費贊地區，在一個傳統的圖阿雷格族家庭中長大，他是通常意義上所說的那種「含蓄的人」或「憂鬱的人」。神話元素、精神追求和存在問題糅合在阿爾庫尼的寫作中，他被尊崇為魔幻現實主義作家、蘇菲派寓言家和詩意的小說家。

他在沙漠地區度過童年時光，12歲時才開始學習阿拉伯語的閱讀和寫作。後來，阿爾庫尼進入莫斯科的高爾基文學院研究比較文學，並在莫斯科與華沙從事記者工作。目前他居住在瑞士。

截至2007年，阿爾庫尼出版作品已逾80部，代表作有《阿努比斯》（*Anubis*）、《金砂》（*Gold Dust*）、《巨石之血》（*The Bleeding of the Stone*）、《賽斯的七層面紗》（*The Seven Veils of Seth*）等，所獲榮譽不計其數。他所有作品都是用阿拉伯語寫作的，迄今已被翻譯成35種語言。他

2008年出版的小說《金砂》用英語寫作，小說《不太遙遠的呼喚》（*A Call Not Too Far*）獲得2008年阿拉伯聯合大公國的賽義德圖書獎。

中文譯本：

無

Allende, Isabel

【智利】
伊莎貝‧阿言德
小說家

　　伊莎貝‧阿言德（Isabel Allende），1942年8月2日出生於秘魯首都利馬，是智利著名小說家，2003年加入美國籍，2010年獲智利國家文學獎，被譽為「世界上讀者最廣泛的西班牙語作家」。

　　伊莎貝出身名門，她成長在一個奇妙的大家庭，神神叨叨的外祖母為她打開了神秘世界的心靈之門。1973年，在美國中央情報局支持下，在智利右翼軍人皮諾切特領導的流血政變中，時任智利總統的她的伯父薩爾瓦多‧阿言德遇害，她逃過一劫，從此踏上流亡之路。政變發生時她31歲，她的許多

親人被監禁，到處躲藏或逃往國外。18個月後，她和丈夫及兩個孩子流亡到委內瑞拉，隨身帶著一把她家花園的泥土。她說：「我生命的第一階段終結於1973年的9月11日。」

她的小說創作源於1981年1月8日的一個電話，她的故鄉聖地牙哥傳來消息，99歲的外祖父決定絕食自殺，此刻正生命垂危。她把打字機放在廚房裏，開始給那位傳奇老人寫信。那是一封外祖父永遠也讀不到的書信，第一句話是在恍惚狀態下寫的。一年下來，她在餐桌上居然寫了500頁。《精靈之屋》（*The House of the Spirits*）誕生了。《精靈之屋》展現一個智利大家族的變遷，小說以三代女性——埃斯特萬的妻子克拉臘、女兒布蘭卡和外孫女阿爾芭的經歷，結合革命、政變、獨裁統治的大背景，講述了埃斯特萬·特魯埃瓦的家族史，穿插著許多魔幻細節。這部小說為她帶來巨大的聲響，使她成為魔幻現實主義「第二代」的代表人物，也使她踏上了文學上的不歸路。

從此之後，每年的1月8日阿言德開寫一部新作品時，都要舉行一個秘密儀式召喚創作的神靈和靈感，然後把手指放在鍵盤上，像在恍惚狀態中讓第一句話自己寫出來。

1985年，她創作了第二部小說《愛情與陰影》（*Of Love and Shadows*），她說：「我想找到那些獨裁統治中的失蹤者，莊嚴地掩埋他們的屍首，為他們哭泣。」隨後，阿言德出版了有女權主義色彩的作品《愛娃·盧娜》（*Eva Luna*，1987，中文本譯作《月亮部落的夏娃》）和短篇小說集《愛娃·盧娜的故事》（*The Stories of Eva Luna*, 1989），並陸

續出版了《無限的計畫》（*The Infinite Plan*, 1991）、回憶錄《保拉》（*Paula*, 1995）、隨筆集《阿佛洛狄特：感官回憶錄》（*Aphrodite: A Memoir of the Senses*, 1998），並以小說《幸運的女兒》（*Daughter of Fortune*, 1999）、《不褪色的肖像》（*Portrait in Sepia*, 2000）與《精靈之屋》構成了三部曲，同時創作了童話故事三部曲《怪獸之城》（*City of the Beasts*, 2002）、《金龍王國》（*Kingdom of the Golden Dragon*, 2004）《侏儒森林》（*Forest of the Pygmies*, 2005）。

1988年，她在美國嫁給加利福尼亞的一位律師威廉・戈登（William Gordon）。她未從夫姓，仍保留阿言德之姓，與她一貫的女權主義形象相符。

「我構建我的祖國的形象時就像人們玩智力拼圖，只擇取適合我設計的部分而忽略別的，我並不只屬於一方水土，而是好幾方。」她又說：「寫這部書是為了重新接近我失去的祖國，跟我四散的家人重新團聚，讓死去的親人形象復活，保存對他們的記憶，當時的流亡生活已開始侵害這些記憶。」她近年出版的回憶錄《我虛構的國家》（*My Invented Country: A Memoir*, 2003）、《我們日子的總和》（*Sum of Our Days: A Memoir*, 2008），尋找的也正是這種記憶。

阿言德於2006年出版《我靈魂中的伊內斯》（*Ines of My Soul*），被認為是她最好的一部小說。小說講述了佩德羅・德・瓦爾迪維亞（曾征服智利的西班牙殖民者）的情人伊內斯・德蘇阿雷斯的一生，體現了作者對發掘殖民時期的女性主

義的極大興趣。

2009年9月，阿言德在西班牙和智利、阿根廷、哥倫比亞、墨西哥、烏拉圭南美五國同步發行了她的最新小說《深海島嶼》（*The Island Beneath the Sea*），在第一周就登上了暢銷書榜單。目前，阿言德的作品已被譯成30多種語言，小說發行量高達5500萬冊。

伊莎貝‧阿言德得到過很多榮譽，如1986年獲墨西哥的科利馬文學獎，1993年獲義大利的班卡雷拉文學獎，1993年獲英國的獨立外國小說獎，1994年榮獲美國的女性主義年度獎等。2004年，阿言德當選美國文學藝術學院院士，2009年又入選西班牙賽凡提斯學院。

2010年，在巨大爭議下，伊莎貝‧阿言德榮獲智利國家文學獎，成為繼加布里艾拉‧米斯特拉爾、瑪爾塔‧布魯內特和瑪塞拉‧帕斯後，第四位獲得這一智利文壇最高榮譽的女性。因為太過暢銷，有些作家對她的獲獎嗤之以鼻。

中文譯本：

《精靈之屋》（繁聯經出版，1994；另譯《幽靈之家》，簡北京十月文藝出版社，1991；譯林出版社，2007）

《月亮部落的夏娃》（簡中國國際廣播出版社，1990）

《愛情與陰影》（簡雲南人民出版社，1995；簡譯林出版社，2011）

《佐羅：一個傳奇的開始》（簡譯林出版社，2006）

《阿佛洛狄特：感官回憶錄》（簡譯林出版社，2007）

《怪獸之城：阿言德少年探險奇幻三部曲》（簡 譯林出版
　　社，2010）

《矮人森林：阿言德少年探險奇幻三部曲》（簡 譯林出版
　　社，2010）

《春膳》（繁 聯經出版，2009）

《天鷹與神豹的回憶》三部曲（繁 聯經出版，2007）

Al-Qasim, Samih

【以色列】
塞米・阿爾卡希姆
詩人

　　塞米・阿爾卡希姆（Samīh al-Qāsim），以色列的阿拉
伯詩人。他的阿拉伯語詩歌享譽整個阿拉伯世界。

　　阿爾卡希姆1939年生於約旦北部的札爾卡城，是以色列
的德魯茲人。他的父親當時在阿卜杜拉國王的阿拉伯軍團中服
役。他在上加利利的萊姆鎮讀完了小學，後來從拿勒撒的一所
中學畢業。1948年巴勒斯坦撒離時他的家族沒有離開。「巴
勒斯坦慘案發生時我還在讀小學。那天也是我的生日，我能
回憶起1948年事件時的第一印象，腦海中就會湧上48這個
數字。」

　　阿爾卡希姆曾在新聞雜誌從事記者工作。他說，後1948時代在民族主義者中蔓延的納賽爾主義的泛阿拉伯意識形態對他影響很大。他的大部分詩歌，都與大浩劫前後的生活變動有關，還有巴勒斯坦人和更多阿拉伯人為了把自己的家園從國外勢力下解放出來所作的抗爭及各種阿拉伯悲劇。他的詩歌受到兩個時期的生活影響最深：第三次中東戰爭前後；1967年他加入哈達斯組織。

　　1968年他出版了第一本詩集《等候雷鳥》（*Waiting for the Thunderbird*）。他的伊拉克朋友、詩人阿爾海達里問他，是否訪問過巴格達，他回答說他不需要去。因為在他看來，任何一個阿拉伯城市，都和他居住的阿拉伯城市沒什麼兩樣。

　　到1984年，阿爾卡希姆已經寫出了24卷民族主義詩歌，出版了6部詩集，如《戰爭之子》（*Sons of War*）、《午間的懺悔》（*Confession at Midday*）、《玉米與耶路撒冷的對話》（*Conversation between Ear of Corn and Jerusalem*）、《一個死於放逐的人的遺願》（*The Will of a Man Dying in Exile*）、《與一個獄卒討論的終結》（*End of a Discussion with a Jailer*）等。他的詩相對較短，有的不超過兩行，他的一些名篇也不例外。

　　阿爾卡希姆目前在海法擔任以色列阿語報紙《卡達阿人報》的總編，並開辦有阿拉伯語出版社和民間藝術中心。每個月他都在加利利城和一些阿拉伯集鎮向大批觀眾朗誦自己的詩篇。阿爾卡希姆拒絕離開以色列，他引用諺語如是說：「我選擇留在祖國不是因為我不夠愛自己，而是因為我愛祖國更多。」

中文譯本：

無

Angelou, Maya

【美國】
瑪雅・安吉羅
小說家、詩人

瑪雅・安吉羅（Maya Angelou），本名瑪格麗特・安・詹森（Marguerite Ann Johnson），生於1928年4月4日，美國傳記作家、詩人，被譽為「美國目前最好的黑人女傳記作家」。

系列六卷本自傳是安吉羅最知名的作品，主題是童年和剛成年時的經歷。《我知道籠中鳥為何而歌唱》（*I Know Why the Caged Bird Sings*）是她第一部也是最廣受推崇的作品，記載了她17歲前的經歷。這部作品給她帶來了國際聲譽並被提名國家圖書獎。她被授予30多個榮譽學位。

20世紀50年代後期，安吉羅在人權運動中表現活躍，作為馬丁・路德・金所領導的南方天主教領袖聯合會的北方聯絡員為該機構服務。1991年至今，安吉羅任教於北卡羅來納州

溫斯頓薩勒姆的維克森林大學，成為第一個美國史研究的雷諾茲終身教授。從上世紀90年代起，她每年進行大約80場的巡迴演講。1995年，她創造了蟬聯《紐約時報》非小說類暢銷書排行榜位最久的記錄（兩年）。

隨著《我知道籠中鳥為何歌唱》的出版，安吉羅創立了一種新的回憶錄的撰寫風格，成為第一位能夠開誠布公討論個人生活的非洲裔美國女性。她被當作黑人和女性的代言人而備受愛戴。安吉羅的作品常被冠之以「自傳體小說」，她一直潛心摸索、批判、變革並延伸了自傳作品的體裁，以此不斷挑戰自傳作品的慣常結構，關注諸如身分認同、家庭關係、種族主義等主題，也常常成為大學裏的必讀書目，但其一些廣受爭議的作品也常被學校拒之門外。

安吉羅最初17年的經歷都記錄在她第一本自傳《我知道籠中鳥為何歌唱》中。安吉羅3歲時，她的哥哥4歲，其父母那「災難般的婚姻」終於解體。8歲時，在與母親同住期間，安吉羅遭到了母親男友佛里曼的強姦。她將此事告訴了哥哥，後者又告訴了家族的其他成員。佛里曼被控罪名成立，但只被監禁了一天，獲釋4天後，他被人發現遭毆打致死，也許是安吉羅的叔叔們所為。安吉羅此後拒絕開口說話，正如她此後在書中所寫的，她確信：「我想，是我的聲音殺死了他，我殺死了那個男人，因為我說出了他的名字，然後我想我再也不能說話了，因為我的聲音能殺死任何人……」這種狀態差不多持續了5年。佛里曼被殺後不久，安吉羅和哥哥又被送回祖母身邊。

得益於安吉羅家的朋友和老師伯莎·佛勒斯的幫助，安

吉羅才重新開口說話。佛勒斯給她介紹了很多作家的作品，諸如狄更斯、莎士比亞、愛倫·坡、道格拉斯·詹森，還包括很多黑人女作家。二戰期間，她進入喬治·華盛頓中學，後又在加州勞動學校依靠獎學金學習舞蹈和戲劇。畢業前夕，她成為三藩市第一個黑人車掌小姐。畢業三周後，她生下了兒子。安吉羅的第二本自傳《以我之名相聚》（*Gather Together in My Name*, 1974），回顧了她17歲到19歲期間的生活，「描述了一個單親母親在社會階層前頻頻碰壁，墮入貧困和犯罪的深淵」，為了盡力撫養兒子，她在一段又一段的露水情緣、時斷時續的工作中苦痛掙扎，顛沛流離於一個又一個城市。

在第三本自傳《唱啊，跳啊，就像過聖誕一樣快樂》（*Singin' and Swingin' and Gettin' Merry Like Christmas*, 1976）中，安吉羅講述了1949年自己和希臘水手托什·安吉洛斯那段為期三年的婚姻。1952年，她獲得一份獎學金，得以學習非洲舞蹈，爾後又學習了現代舞。她參與創辦舞蹈團，將現代舞、芭蕾以及西非的舞蹈元素融匯到一起，到歐洲巡演，還學會了多種語言。

安吉羅在寫作第一部自傳時，並沒有打算寫成一個系列，但它的後續都很受歡迎，第四部《女人心語》（*The Heart of a Woman*, 1981）、第五部《上帝的孩子都需要旅遊鞋》（*All God's Children Need Traveling Shoes*, 1986）、第六部《歌聲入雲霄》（*A Song Flung Up To Heaven*, 2002）陸續問世。安吉羅的散文集《不可小覷的旅程》，也包括了很多自傳中述及的素材。

安吉羅豐富的履歷也包括了創作詩歌、戲劇，為電視和電影寫作劇本、導演、演員、演說等。她是一個多產作家和詩人，其詩集《在我死前給我一口涼水吧》（*Just Give Me a Cool Drink of Water 'fore I Diiie*）被提名普立茲獎。1977年，她參演了暢銷小說《根》改編的電視劇。她的劇本《佐治亞，佐治亞》（*Georgia, Georgia*），是第一部出自黑人女性之手的原創劇本。1998年70高齡時，她因為執導電影《三角洲特種部隊》成為第一個導演主流動作大片的非裔美國女性。2006年，她還在《瘋黑婆子日記》中飾演了「梅」一角。

中文譯本：

《我知道籠中鳥為何歌唱》（簡北京十月文藝出版社，2000）

Antunes, Antonio Lobo

【葡萄牙】
安東尼奧・羅伯・安圖內斯
小說家

安東尼奧・羅伯・安圖內斯（Antonio Lobo Antunes），1942年9月1日生於里斯本，葡萄牙小說家。

7歲時，他決定成為一名作家；但16歲時，父親送他進入

里斯本大學醫學院學習，讀至醫學博士，後來專攻精神病學。在此期間他一直未停止過寫作。

臨近畢業時，羅伯‧安圖內斯不得不參加葡萄牙殖民地戰爭（1961～1974），在軍中服務。在安哥拉的一家陸軍醫院中，他對死亡這個主題發生了興趣。羅伯‧安圖內斯1973年從非洲返回，安哥拉獨立戰爭後來成為他很多小說的主題。他在德國和比利時都工作過很長時間。

1979年，羅伯‧安圖內斯出版了第一部小說《大象的回憶》（*Memória de Elefante*），並獲得巨大成功，他決定從此以寫作為業。他的風格濃烈凝重，被認為深受威廉‧福克納和路易-費迪南‧塞利納的影響。

羅伯‧安圖內斯的代表作有《南方的不毛之地》（*Os Cus de Judas*, 1979）、《認識地獄》（*Conhecimento do Inferno*, 1980）、《鳥的自白》（*Explicação dos Pássaros*, 1981）、《法朵‧亞歷山德里諾》（*Fado Alexandrino*, 1983）、《該死的法案》（*Auto dos Danados*, 1985）、《輕舟返航》（*As Naus*, 1988），三部曲《心靈的激情》（*Tratado das Paixões da Alma*, 1990）、《事物的自然法則》（*A Ordem Natural das Coisas*, 1992）、《卡洛斯‧加戴爾之死》（*A Morte de Carlos Gardel*, 1994），《向所有事物道晚安》（*Boa Tarde às Coisas Aqui em Baixo*, 2003）、《我的名字叫軍團》（*O Meu Nome é Legião*, 2007）等。

1985年，羅伯‧安圖內斯的《該死的法案》獲葡萄牙作家協會小說大獎，《卡洛斯‧卡戴爾之死》獲1996年法國文

化獎，他還於2000年獲得奧地利歐洲國家文學獎、2005年獲
得耶路撒冷獎。

中文譯本：

無

Ashbery, John

【美國】
約翰・阿什貝利
詩人

　　約翰・阿什貝利（John Ashbery），1927年7月28日生
於紐約州的羅徹斯特，1949年畢業於哈佛大學，1951年獲哥
倫比亞大學碩士學位。1955年起，阿什貝利作為富布萊特訪
問學者赴法國，在巴黎逗留十年，為《先驅論壇報》和《藝
術新聞》撰稿，翻譯法文詩歌並創作法文詩，1965年回到紐
約，1974年起在大學任教。阿什貝利共出版了20多本詩集，
囊括了幾乎所有美國的詩歌獎項，其詩集《凸面鏡中的自畫
像》獲美國國家圖書獎和普立茲獎。

　　1953年，阿什貝利出版第一本詩集《圖蘭朵》（*Turandot
and Other Poems*）。1956年，第二本詩集《一些樹》

（*Some Trees*）被詩人奧登選入耶魯青年詩叢，此時他的詩歌屬於比較規範的斯蒂文斯所開創的沉思範式，曉暢易懂。1962年，出版詩集《網球場宣言》（*The Tennis Court Oath*），這本詩集屬於刻意讓「資產階級嚇一跳」的作品，他進行了極端的語言實驗，打破短語，單獨用字，文本支離破碎，努力推翻可以認知的知識秩序，似可稱之為語言的波洛克繪畫，是詩人最不可解的一本詩集。個性化的晦澀，故意缺少邏輯，似乎是在和讀者過不去。而真正為他贏得大批追隨者的傑作是1975年出版的《凸面鏡中的自畫像》（*Self-Portrait in a Convex Mirror*），詩集問世後即受到廣泛好評，同時獲得普立茲獎、國家圖書獎和全美批評界獎。著名批評家布盧姆盛讚詩人「把包括惠特曼、迪金遜、斯蒂文斯、哈特·克蘭的美國的延續性連接起來，從而實現了愛默生關於美國文學自治的幻想的預言」。

阿什貝利與弗蘭克·奧哈拉、肯尼斯·柯克並稱為「紐約派」三巨頭，該流派的成員還應包括巴巴拉·格斯特、詹姆斯·斯凱勒、愛德華·菲爾德等。這是個以紐約為根據地的詩歌流派，實際上各人的風格都有所不同，甚至大相徑庭。有論者將其歸為超現實主義的另一個分支。與主要吸收東方詩歌（尤其是中國古典詩歌與日本俳句）精華，融會到美國本土語境的新超現實主義（以羅伯特·伯萊、詹姆斯·賴特為代表）不同，紐約派「更加嘲諷、荒誕、更喜歡後現代的戲仿、更自我專注、更超離外界」。

阿什貝利的詩歌代表作還有《春天的雙重夢幻》（*The*

Double Dream of Spring, 1970）、《船屋的日子》（*Houseboat Days*, 1977）、《影子列車》（*Shadow Train*, 1981）、《四月的大帆船》（*April Galleons*, 1987）、《勞特雷蒙旅館》（*Hotel Lautréamont*, 1992）、《鳥，你能聽見嗎》（*Can You Hear, Bird?*, 1998）、《這是你的名字》（*Your Name Here*, 2000）、《中國私語》（*Chinese Whispers*, 2002）、《我何處徘徊》（*Where Shall I Wander*, 2005）。2001年，約翰‧阿什貝利被任命為紐約州詩人。

中文譯本：

《約翰‧阿什貝利詩選》（簡 河北教育出版社，2003）

Askildsen, Kjell

【挪威】
謝爾‧埃斯克森
小說家

　　謝爾‧埃里克森（Kjell Askildsen），1929年9月30日生於挪威曼達爾，他以風格簡約的短篇小說著稱於世。

　　他在1953年出版第一本書——短篇小說集《從現在起我陪你回家》（*Heretter følger jeg deg helt hjem*），因色情內容而引起巨大爭議。此書出版後，埃里克森開始專注於小說寫

作。1969年，他因小說《風景》（*Omgivelser*）獲得馬茲‧威爾‧奈加特天才獎，這部小說1973年被改編成電影《瑪利亞‧瑪魯絲佳》。

自1992年起，埃里克森所有出版的作品都是短篇小說集，他是挪威家喻戶曉的現代作家之一。1983年，《托馬斯‧F對公眾的最後記錄》（*Thomas F's siste nedtegnelser til almenheten*）使他榮獲挪威評論家文學獎。2006年經由挪威《每日新聞》的評委投票推選，他的作品集被選為過去25年裏用挪威語寫作的最好作品。幾乎他每一部新作出版，都會斬獲許多獎項。

埃里克森的其他作品還有《大衛兄弟》（*Davids bror*, 1957）、《舞臺佈景》（*Kulisser*, 1966）、《親愛的，親愛的烏雷夫》（*Kjære, kjære Oluf*, 1974）、《不勞無獲》（*Ingenting for ingenting*, 1982）、《塞薩洛尼加的狗》（*Hundene i Tessaloniki*, 1996）、《一切都如從前》（*Alt som før*, 2005）等。

中文譯本：

無

Atwood, Margaret

【加拿大】
瑪格麗特・愛特伍
小說家、詩人、評論家

　　瑪格麗特・埃莉諾・愛特伍（Margaret Eleanor Atwood），當代加拿大最有才華和思想的詩人和小說家，被譽為加拿大的「文學女王」。她以小說著稱於世，同時著有15本詩集。

　　1939年11月18日，瑪格麗特・愛特伍出生於加拿大的渥太華市，父親是森林昆蟲學家，母親是營養師。她求學時走的是正統的經院路線：多倫多大學的學士，劍橋大學的碩士，先後兩次在哈佛攻讀博士，但最終因沒時間完成論文而放棄學位——但這段經歷顯然沒有妨礙圈內對其學術成就的肯定。其作品《使女的故事》（*The Handmaid's Tale*）、《貓眼》（*Cat's Eye*）、《雙面葛蕾斯》（*Alias Grace*）、《盲眼刺客》（*The Blind Assassin*）、《羚羊和秧雞》（*Oryx and Crake*）曾五次入圍布克獎提名，其第10部小說《盲眼刺客》終獲2000年英國布克獎。

　　愛特伍最初憑藉詩集《圓圈遊戲》（*The Circle Game*, 1966）贏得評論家的讚賞。她的詩作以超凡的比喻、簡潔的

措詞和豐富的情感而著稱。諷刺與幽默是她的詩歌和小說共有的特徵,作品通常洞察一個人理性自我與感性自我之間的矛盾。

她的第一部小說《可以吃的女人》(*The Edible Woman*, 1969)講述的是一個女人因與未婚夫的關係毀滅了自己的個性,為排遣自己的沉悶心情,她總是烘製一個女人形狀的蛋糕來吃。

瑪格麗特・愛特伍的作品極為繁富,其中詩集有:《蘇珊娜・穆迪的日記》(*The Journals of Susanna Moodie*, 1970), 是關於一位加拿大早期作家的詩體傳記,《強權政治》(*Power Politics*, 1971)是一部解析異性關係界限的詩集,《你是快樂的》(*You Are Happy*, 1974)、《雙題詩》(*Two-Headed Poems*, 1978),是關於母親與孩子的詩集,還有《詩選》(*Selected Poems*, 1978)、《詩選二》(*Selected Poems II*, 1986)、《火宅的早晨》(*Morning in the Burned House*, 1995)等。

小說有:《浮現》(*Surfacing*, 1972)講述了一位在自然世界尋找生活意義的女性;《神諭女士》(*Lady Oracle*, 1976)將社會諷刺、心理分析和幻想綜合為一體;《肉體傷害》(*Bodily Harm*, 1981)講述一個加拿大記者經歷加勒比海革命的故事;《使女的故事》(*The Handmaid's Tale*, 1985)描述了被社會中剝奪了一切權力的女性們的困境;《貓眼》(1988)是一部對各種自傳體文學作了詳細研究的作品;《強盜新娘》(*The Robber Bride*, 1993)是一部

通過改寫《格林童話》故事對女權政治進行戲劇化分析的小說；《雙面葛蕾斯》（*Alias Grace*, 1996），是一部心理推理小說；2000年布克獎獲獎小說《盲眼刺客》（2000）是一部複雜的家庭編年史，主體情節是科幻故事；在《羚羊和秧雞》（*Oryx and Crake*, 2003）中，文明社會奇怪地消失了；《珀涅羅珀記：珀涅羅珀和奧德修斯的傳說》（*The Penelopiad*, 2005），取材於著名的古希臘史詩《奧德賽》。這些小說中，《侍女的故事》和《羚羊和秧雞》都是未來派的反烏托邦小說，此類小說側重於描寫比真實世界更惡劣的假想社會。

愛特伍出版的短篇小說集有：《舞女》（*Dancing Girls*, 1977）、《藍鬍子的蛋》（*Bluebeard's Egg*, 1983）、《荒野指南》（*Wilderness Tips*, 1991）、《黑暗中謀殺》（*Murder in the Dark*, 1983）和《好骨頭》（*Good Bones*, 1992）；她的《帳篷》（*The Tent*）和《道德困境》（*Moral Disorder*）於2006年同時發表。此外，她還撰寫了名為《生存：加拿大文學主題指南》（*Survival: A Thematic Guide to Canadian Literature*, 1972）、《與死者談判：克布獎得主瑪格麗特‧愛特伍談寫作》（*Negotiating with the Dead: A Writer on Writing*, 2002）的文學評論等。

近半個世紀以來，愛特伍獲得過亞瑟‧克拉克獎、加拿大總督文學獎、英聯邦文學獎、哈佛大學百年獎章、《雪梨時報》傑出文學獎、法國政府文學藝術勳章、阿斯圖里亞斯王

子文學獎等。她曾任加拿大作家協會主席、國際筆會加拿大
（英語地區）中心主席。

中文譯本：

《可以吃的女人》（簡 上海譯文出版社，1999）

《貓眼》（簡 譯林出版社，2002）

《羚羊與秧雞》（簡 譯林出版社，2004）

《浮現》（簡 譯林出版社社，1999）

《使女的故事》（簡 譯林出版社，2001）

《盲刺客》（簡 上海譯文出版社，2003）

《末世男女》（繁 天培出版，2004）

《珀涅羅珀記》（簡 重慶出版社，2005）

《雙面葛蕾斯》（簡 譯林出版社，1998）

《黑暗中謀殺》（簡 上海譯文出版社，2009）

《好骨頭》（簡 上海譯文出版社，2009）

《肉體傷害》（簡 上海譯文出版社，2009）

《帳篷》（簡 南京大學出版社，2008）

《強盜新娘》（簡 南京大學出版社，2009）

《道德困境》（簡 南京大學出版社，2009）

《神諭女士》（簡 南京大學出版社，2009）

《藍鬍子的蛋》（簡 南京大學出版社，2010）

《人類以前的生活》（簡 南京大學出版社，2011）

《荒野指南》（簡 南京大學出版社，2012）

Auster, Paul

【美國】
保羅‧奧斯特
小說家、劇作家

　　保羅‧本傑明‧奧斯特（Paul Benjamin Auster），
1947年2月3日生於美國新澤西州紐華克市一個猶太裔家庭，
1970畢業於哥倫比亞大學。集小說家、詩人、劇作家、譯
者、電影導演於一身，被視為是美國當代最勇於創新的小說家
之一。

　　奧斯特早年遊歷法國，以翻譯法國文學作品為生，早期
創作一直深受法國詩人及劇作家的影響。1974年返回美國，
80年代推出《紐約三部曲》（*The New York Trilogy*）則是
他重新回美國文學傳統的轉捩點。1990年他獲美國藝術文學
院所頒發的莫頓‧道文‧薩伯獎；1991年以《機緣樂章》
（*The Music of Chance*）獲國際筆會／福克納文學獎提名；
1993年以《巨獸》（*Leviathan*）獲法國梅第西文學獎。他的
詩作與散文均獲得藝術基金的獎助。作品除《月宮》（*Moon
Palace*, 1989）、《巨獸》（*Leviathan*, 1992）、《昏頭先
生》（*Mr. Vertigo*, 1994）等小說外，還包括回憶錄《孤獨及
其所創造的》（*The Invention of Solitude*, 1982）、評論集

《饑渴的藝術》（*The Art of Hunger*, 1992）及詩集《湮滅》
（*Disappearances: Selected Poems*, 1988），作品已被譯成
20多國文字。

上世紀90年代起，奧斯特積極參與電影工作，除為華
裔名導演王穎編寫《煙》的劇本，並與王穎合導了《煙》
（《煙》於1995年在柏林影展中奪得銀熊獎特別評審團大
獎、國際影評人獎及觀眾票選最佳影片獎）和《面有憂色》。
1998年，他獨立執導《橋上的露露》，並獲選為1997年坎城
影展的評審委員。目前與妻兒定居於紐約布魯克林區。

進入新世紀，奧斯特又出版了《幻影書》（*The Book of
Illusions*, 2002）、《神諭之夜》（*Oracle Night*, 2003）、
《布魯克林的荒唐事》（*The Brooklyn Follies*, 2005）、《密
室中的旅行》（*Travels in the Scriptorium*, 2006）、《黑暗
中的人》（*Man in the Dark*,2008）、《隱者》（*Invisible*,
2009）、《日落公園》（*Sunset Park*, 2010）等。

奧斯特除小說外，還寫有傳記、詩歌、劇本行世。2006
年獲阿斯圖里亞斯王子文學獎；2006年當選美國文學藝術學
院院士；2007年被列日大學授予名譽博士。

中文譯本：

《紐約三部曲》（繁皇冠文化，1999；簡浙江文藝出版社，
　2007）

《幻影書》（繁皇冠文化，2005；簡浙江文藝出版社，
　2007）

《神諭之夜》（繁 時報文化，2006；譯林出版社，2007）

《布魯克林的荒唐事》（簡 人民文學出版社，2008）

《在地圖結束的地方》（簡 浙江文藝出版社，2008）

《月宮》（繁 皇冠文化，2002；簡 上海人民出版社，2008）

《巨獸》（繁 皇冠文化，2008；簡 上海人民出版社，2010）

《昏頭先生》（繁 皇冠文化，2003）

《機緣樂章》（繁 皇冠文化，2009；另譯《偶然的音樂》，
　　簡 上海人民出版社，2011）

《密室中的旅行》（簡 人民文學出版社，2008）

《孤獨及其所創造的》（繁 天下遠見，1999；簡 浙江文藝出
　　版社，2009）

《紅色筆記本》（簡 譯林出版社，2009）

《黑暗中的人》（簡 人民文學出版社，2010）

《隱者》（簡 人民文學出版社，2011）

《末世之城》（簡 人民文學出版社，2011）

Belben, Rosalind

【英國】
羅莎琳德・貝爾本
小說家

　　羅莎琳德・貝爾本（Rosalind Belben），1941年生於英國的多塞特郡，她在多塞特居住至今。她的父親是一名海軍軍官，參加了兩次世界大戰，1944年在英國皇家海軍艦艇潘娜洛普號上服役時遭魚雷擊沉陣亡。

　　由於居住在英倫海峽北岸，羅莎琳德・貝爾本早期作品《妖怪》（Bogies）、《小英雄魯賓》（Reuben Little Hero）和《限制》（The Limit）都跟大海、風暴、輪船有關，其他作品有《夢憶逝者》（Dreaming of Dead People）、《美麗是好的嗎》（Is Beauty Good）。

　　貝爾本的小說《獵犬之音》（Hound Music, 2001）帶有意識流風格，展示了一個性慾旺盛的女人是如何被維多利亞時代的教養所限制和拘禁的。很多人看好這部作品，認為它有望贏得2001年布克獎，不料卻鎩羽而歸。

　　貝爾本的最新作品《我們的馬在埃及》（Our Horses in Egypt）於2007年榮獲詹姆斯・泰德・布萊克紀念獎。羅莎琳德・貝爾本是英國皇家文學院院士。

中文譯本：

無

Banville, John

【愛爾蘭】
約翰‧班維爾
小說家、劇作家

　　約翰‧班維爾（John Banville），1945年12月8日出生於愛爾蘭威克斯福，他最具影響力的小說《證詞》進入布克獎決選名單；憑藉小說《大海》，獲得了2005年布克獎。現居都柏林。

　　班維爾是家中三個孩子中的幼子。他的同為小說家的哥哥文森特以文森特‧勞倫斯（Vincent Lawrence）的筆名和本名同時發表作品；他的姐姐溫妮‧班維爾－伊文思（Vonnie Banville-Evans）主要創作兒童文學作品。

　　班維爾先後在一所天主教兄弟會學校和威克斯福的聖彼得學院接受教育。他後來把這段時光描述為「一個極大的錯誤」，學校畢業後他到愛爾蘭航空公司做了一名辦事員，得以用最低折扣機票到處旅遊，遍遊希臘和義大利。1968～1969

年他居住在美國，返回愛爾蘭後擔任《愛爾蘭新聞》的編輯，並一直晉升到副主編。他的第一本短篇小說集《朗・萊金》（*Long Lankin*）於1970年出版。

1995年《愛爾蘭新聞》倒閉後，他成為《愛爾蘭時報》的副主編，後於1998年擔任該報的文學編輯。《愛爾蘭時報》同樣遭遇財政困難，班維爾選擇了離開，從1990年起他擔任《紐約時報書評》的固定撰稿人。班維爾還以班傑明・布萊克（*Benjamin Black*）之名寫作過犯罪小說，第一部作品是《克里斯汀・弗斯》（*Christine Falls*）。

班維爾因其法醫般精確冷峻的散文風格、納博科夫式的原創能力，以及敘事者獨有的黑色幽默著稱於世，他的作品如詩歌一般凝練厚重。評論家公認他是英語寫作的文體大師，作品被評為是「完美的精雕細琢、美麗而令人著迷」。班維爾早期深受喬伊斯的影響，他不否認自己的首部作品「模仿了《都柏林人》」；後期深受海因里希・馮・克萊斯特的影響。

班維爾對自己的作品要求嚴苛，他每天只寫大約100字的純文學作品，與之相對的是，他用班傑明・布萊克為名撰寫犯罪小說，動輒洋洋灑灑數千言。雖然犯罪小說用他的話只是「廉價小說」，但他對自己作品中，布萊克的手藝活和班維爾的藝術活，同樣自得。

2005年10月，班維爾憑小說《大海》（*The Sea*）戰勝朱利安・巴恩斯的《亞瑟與喬治》和石黑一雄的《別讓我走》，奪得布克獎。布克獎評委會認為，《大海》有著漂亮的散文手法，「足以代表班維爾寫作的高峰」，並稱這部作品是「這個

時代最好的寫作風格之一」。

班維爾迄今創作了兩部三部曲：《革命三部曲》，包括《哥白尼博士》（*Doctor Copernicus*, 1976）、《克卜勒》（*Kepler*, 1981）、《牛頓書信》（*The Newton Letter*, 1982）；《框架三部曲》，包括《證詞》（*The Book of Evidence*, 1989）、《幽靈》（*Ghosts*, 1993）、《雅典娜》（*Athena*, 1995）。他的其他作品有《無法企及》（*The Untouchable*, 1997）、《日蝕》（*Eclipse*, 2000）、《裹屍布》（*Shroud*, 2002）、《布拉格畫像》（*Prague Pictures*, 2003）、《無窮大》（*The Infinities*, 2009）等，以班傑明·布萊克發表的4部犯罪小說，他還改編和創作過幾部戲劇。

除了布克獎外，他還獲得過布萊克紀念獎（1976）、衛報小說獎（1981）、美國－愛爾蘭基金會獎（1981）、吉尼斯·皮特航空獎（1989）、愛爾蘭圖書獎（2006）、卡夫卡獎（2011）等，並當選英國皇家文學院院士。

中文譯本：

《哥白尼博士》（繁時報出版，2005）

《克卜勒》（繁時報出版，2005）

《牛頓書信》（繁時報出版，2005）

《布拉格：一座城市的幽暗記憶》（簡新星出版社，2007；繁印刻出版社，2008；繁馬可孛羅文化，2007）

《大海》（繁印刻出版社，2008；另譯《海》，簡作家出版社，2007）

《無法企及》（ 簡 作家出版社，2008）

《雅典娜》（ 繁 書林出版，2011； 簡 作家出版社，2008）

《幽靈》（ 繁 書林出版，2011； 簡 作家出版社，2008）

《證詞》（ 繁 書林出版，2011； 簡 作家出版社，2008）

以下三本為「班傑明・布萊克」筆名作品：

《墮落的信徒》（ 繁 書林出版，2011； 簡 作家出版社，2010）

《銀天鵝》（ 繁 書林出版，2011；另譯《銀色的天鵝》， 簡
　　作家出版社，2010）

《狐猴》（ 簡 作家出版社，2010）

Barnes, Julian

【英國】
朱利安・巴恩斯
小說家

　　朱利安・巴恩斯（Julian Barnes），全名朱利安・帕特里克・巴恩斯（Julian Patrick Barnes），活躍於英國文壇的傑出小說家。

　　1946年1月19日，朱利安・巴恩斯出生於英格蘭中部的列特斯，在倫敦城市學校接受中學教育，1968年畢業於牛津大學。曾參與《牛津辭典增補本》的編纂工作，上世紀70—90

年代，先後在《泰晤士報文學增刊》、《新評論》、《新政治家》、《星期日泰晤士報》和《觀察家》等知名報刊擔任編輯或為其撰寫評論，1972年起成為自由作家。

巴恩斯著有11部長篇小說和以筆名丹‧卡瓦納（Dan Kavanagh）發表4部偵探小說，以及3部短篇小說集和3部散文集。1980年，巴恩斯以丹‧卡瓦納的筆名發表第一部偵探小說《達菲》（*Duffy*），同時又用真名發表了首部小說《倫敦郊區》（*Metroland*）。儘管評論界對《倫敦郊區》毀譽參半，但它還是在1981年獲得毛姆文學獎。1982年，他出版了小說《她遇到我之前》（*Before She Met Me*），敘事非常黑色，講述了一個被嫉妒沖昏了頭腦的歷史學家，因為糾結於第二任妻子過去的復仇故事。巴恩斯的代表作品《福樓拜的鸚鵡》（*Flaubert's Parrot*, 1984）打破了他之前小說中的線型結構，主要是由一位老醫生傑佛瑞‧布雷斯韋特斷續地回憶自己執迷於居斯塔夫‧福樓拜的一生。小說受到了評論界和公眾的普遍讚譽，在法國尤甚。

接下來的《凝視太陽》（*Staring at the Sun*）出版於1986年，這是一部有野心的小說，講述了一個女人在戰後的倫敦在面對愛情、真相和死亡等命題中逐漸成熟起來的故事。1980年巴恩斯出版了《10½章世界史》（*A History of the World in 10½ Chapters*），它同樣是一部非線型小說，使用了另一種風格來展開人類歷史的知覺概念和人本身的知識等問題。

1991年，他出版了《尚待商榷》（*Talking it Over*），一部當代三角戀小說，三個主人翁輪流向讀者講述。10年後小說續集

《愛及其它》（*Love, etc*）出版，重訪了10年後的主人翁們。

2008年，巴恩斯推出了隨筆集《沒什麼好怕的》（*Nothing to Be Frightened Of*），重點在探索死亡的意義；2011年，他出版了最新作品——短篇小說集《律動》（*Pulse*）。

巴恩斯的其他代表作《英格蘭、英格蘭》（*England, England*, 1998），是一部英式諷刺性的旅遊文學作品；《亞瑟和喬治》（*Arthur & George*, 2005）是在亞瑟·柯南·道爾爵士生平的基礎上，講述了他捲入「大沃利幫派案」的始末。憑藉《福樓拜的鸚鵡》、《英格蘭，英格蘭》和《亞瑟與喬治》，巴恩斯三次入圍布克獎。2011年，巴恩斯終於憑163頁的《終結的意義》（*The Sense of an Ending*）獲得當年度的布克獎，這是他的第11部小說。

自1980年以來，朱利安·巴恩斯就躋身於英國最具影響力的作家群之列，他與馬丁·艾米斯、伊恩·麥克尤恩一道成為當代英國文壇的佼佼者。他憑藉《亞瑟與喬治》獲得2006年度英聯邦作家獎、2007年度國際IMPAC都柏林文學獎；還曾獲得毛姆獎（1981）、傑佛瑞·費伯紀念獎（1985）、E.M.福斯特獎（1986）、法國古登堡獎（1987）、在德國漢堡頒發的莎士比亞獎（1993）、法國梅第西外國作品獎（1986）和費米娜外國小說獎（1992）、法國政府頒發的藝術與文學勳章（1995）；進入新世紀後，他還獲得過奧地利歐洲國家文學獎（2004）、大衛·科恩文學獎（2011）等。

朱利安·巴恩斯目前還在瑞士薩斯費的歐洲研究院擔任文學教授。

中文譯本：

《10½卷人的歷史》（簡 譯林出版社，2002；新譯《10½章
世界史》，簡 譯林出版社，2010）

《福樓拜的鸚鵡》（簡 譯林出版社，2005）

《亞瑟和喬治》（簡 人民文學出版社，2007）

Bly, Robert

【美國】
羅伯特・勃萊
詩人

　　羅伯特・勃萊（Robert Bly），1926年12月23日出生於
美國明尼蘇達州拉基帕爾縣，祖先是挪威人。1944年從中學
畢業後，他在美國海軍服役兩年。在明尼蘇達州的聖奧拉夫
學院學習一年後，轉學到哈佛大學，加入了後來著名的作家
社團，成員包括唐納德・豪爾，艾德里尼・瑞克，肯尼斯・柯
克，佛蘭克・奧哈拉，約翰・阿什伯利，哈拉德・布羅基，喬
治・普利姆頓和約翰・霍克斯等。1950年畢業後的幾年他是
在紐約度過的。

　　1954年起，勃萊在依阿華大學的依阿華作家工作坊學習

兩年，1956年獲富布賴特獎學金，得以去挪威旅行並將挪威詩歌翻譯成英文。在那兒，他不僅尋訪了很多親戚，還發現了不少重要詩人的作品，而這些作品在美國鮮有譯介，其中包括巴勃羅‧聶魯達、塞薩爾‧瓦列赫、安東尼奧‧馬查多、貢納爾‧埃凱洛夫、喬治‧特拉克爾、魯米‧哈菲茲等。勃萊決定創辦一份文學雜誌，專門譯介詩歌。

勃萊早期的詩集《雪地裏的寧靜》（*Silence in the Snowy Fields*）出版於1962年，其清新樸素的意象派風深刻影響了其後20年的美國詩壇。第二年他發表了《美國詩歌的錯誤拐點》一文，在該文中他列舉個案以對抗艾略特、龐德、瑪麗安妮‧摩爾和威廉‧卡洛斯‧威姆斯的影響，他更欣賞諸如聶魯達、瓦列赫、希梅內斯、馬查多和里爾克的作品。

1966年，勃萊與人發起成立「反越戰美國作家聯盟」，宣導反戰行動。當他憑藉《身體周圍的光》（*The Light Around the Body*）獲得「國家圖書獎」後，他將獎金捐給了反戰組織。1970年代，他出版了11本詩集、隨筆和譯著；在80年代，他出版了《從兩個世界愛一個女人》（*Loving a Woman in Two Worlds*）、《有翼的生命：梭羅詩歌散文選》（*The Wingéd Life: Selected Poems and Prose of Thoreau*）、《黑衣人轉身》（*The Man in the Black Coat Turns*）、《關於影子的小書》（*A Little Book on the Human Shadow*）。《鐵約翰：一本關於男人的書》（*Iron John: A Book About Men*）是他最知名的作品，曾登上國際暢銷書榜首並被譯為多種文字。

除上述詩集外，他近年出版的詩集有：《吃著詞語的蜂蜜：新詩選》（*Eating the Honey of Words: New and Selected Poems*, 1999）、《亞伯拉罕呼喚星星的晚上》（*The Night Abraham Called to the Stars*, 2001）、《我的詩句是千年的歡樂》（*My Sentence Was a Thousand Years of Joy*, 2005）、《八月的土耳其梨：24個拉梅奇》（*Turkish Pears in August: Twenty-Four Ramages*, 2007）、《談論一隻驢子的耳朵：詩集》（*Talking into the Ear of a Donkey: Poems*, 2011）。

勃萊是2002年度明尼蘇達大學圖書館的年度卓越作家。他榮獲過2000年麥克奈特基金會傑出藝術家獎，以及2002年的莫里斯英語詩歌獎。迄今為止，他已經出版了40多本詩集。2008年2月，勃萊被任命為明尼蘇達首任桂冠詩人。

中文譯本：

《從兩個世界愛一個女人》（簡 敦煌文藝出版社，1998）

《羅伯特‧勃萊詩選》（簡 花城出版社，2008）

Bei Dao

【中國】
北島
詩人

北島，本名趙振開，祖籍浙江湖州，1949年8月2日生於北京，是當今影響最大、也最受國際承認的中國詩人。

北島先後在北京十三中、四中上初中和高中，1966年因文革中斷高中學業；1969年至1980年在北京第六建築公司當工人，其中混凝土工5年、鐵匠6年。1970年，北島開始寫作，並短期在《新觀察》雜誌作過編輯。1978年，他完成第一部油印詩集《陌生的海灘》；同年底，他與詩人芒克、黃銳等一起創辦了民間詩歌刊物《今天》，其早期詩作、短篇小說《波動》都首次發表在這裏。1979年，其小說集《波動》定稿，1982年完成詩集《峭壁上的窗戶》。1983年，香港中文大學出版社出版了《波動》中文本及英譯本。

北島最早在青年中被傳抄的作品是《回答》和《一切》，反映了從迷惘到覺醒的一代青年的心聲。十年動亂的荒誕現實，造成了詩人獨特的「冷抒情」的方式——出奇的冷靜和深刻的思辨性。面對人的價值的全面崩潰、人性的扭曲和異化，他想「通過作品建立一個自己的世界，這是一個真誠而獨特的世界，正直的世界，正義和人性的世界」。在作品的世界中，北島以理性和人性為準繩，重新確定人的價值，恢復人的本性；悼念烈士，審判劊子手；嘲諷怪異和異化的世界，反思歷史和現實；呼喚人性的富貴，尋找「生命的湖」和「紅帆船」。清醒的思辨與直覺思維產生的隱喻、象徵意象相結合，是北島詩顯著的藝術特徵，具有高度概括力的悖論式警句，造成了北島詩獨有的振聾發聵的藝術力量。

1987年以來，北島一直在英國、德國、挪威、瑞典、丹

麥、荷蘭、法國、美國的大學做訪問學者、訪問作家、駐校作家，曾在美國加州大學戴維斯分校英語系、威斯康辛柏洛伊特學院、紐約州立大學石溪分校、加州伯克利大學等任客座教授。1990年，在北島主持下，《今天》文學雜誌在挪威復刊，發行世界各地，其網路版和論壇也享譽世界各地華語文學圈。2007年至今，北島定居香港，並在香港中文大學中國語言及文學系擔任講座教授。

北島著有詩集、散文集、詩論集數十種，作品被譯成30餘種文字，先後獲瑞典筆會文學獎、美國西部筆會中心自由寫作獎、美國古根海姆獎、摩洛哥詩歌之家阿格那國際詩歌獎等，並被選為美國藝術文學院終身榮譽院士。

中文作品：

《北島詩選》（新世紀出版社，1986）

《歸來的陌生人》（小說）（花城出版社，1986），另一版本《波動》（香港，中文大學出版社，1986）

《在天涯》（香港，牛津大學出版社，1993）

《午夜歌手1972～1994》（臺灣，九歌出版社，1995）

《零度以上的風景1993～1996》（臺灣，九歌出版社，1997）

《藍房子》（散文）（臺灣，九歌出版社，1999；香港，牛津大學出版社，2009；江蘇文藝出版社，2009）

《開鎖1996～1998》（臺灣，九歌出版社，1999）

《北島詩歌集》（南海出版公司，2003）

《失敗之書》（散文）（汕頭大學出版社，2004）

《時間的玫瑰》（詩評集）（中國文史出版社，2005；香
　　港，牛津大學出版社，2005）

《青燈》（散文）（香港，牛津大學出版社，2006；江蘇文
　　藝出版社，2008）

《午夜之門》（臺灣，九歌出版社，2002；香港，牛津大學
　　出版社，2009；江蘇文藝出版社，2009）

《結局或開始——北島卷》（長江文藝出版社，2008）

《守夜（1972～2008詩歌自選集）》（香港，牛津大學出版
　　社，2009）

《城門開》（散文）（香港，牛津大學出版社，2010；北
　　京，三聯書店，2010）

Bonnefoy, Yves

【法國】
伊夫・博納富瓦
詩人、評論家

　　伊夫・博納富瓦（Yves Bonnefoy），法國著名現代詩
人、翻譯家和文學評論家。

　　1923年6月24日，博納富瓦生於法國安得爾盧瓦爾省，他
是鐵路工人和教師的兒子。他曾在普瓦提埃大學和索邦大學

學習數學和哲學。第二次世界大戰後,在歐洲和美國研究藝術史。1946年起發表詩作,1945～1947年參加超現實主義運動,1967年參與創辦文學雜誌《L'éphemère》;1953年出版第一部詩集《論杜弗的動與靜》(*Du mouvement et de l'immobilité de Douve*),一舉成名。後來又陸續出版了詩集《昨天的空寂王國》(*Hier régnant*, 1958)、《寫字石》(*Pierre écrite*, 1965)、《門檻的誘惑》(*Dans le leurre du seuil*, 1975)、《在影子的光芒中》(*Ce qui fut sans lumière*, 1987)、《雪的開始與結束》(*Début et fin de neige*, 1991)和《流浪的生命》(*La Vie errante*, 1993)、《夏雨》(*La Pluie d'été*, 1999)、《孩子們的劇團》(*Le Théâtre des enfants*, 2001)等多卷,均為傳世傑作。

博納富瓦的創作繼承波特賴爾、瓦雷里、馬拉美以來的象徵主義傳統,又融以現代藝術的創新活力,頗能代表20世紀50年代以來法國詩的主流。在風格上,他力求古典法國詩中辭句的嚴謹,題旨及結構組織深廣繁複,時見玄秘;另一方面詩的衝擊力直接而強烈,使人從無中把握著有,從否定中把握著生命的不可言傳處。在他看來,世界的真相必須是「隱而不見的」,詩的意趣不在現實本身的形象,而在這天地演變成的境界,詩人只有通過語言的創造才可達到這種空幻、無形的境界。他的詩歌創作風格在整個20世紀法國詩壇上獨樹一幟。

博納富瓦同時又是著名的翻譯家和文藝理論家,翻譯過莎士比亞、葉芝、鄧恩和濟慈的作品,並著有多部藝術史和

藝術理論著作。從1981年起,他當選為法蘭西學院院士,在法蘭西學院講授詩歌理論和比較詩學,成為該院自文藝復興成立以來繼瓦雷里之後的第二位講學的詩人。他先後獲得過多項國際國內大獎,包括巴贊獎(1995)、法蘭茲·卡夫卡獎(2007)等。

中文譯本:

《博納富瓦詩選》(簡 北嶽文藝出版社,2002)
《博納富瓦/阿米亥》(繁 桂冠出版,2002)

Byatt, A.S.

【英國】
A.S.拜厄特
小說家、評論家

　　A.S.拜厄特(A.S.Byatt),全名是安東尼婭·蘇珊·拜厄特(Antonia Susan Byatt),英國著名女作家,以《隱之書》躋身《泰晤士報》2008年評選的「1945年以來英國最重要的50位作家」之列。

　　A.S.拜厄特1936年8月24日出生在英國的謝菲爾德市。父親約翰·德拉布林是一位開明的地方法官,母親凱思琳婚前當

過小學教師。德氏家中藏書豐富，文化氣氛濃厚，具有鮮明的藝術氣質，拜厄特的父親和幾位姑母都有作品問世。其胞妹瑪格麗特·德拉布林也是一位小說家，還有一位後來成為藝術史家的小妹，最小的弟弟子承父業當了律師。拜厄特姐弟四人的家庭結構和夏洛蒂·勃朗特一家驚人地相似。拜厄特於1957年在劍橋大學獲學士學位，後又獲碩士學位，1972年起在倫敦大學講授英美文學。她在文學理論上建樹頗豐，有大量文論專著問世，包括關於默多克、華茲華斯和柯勒律治等名家的多部評論集。1983年辭去教職，專事文學創作。她是英國皇家文學院院士，喜歡研究英國女作家艾里斯·默多克。

A.S.拜厄特的第一部長篇小說《太陽的陰影》（*The Shadow of the Sun*）發表於1964年，隨後有《遊戲》（*The Game*, 1968）、《花園中的少女》（*The Virgin in the Garden*, 1978）、《寂寞的生活》（*Still Life*, 1985）等小說問世。她的第五部小說《隱之書》（*Possession*，直譯為「擁有」）出版後，遂在英語世界引起強烈反響，並於1990年榮獲英語文學最高獎──布克獎，同年又奪得愛爾蘭「國際小說獎」。從表面上看，《隱之書》不過是一個古今揉雜的雙料愛情故事，實則蘊涵著當代人對人類歷史的文明內核的深層次思考，是「新維多利亞小說」的代表作。

拜厄特先後出版的《花園中的少女》、《寂寞的生活》和《通天塔》（*Babel Tower*, 1996）、《吹哨女人》（*A Whistling Woman*, 2002）構成了女性小說四部曲。她試圖通過四部曲這樣一個巨大的藝術框架，來表現其同代女性長達

幾十年的生命歷程和心理感受，故事中性格迥異的姐妹倆代表著兩種截然不同的女性人生。另外，她還著有短篇小說集《糖》（*Sugar and Other Stories*, 1987）、《天使與昆蟲》（*Angels & Insects*, 1992）、《夜鶯之眼》（*The Djinn in the Nightingale's Eye,* 1994）、《黑色小書故事集》（*Little Black Book of Stories*, 2003）等。2009年，拜厄特出版了一部名為《童書》（*The Children's Book*）的新書，入選當年的布克獎提名，並最終榮獲2010年詹姆斯・泰特・布萊克紀念獎。

拜厄特是一位極具智慧的女作家，她喜歡把生活的原生態與自己對它的反思糅合在一起，使作品不僅有生動的情節，而且還有啟迪心智的豐富思想內涵。她於1990年獲頒大英帝國司令勳章（CBE），1999年被授予大英帝國女爵士（DBE），1991年獲英聯邦作家獎，並被10多所大學授予名譽博士學位。

中文譯本：

《馬蒂斯的故事》（繁 布波族，2002）

《夜鶯之眼：水瓶精靈的奇幻神話》（繁 布波族，2003）

《元素：冰火同融》（繁 布波族，2005）

《謎情書蹤》（繁 時報文化，2004；另譯《隱之書》簡 南海
　　出版公司，2008）

Carey, Peter

【澳洲】
彼得・凱瑞
小說家

　　彼得・凱瑞（Peter Carey），全名是彼得・菲利浦・凱瑞（Peter Philip Carey），迄今為止，凱瑞出版長篇小說10部、短篇小說2部和非小說5部，被譽為「澳洲最有才華和最令人激動的作家之一」。他兩獲布克獎、兩獲英聯邦作家獎、三獲邁爾斯・佛蘭克林獎。

　　彼得・凱瑞1943年5月7日生於澳洲墨爾本，父母經營著汽車經銷店。1961年，他被墨爾本的蒙納什大學錄取，學習有機化學，但因一次交通事故導致學業中斷。1962年至1967年，他在墨爾本的多家廣告公司工作，期間結識了作家巴里・奧克雷和莫里斯・勞瑞，他們把最新的歐美小說介紹給他，特別是詹姆斯・喬伊斯、撒姆爾・貝克特、法蘭茲・卡夫卡和威廉・福克納的作品，他開始了自己的創作。60年代末，他到歐洲和中東旅行，1968年到達倫敦，繼續自己的廣告事業。1970年，他回到澳洲，在墨爾本和雪梨從事廣告業。

　　1974年，凱瑞發表了第一部短篇小說集《歷史上的胖子》（*The Fat Man In History*），一舉成名。1976年，凱里

完成了後來收入短篇小說集《戰爭的罪惡》（*War Crimes*）裏的大部分作品和第一部長篇小說《幸福》（*Bliss*）。1980年，凱瑞開了自己的廣告公司。1990年，凱瑞遷居美國，並在紐約大學任教。

凱瑞的作品還有《魔術師》（*Illywhacker*, 1985）、《稅務稽查官》（*The Tax Inspector*, 1991）、《特里斯坦・史密斯不尋常的生活》（*The Unusual Life of Tristan Smith*, 1994）、《黑獄來的陌生人》（*Jack Maggs*, 1997）、《我的生活如同騙局》（*My Life as a Fake*, 2003）、《偷竊：一個愛情故事》（*Theft: A Love Story*, 2006）、《他的非法自我》（*His Illegal Self*, 2008）等。

1988年，他以小說《奧斯卡與露辛達》（*Oscar and Lucinda*）贏得布克獎，2001年又以《凱利幫真史》（*True History of the Kelly Gang*）再次獲得布克獎，成為兩次獲得布克獎的兩個作家之一，另一位是約翰・麥斯威爾・庫切。

《奧斯卡與露辛達》描寫的是19世紀的維多利亞時代，奧斯卡作為一名自英國流亡到澳洲的牧師，渡海遠行的目的就是為了賭博和探險，而不是濟世傳教；露辛達則是一個澳洲農場主的女兒，具有叛逆不羈的性格，自幼失去雙親，繼承了一大筆遺產。奧斯卡和露辛達兩人在賭場邂逅而墜入情網。兩人的親密關係與賭博行為被教會發現，奧斯卡因而被革除神職身分。露辛達深愛奧斯卡，想以「贈送財產」的方式表明愛意，於是兩人以「打賭」方式證明彼此的心意，結果導致奧斯卡在一次冒險中殺人、與別人訂婚，後在祈禱中墜河身亡。而《凱

利幫真史》則具有民族史詩的特質：內德‧凱利是19世紀澳洲最具傳奇色彩的叢林強盜，曾讓英國殖民政府疲於奔命，是澳洲人民心目中的英雄。凱里以書信的形式，把這位英雄形象活生生地展現在了讀者面前。

　　2008年5月，他還被提名為「最佳布克獎」。2010年，他的新作《帕羅特和奧利維爾在美國》（*Parrot and Olivier in America*）再次入圍布克獎短名單。

中文譯本：

《奧斯卡和露辛達》（簡重慶出版社，1998）
《凱利幫真史》（簡人民文學出版社，2004）
《雪梨三十天》（繁馬可孛羅，2005）
《偷竊》（簡人民文學出版社，2008）
《亡命天涯》（簡作家出版社，2010）
《黑獄來的陌生人》（繁皇冠文化，1999；另譯《傑克‧邁格斯》，簡上海譯文出版社，2010）

Cardinal, Ernesto

【尼加拉瓜】
埃內斯托‧卡德納爾
詩人

埃內斯托・卡德納爾・馬丁內茲神父（Reverend Father Ernesto Cardenal Martínez），生於1925年1月20日尼加拉瓜格拉納達一個上流社會家庭，尼加拉瓜天主教神父，曾經是尼加拉瓜桑地諾解放陣線中最著名的解放神學論者，他後來脫離該組織。1979到1987年間他擔任尼加拉瓜第一任文化部長，他同時也是位著名的詩人。

1942到1946年，卡德納爾在墨西哥學習文學，1947年到1949年，他在紐約繼續學習研究，1949到1950年遊歷了義大利、西班牙和瑞士。1950年6月，他回到尼加拉瓜，於1954年參加了反抗阿納斯塔西奧・索摩查・加西亞政權的「四月革命」。政變失敗後，他的許多同伴失去了生命。卡德納爾隨後加入喀西馬尼修道院的特拉比斯特派（美國肯塔基州），爾後又去墨西哥的庫埃納瓦卡研究神學。

1965年卡德納爾被任命為格拉納達的天主教神父。他在索倫迪納摩群島創立了一個由基督徒、半僧侶、主要是農民構成的社區，這個社區最終發展為一個藝術家的聚居地，他在那裏生活了超過十年之久（1965～1977）。

1979年，卡德納爾被新生的桑地諾政權任命為文化部長，並擔任此職位至1987年。

在尼加拉瓜文學史中，卡德納爾長期以來都是一個極具爭議的人物；他又被認為是「目前拉丁美洲最重要的詩人」，既熱衷政治又充滿詩意。他在尼加拉瓜聲名顯赫，是分析和理解尼加拉瓜當代文學和文化生活的一個關鍵人物。

卡德納爾著有詩集《零點》（*Hora 0*）、《雋語》

（*Epigramas*）、《為瑪麗蓮夢露祈禱》（*Oración Por Marilyn Monroe*）、《金色不明飛行物》（*Los ovnis de oro*）、《向美洲印第安人致敬》（*Homenaje a los indios americanos*）、《聖詠集》（*Salmos*）、《馬那瓜神諭》（*Oráculo sobre Managua*）、《給尼加拉瓜的行者以及早期詩歌》（*Con Walker en Nicaragua*）、《黑夜中的望遠鏡》（*El telescopio en la noche oscura*）等。

　　1980年，卡德納爾獲得德國書業和平獎；1990年獲和平修道院良知勇氣獎；2005年被提名諾貝爾文學獎。

中文譯本：

無

Carson, Anne

【加拿大】
安妮・卡森
詩人

　　安妮・卡森（Anne Carson），生於1950年6月21日，加拿大詩人、散文家、翻譯家，曾任密西根大學的古希臘文學和比較文學教授。卡森現在蒙特利爾生活，任教於麥基爾大學。

　　儘管成就卓著，但卡森的學院訓練並非一帆風順。早在中學時代，卡森就對古希臘文學情有獨鍾，在多倫多大學的聖米迦勒學院入學後，對課程的不適應令她驚慌失措，她在第一年和第二年兩次離開學校，轉向繪畫藝術領域尋找慰藉。1974年她返回多倫多大學修完學士學位，並於1975年獲得碩士學位，1981年獲得博士學位。

　　作為一個有著古典語言學、比較文學、人類學、歷史學和美術背景的古典學教授，卡森在寫作中融合了諸多領域的意象與主題。她經常引用古希臘神話，不斷為注入現代視角，並做了大量古希臘神話的翻譯工作。

　　2008至2009年演出季，紐約一家劇場演出了卡森翻譯的三部劇作：埃斯庫羅斯的《阿伽門農》、索福克勒斯的《厄勒克拉特》和歐里庇得斯的《俄瑞斯特斯》，並作為劇院的保留劇目。

　　截至2006年，安妮・卡森出版了10本書，涉及了詩歌、雜文、抒情散文、批評、譯著、小說和非小說類作品等多種形式，包括《厄洛斯與甜蜜的痛苦》（*Eros the Bittersweet*, 1986）、《玻璃、諷刺和神》（*Glass, Irony, and God*, 1992）、《短獨白》（*Short Talks*, 1992）、《純淨水》（*Plainwater*, 1995）、《紅色自傳：詩體小說》（*Autobiography of Red: A Novel in Verse*, 1998）、《下班的男人》（*Men in the Off Hours*, 2001）、《丈夫的美人》（*The Beauty of the Husband*, 2001）、《如果不是冬季：薩福殘篇》（*If Not, Winter: Fragments of Sappho*, 2002）、《非創造：詩歌、

散文、戲劇》（*Decreation: Poetry, Essays, Opera*, 2005）
等，並於1997獲普什卡特詩歌獎、1998年獲古根海姆獎、2000
年獲麥克阿瑟天才獎、2001年獲格雷芬傑出詩歌獎。2001年，
安妮・卡森憑藉詩集《丈夫的美人》榮獲T.S.艾略特詩歌獎。

中文譯本：

無

Cărtărescu, Mircea

【羅馬尼亞】
米爾恰・卡塔雷斯庫
詩人、小說家

　　米爾恰・卡塔雷斯庫（Mircea Cărtărescu），羅馬尼亞
詩人、小說家。

　　卡塔雷斯庫1956年6月1日生於布加勒斯特，1980年畢
業於布加勒斯特大學文學院的羅馬尼亞語言文學系，1980至
1989年他一直是羅馬尼亞語言教師，隨後進入作協工作，擔
任《書評》雜誌編輯。1991年他進入布加勒斯特大學，講授
羅馬尼亞文學史，目前是副教授。1994到1995年，他在阿姆
斯特丹大學擔任客座講師。

卡塔雷斯庫的詩歌作品有：《車燈、櫥窗、照片》（*Faruri,
vitrine, fotografii,* 1980）、《情詩》（*Poeme de amor*，
1982）、《所有事物》（*Totul,* 1984）、《逃亡》（*Levantul*，
1990）、《愛情》（*Dragostea,* 1994）、《米爾恰‧卡塔雷斯
庫十四行詩50首》（*50 de sonete de Mircea Cărtărescu cu
cincizeci de desene de Tudor Jebeleanu,* 2003）等。

小說有：《夢境》（*Visul,* 1989）、《克萊梅》（*Le
rêve,* 1992）、《異裝癖》（*Travesti,* 1994）、《我們為
什麼愛女人》（*De ce iubim femeile,* 2004）、《耀眼三部
曲》（*Orbitor,* 1996、2002、2007）、《龍的百科全書》
（*Enciclopedia zmeilor,* 2002）等。

卡塔雷斯庫的作品曾多次獲得過羅馬尼亞作協獎、羅馬
尼亞學院獎、法國梅第西獎最佳外國書籍提名獎、阿斯普羅
獎，並被譯為法語、丹麥語、西班牙語等。

中文譯本：

無

Condé, Maryse

【瓜德羅普島】
瑪麗斯・孔德
小說家

　　瑪麗斯・孔德（Maryse Condé），本名瑪麗斯・巴科隆（Maryse Boucolon），1934年生於法屬瓜德羅普島的皮特爾角，用法語寫作的歷史小說作家，她因小說《澀古》（Segu）著稱於世。

　　1953年，父母送她到法國就讀費奈隆高中和索邦大學，她主修英語。1959年，她嫁給幾內亞演員瑪瑪多・孔德後改姓孔德。畢業後，她先後在幾內亞、加納、塞內加爾教書。她於1981年離婚，此後嫁給了理查・菲爾考克斯——她大部分作品的英語譯者。

　　孔德的歷史小說關注不同歷史年代和場景下的種族、性別和文化等主題，包括在《我是提圖巴：賽勒姆的黑女巫》（*I, Tituba: Black Witch of Salem,* 1986）中討論賽勒姆女巫審判案，在《澀古》（1987）中描述19世紀馬里的巴姆巴拉王朝。她的作品對泛非主義高度認同，這也是一個被許多非洲作家反覆敘述的主題。

　　孔德的歷史小說還有《赫爾馬克霍恩》（*Heremakhonon,*

1976）、《在瑞漢達的季節裏》（*A Season in Rihata*, 1988）、《澀古的孩子》（*The Children of Segu*, 1989）、《生命之樹》（*Tree of Life*, 1992）、《最後的非洲國王》（*The Last of the African Kings*, 1997）、《慾望》（*Desirada*, 1998）、《誰割開了瑟蘭尼爾的喉嚨：一個幻想故事》（*Who Slashed Celanire's Throat?: A Fantastical Tale*, 2004）、《維克圖娃：我母親的母親》（*Victoire: My Mother's Mother*, 2010）等。

　　寫作之外，孔德在學術上也取得了卓越成就。2004年，她以法語教授的身分從美國哥倫比亞大學榮休。此前她曾任教於加利福尼亞大學、加州伯克利大學、加州大學洛杉磯分校、索邦大學、佛吉尼亞大學和巴黎第十大學。

中文譯本：

無

DeLillo, Don

【美國】
唐・德里羅
小說家

　　唐・德里羅（Don DeLillo），美國當代最優秀的後現代派小說家之一，迄今已出版了10多部長篇小說和3部劇作，以及諸多短篇小說和散文，是一位既擁有廣大讀者、又在學術界享有崇高聲譽的小說家。他是美國藝術文學院院士。

　　唐・德里羅1936年11月20日出生於紐約市布朗克斯區一個義大利移民家庭。童年時曾隨父母遷居賓夕法尼亞州東部的波維爾市，返回紐約後，一直居住在布朗克斯的一幢兩層樓房裏。德里羅於1954年入紐約福德南大學就讀，1958年畢業後就職於一家廣告公司，業餘時間從事文學創作。

　　德里羅在大學期間，現代派繪畫、爵士樂、歐洲電影和格林尼治村的先鋒藝術給了他些許樂趣和啟迪，同時他孩提時代所受的天主教教育也影響著他，使他看到抽象的體系、教條、信念如何操縱人的思想與行為，並驅使他們走向極端——這為德里羅後來的思考與創作提供了一種樣板。

　　1960年，德里羅在《紀元》雜誌上發表第一篇小說《約旦河》（*The River Jordan*）。11年後，他的第一部長篇

小說《美國形象》（*Americana*）出版。此後，德里羅接連出版了《球門區》（*End Zone*, 1972）、《大鍾斯街》（*Great Jones Street*, 1973）、《拉特納之星》（*Ratner's Star*, 1976）、《球員們》（*Players*, 1977）和《走狗》（*Running Dog*, 1978）。1979年和1984年，他先後獲得古根海姆獎和美國藝術文學院文學獎。1979年，德里羅移居希臘，在那裏開始創作他的第7部長篇小說《名字》（*The Names*, 1982）。這是一部關於名字和命名的作品，分為四個部分：島嶼、山區、沙漠、草原，分別對應希臘庫羅斯島、帕羅奔尼薩半島、印度和美國堪薩斯。它試圖告訴人們，不同文化對於現實之所以會產生不同的概念，是因為存在著一個基本的規定性結構；語言規定本能的表現，是人類的基本需要，它不僅表達思想，也建構現實。

1985年，德里羅出版《白噪音》（*White Noise*），被譽為美國後現代主義文學的經典代表作，獲美國國家圖書獎。《白噪音》以美國中部小城鎮和坐落於該鎮的「山上學院」為背景，描繪了傑克・格拉迪尼教授的家庭生活、山上學院的校園生活，以及小鎮居民的日常生活和一次災難事件中形形色色的表現。

1988年，他出版了《天秤星座》（*Libra*），獲《愛爾蘭時報》國際小說獎。本書有三個層面的故事：一是甘迺迪遇刺的歷史故事，二是敘述者講的故事，三是作品中的人物講的故事。這三層故事相互消解，小說對歷史的模仿、對以往作品的模仿以及對其自身的模仿將真實人物推入想像的時空。

1989年，他發表了一部影射霍梅尼的小說《毛二世》（*Mao II*），並獲得1992年度美國筆會／福克納小說獎。爾後，於1997年出版了827頁的巨著《地下世界》（*Underworld*），描繪了20世紀整整後半個世紀的美國社會，對美國和世界文壇產生了轟動，成為當時的國際第一暢銷書。

　　2001年，他的《人體藝術家》（*The Body Artist*）問世。2003年，德里羅推出第14部小說《大都會》（*Cosmopolis*）。像《尤利西斯》一樣，本書也是描寫發生在一天之內的故事，展示了異化與妄想狂、藝術與商業、現實與想像、性與死亡、全球市場與恐怖主義，彷彿一個後現代話語的萬花筒。2007年，德里羅又出版了描寫9・11事件的小說《墜落的人》（*Falling Man*）。2011年11月，德里羅出版了首部短篇小說集《天使艾斯米拉達》（*The Angel Esmeralda*）。

　　德里羅的3部劇作分別是《月光工程師》（1979）、《娛樂室》（1987）和短劇《允准上天堂的運動員之狂喜》（1990）。

　　1999年，德里羅獲得耶路撒冷獎，是獲此殊榮的第一個美國人；2010年，他獲得美國筆會索爾・貝婁獎，這個獎項「代表美國文學的最高水準」。

中文譯本：

《白噪音》（簡譯林出版社，2002；繁寶瓶文化，2009）
《天秤星座》（簡譯林出版社，1997）
《名字》（簡譯林出版社，2002）

《墜落的人》（簡譯林出版社，2010）

《大都會》（簡人民文學出版社，2011）

《毛二世》（繁寶瓶文化出版，2011）

《人體藝術家》（簡浙江文藝出版社，2012）

Del Paso, Fernando

【墨西哥】
費爾南多・德爾帕索
小說家

　　費爾南多・德爾帕索（Fernando del Paso），墨西哥小說家，是拉丁美洲文學「爆炸」之後新一代作家的代表。

　　德爾帕索1935年4月1日出生於墨西哥城，在墨西哥國立大學學習經濟學。他在倫敦生活了14年，為BBC工作；後在巴黎法國國際廣播電臺工作。從1986年起，他擔任墨西哥駐法國的文化參贊，還短暫擔任過總領事。

　　德爾帕索的詩集《日常瑣事的十四行詩》（*Sonetos del amor y de lo diario*）出版於1958年，但未引起多大反響。他的第一部小說《何塞・特里戈》（*José Trigo*）發表於1966年，並獲得當年的賽維爾・維亞魯迪亞小說獎。不過，他真正成名和跨出國界卻仰仗於十年後出版的第二部長篇小說《墨

西哥的帕里努羅》（*Palinuro de México*），這部帶有自傳性質的小說曾獲1976年的墨西哥小說獎、1982年的羅慕洛·加列戈斯獎和1985年的法國最佳外語小說獎。《帝國軼聞》（*Noticias del Imperio*）是德爾帕索的第三部小說，初版於1987年，這部作品使他一舉成為了繼20世紀60年代震動世界文壇的拉丁美洲文學「爆炸」之後的新一代作家的傑出代表。它的出版不僅轟動墨西哥，而且在拉丁美洲其他國家及歐洲引起了廣泛關注，評論界譽之為「拉丁美洲文學近年來最重要的作品之一」。

　　《帝國軼聞》是一部對拉丁美洲新歷史小說產生重大貢獻的作品。這部小說以馬克西米里安和卡洛塔的生平以及法國入侵墨西哥的史實為藍本，被作者稱為「歷史傳紀」小說。這部廣博浩繁的小說其卓越之處在於，它不在著意於揭示到底發生了什麼「真相」，而代之以作者對那些重大而充滿爭議的歷史事件呈現了多個可能的視角。

　　1995年，德爾帕索出版了小說《琳達67號：聲名狼藉》（*Linda 67: Historia de un crimen*），描寫一位墨西哥外交官的兒子娶了一位美國加州的女繼承人後的愛恨情仇故事。2007年，德爾帕索獲得瓜達哈拉國際書展文學獎。

　　2007年5月，墨西哥國立大學以費爾南多·德爾帕索的名字命名圖書館和新聞中心，以表達對他的敬意。

中文譯本：

《帝國軼聞》（簡 雲南人民出版社，1994）

Devi, Mahasweta

【印度】
瑪哈絲維塔・黛維
小說家、社會活動家

　　瑪哈絲維塔・黛維（Mahasweta Devi），1926年出生於東孟加拉（今孟加拉）達卡市一個婆羅門家庭，父母都是作家和社會工作者。用孟加拉語寫作，已出版小說20多部。

　　黛維在達卡接受教育，當印度分裂後，她遷居印度的孟加拉邦。她加入了印度國際大學的拉賓德拉納特・泰戈爾小組，獲得了英語文學士學位，接著又在加爾各答大學獲得了英語碩士學位。

　　1964年，她在加爾各答大學附屬的比喬格爾學院執教。比喬格爾學院當時是一所為出身工人階級的女學生創辦的學校。那個時期，她也成為一名記者和富有創造力的作家。近來，她更以對孟加拉邦的兩個部落——羅哈斯和沙巴斯、女人和賤民的研究而聞名。她還是一位傑出的社會活動家，為比哈爾邦、中央邦和恰蒂斯加爾邦等部落民傾注了大量精力。在她的孟加拉語小說中，經常描寫部落民和賤民們遭到強權階層和地主階級、領導人和腐敗的政府官員鎮壓與獨裁的殘酷場景，這些都是她創作的靈感來源。

黛維說：「我總篤信真正的歷史是普通大眾創造的，我總是力求通過不同的形式去再現歷史，比如民俗、民歌、神話和傳說，都是普通大眾代代流傳下來的……我寫作的原因和靈感就是那些不斷開拓和傳承、絕不輕言失敗的人民。對我來說，那些令人驚異的、高貴的、苦難的人民就是我永不枯竭的寫作源泉和素材。當我開始瞭解他們時，我為什麼還要另闢他途尋找寫作的原材料呢？有時，對我來說，我的寫作實際上是他們完成的。」

　　黛維著有小說《第1084個母親》（*Hajar Churashir Ma*, 1975）、《火種之源》（*Agnigarbha*, 1978）、《卓蒂‧芒達和他的箭》（*Choti Munda evam Tar Tir*, 1980）、《虛構的地圖》（*Imaginary Maps*, 1995）、《乳房的故事》（*Breast Stories*, 1997）、《獵人之書》（*The Book of the Hunter*, 2002）、《流浪者》（*Outcast*, 2002）等；並於1986年獲得卓越貢獻獎，1996年獲得印度最高文學獎——賈南皮斯獎，1999年被英甘地國立開放大學授予榮譽博士學位。

中文譯本：

無

Djebar, Assia

【阿爾及利亞】
阿西婭・傑巴爾
小說家、歷史學家

　　阿西婭・傑巴爾（Assia Djebar），本名法蒂瑪－佐哈・伊瑪拉耶（Fatima-Zohra Imalayen），1936年生於臨近阿爾及爾的海濱小城歇爾謝爾，18歲赴法求學。她稱法語為自己的文學母語，以法語著有15部小說，她還是反抗法國殖民統治的阿爾及利亞抵抗運動的同情者。

　　1957年，傑巴爾出版了小說處女作《渴》（*La Soif*），初次使用了阿西婭・傑巴爾的筆名。此書當時在法國受歡迎的程度，堪與薩岡的《你好，憂愁》相提並論。次年，她的另一本書《急躁者》（*Les Impatients*）出版。她最著名的作品是小說《遠離麥迪那》（*Loin de Medine*）。她的作品中對婦女權利的聲張，為她贏得了廣泛的世界聲譽。

　　傑巴爾的小說常以婦女作為寫作背景，談及她們的獨立人格、性、社交以及家庭與男人的關係。1962年，傑巴爾出版了《新世界的兒女》（*Les Enfants du Nouveau Monde*），隨後在1967年出版了《天真的雲雀》（*Les Alouettes Naïves*）。傑巴爾的代表作還有《給一個幸福的阿爾及利亞的詩》

（*Poème pour une algérie heureus*, 1969）、《幻想曲》
（*L'Amour, la fantasia*, 1985）、《阿爾及利亞之白》（*Le blanc de l'Algéri*, 1996）、《蘇丹後妃之影》（*Ombre sultane*, 1987）、《斯特拉斯堡之夜》（*Les Nuits de Strasbourg*, 1997）、《沒有墓地的女人》（*La femme sans sépulture*, 2002）、《在父親家無容身之地》（*Nulle part dans la maison de mon père*, 2008）等。

2005年，法國最負盛名的文化機構——法蘭西學院，正式接納她為建院370餘年以來的第一位阿爾及利亞院士，她由此進入了「不朽者」的聖殿。

傑巴爾現任紐約大學法語文學教授。1996年，因其對世界文學的突出貢獻，獲得諾伊施塔特國際文學獎；並於1997年獲尤瑟納爾獎，2000年獲德國書業和平獎。

中文譯本：

《新世界的兒女》（簡 人民文學出版社，1978）

Doctorow, E.L.

【美國】
E.L.多克托羅
小說家

E.L.多克托羅（E.L.Doctorow），全名愛德格‧勞倫斯‧多克托羅（Edgar Lawrence Doctorrow），美國著名後現代小說家。儘管他從不以寫作取悅於人，但他的作品在美國頗為暢銷，從1975年出版的《拉格泰姆時代》到1990年出版的《比利‧巴思蓋特》都曾經榮登暢銷書榜首。

多克托羅1931年1月6日出生於紐約，父母是移民美國的俄羅斯猶太人，都是酷愛書本與音樂的知識分子。多克托羅在家庭的薰陶下，又經歷了30年代大蕭條的艱難歲月成長起來，為他日後從事文學創作打下了基礎。多克托羅曾在紐約布朗克斯理科中學和俄亥俄州的凱尼恩學院學習，後入哥倫比亞大學研究院攻讀戲劇。

1953年他入伍服役，兩年後復員，爾後在機場當過訂座員，又在哥倫比亞廣播公司和哥倫比亞電影公司做審稿人。60年代初他從電影業轉入出版界，在新美國文庫出版社任編輯，33歲時成為日暮出版公司的總編輯。

他的第一部小說《歡迎來到哈德泰姆斯小鎮》（*Welcome to Hard Times*）於1960年出版。此書寫一個壞蛋幾乎毀掉了一座名為哈德泰姆斯（Hard Times有「艱難時世」之意）的美國小鎮。這是多克特羅第一次像某種人類時間機器一樣，載著他的讀者回到蠻荒的西部進行一次歷史的旅行。這部作品以一個小鎮作為人類社會的象徵，用意雖深，但由於對人類活動的描寫失於簡單化，出版後未能引起文學界關注。

1966年他的第二部小說《大如生命》（*Big as Life*）出版。此書描寫紐約出現了比摩天大廈還要高大的裸體巨人時市

民的恐慌心理，既諷喻人心不古，也表達了對普通人的同情與關切。多克特羅於1968年由出版界轉入教育界，先後在加州大學、普林斯頓大學、猶他大學、薩拉·勞倫斯學院任教，目前則在紐約大學研究生寫作班擔任教職。

使多克托羅一舉成名的作品，是他1971年出版的第三部小說《但以理書》（*The Book of Daniel*），書名源於《聖經·舊約·但以理書》。這是他把真實的歷史事件與虛構的情節相結合的新型小說寫作手法的初次嘗試。

該書以20世紀50年代美國麥卡錫主義囂張時期被送上電椅的猶太移民羅森堡夫婦的所謂「出賣原子彈機密案」為背景，著重寫了受害者遺孤但以理（現代譯名為丹尼爾）長大成人後四處調查，為父母申冤的故事，即虛構的羅森堡之子但以理的故事。小說通過但以理的回憶和探索，展現了60年代中期美國的社會風貌：洶湧的反戰浪潮、學生反抗傳統文化、搖滾樂風靡全國、人們對政府的不滿和反抗、嬉皮士的出現等等，深刻揭示了美國社會中的個人悲劇。

多克托羅憑藉《但以理書》獲得1972年的古根海姆獎。兩年後他的第四部小說《拉格泰姆時代》（*Ragtime*）問世。這部作品熔事實與虛構於一爐的風格在美國文壇引起轟動，儘管有褒有貶，爭議頗大，美國評論界還是在1976年授予它全美書評人獎，承認作者是一位打破傳統小說寫作模式大膽創新的傑出作家。如今，《拉格泰姆時代》已作為20世紀70年代的代表作品被列入美國大學文學課程的必讀書目。多克特羅從此進入了美國一流小說家的行列。

　　為了表現這種拉格泰姆風格，他甚至在語言上也進行了變革，全書運用了大量互不關聯的短語略句，給人一種類似切分音節拍那樣的跳動感。在情節結構上他虛構了三戶具有代表性的美國家庭，他們中有猶太移民，有黑人，也有中產階級的白人，這三戶人家的命運隨著社會的變遷而變化，在他們的命運演變中作者又穿插了反映這一時代特徵的歷史事件和名人的生活。把真實的人與事和虛構的人與情節糅合在一起，正是這部小說最主要的特點。

　　此後，多克托羅又出版了作品《魚鷹湖》（*Loon Lake*, 1980）、《世界博覽會》（*World's Fair*, 1985）、《比利‧巴思蓋特》（*Billy Bathgate*, 1989）、《滾滾流水》（*The Waterworks*, 1994）、《上帝之城》（*City of God*, 2000）、《三月》（*The March*，即中譯本《大進軍》，2005）、《霍默和蘭利》（*Homer and Langley*，即中譯本《紐約兄弟》，2009）等。

　　多克特羅多次獲得過美國全國書評人獎、美國筆會／福克納小說獎、美國國家圖書獎、美國藝術文學院獎、美國總統頒發的國家人文獎章等。

中文譯本：

《拉格泰姆時代》（簡譯林出版社，1996）
《比利‧巴思蓋特》（簡譯林出版社，2000）
《上帝之城》（簡譯林出版社，2005）

《大進軍》（簡人民文學出版社，2007）

《紐約兄弟》（簡人民文學出版社，2011）

Dylan, Bob

【美國】
鮑勃・狄倫
詞作家、搖滾歌手

鮑勃・狄倫（Bob Dylan），原名羅伯特・艾倫・齊默曼（Robert Allen Zimmerman），是美國有重要影響力的詩人、民謠歌手、音樂家。狄倫的影響力主要體現在20世紀60年代，他對音樂的主要貢獻使歌詞的深刻寓意與音樂成為同等重要的一部分。

鮑勃・狄倫1941年5月24日生於明尼蘇達州的德盧斯城，他在希賓附近上高中時，就參加了一個搖滾樂隊。在明尼蘇達大學只上了一年他便輟學，更名為鮑勃・狄倫，在民歌界的聖地紐約格林尼治村，決心成為一名民歌手。

1961年1月，鮑勃・狄倫開始專心致力於歌唱，並來到紐約的民謠音樂城和煤氣燈等著名的表演場所演出。1962年，鮑勃・狄倫推出處女作《鮑勃・狄倫》，整張專輯的風格，帶有濃厚的伍迪・格斯里式民謠氣息，另一方面他也採取客觀立

場來審視當時的政治及社會事件，創作了不朽名曲《在風中飄蕩》，一躍而成為超級巨星。鮑勃‧狄倫早期的一些作品是以傳統旋律為基礎的，後來逐漸吸取了鄉村音樂的因素和黑人音樂並加以創新。他的抗議歌曲對當時青年人的心靈起了巨大的震撼作用，促使20世紀60年代美國青年的覺醒。

　　他的歌曲成為參加民權和反戰運動的白人學生的聖歌，有像《在風中飄蕩》和《大雨將至》這樣的抗議歌曲，有像傳統的《寇里納，寇里納》和以傳統為基礎的《來自北部鄉村的女孩》這樣的愛情歌曲，還有像唱法多種多樣的《我將會自由》這樣的滑稽歌曲。在古巴導彈危機和核裁軍運動的世界中，沒有什麼比聽狄倫演唱《戰爭的主人》和《大雨將至》更令人振奮的了。

　　鮑勃‧狄倫被認為是20世紀美國最重要、最有影響力的民謠歌手，並被視為20世紀60年代美國民權運動的代言人，他的作品不僅確立了在搖滾音樂史的教父級地位，也奠定了他作為20世紀偉大詩人的身分。狄倫直接影響了一大批同時代和後來的音樂人，例如尼爾‧楊、大衛‧波維、婁‧里得、布魯斯‧斯普林斯丁、約翰‧藍儂等人，並被《時代》雜誌選為本世紀最有影響力的100人。

中文譯本：

《像一塊滾石（鮑勃‧狄倫回憶錄第一卷）》（簡江蘇人民
　　出版社，2006）

Eco, Umberto

【義大利】
翁貝托・埃可
學者、小說家

　　翁貝托・埃可（Umberto Eco）是一位享譽世界的哲學家、符號學家、歷史學家、文學批評家和小說家。《劍橋義大利文學史》將翁貝托・埃可譽為20世紀後半期最耀眼的義大利作家，並盛讚他那「貫穿於職業生涯的『調停者』和『綜合者』意識」。埃可的世界遼闊而多重，除了隨筆、雜文和小說，還有大量論文、論著和編著，包含中世紀神學研究、美學研究、文學研究、大眾文化研究、符號學研究和闡釋學研究等。

　　埃可1932年1月5日生於義大利西北部皮埃蒙蒂州的亞歷山大，父親是會計師。當時的義大利天主教氛圍濃郁，自20世紀20年代興起的新托馬斯運動方興未艾，以至於13歲的埃可就參加了義大利天主教行動青年團，還在方濟各修會做過一段時間的修道士。正是這段經歷使他接觸了天主教的哲學核心——托馬斯主義。後來，埃可進入都靈大學哲學系學習，於1954年完成博士論文《聖托馬斯的美學問題》，1956年出版時修訂更名為《托馬斯・阿奎那的美學問題》，這本著作加上數年後出版的另一部專著《中世紀的藝術與美》，初步奠定了

他作為「中世紀學者」的地位。

　　就在大學畢業那一年，由於一批左傾學生與教皇發生矛盾，埃可與天主教行動青年團決裂，研究重點也從托馬斯·阿奎那轉向詹姆斯·喬伊斯。畢業後不久，埃可進入了新聞傳媒界，在位於米蘭的義大利國營廣播公司負責編輯電視文化節目。這份工作為他從傳媒角度觀察現代文化提供了平臺。同時，他開始與一批前衛作家、音樂家和畫家交往。5年之後，他離開電視臺，到米蘭的一家期刊當了非文學類欄目編輯，這份工作他做了16年之久。這期間，他也為另外幾份報刊撰稿、開設專欄，成為義大利先鋒運動團體「63集團」（Group 63）的中流砥柱。埃可的這些雜文作品起初與羅蘭·巴特的風格比較接近，但在研讀了巴特的著作之後，他深感「無地自容」，於是轉向更為綜合的風格，將前衛文化、大眾文化、語言學和符號學融為一體。1962年，他發表了成名作《開放的作品》（Opera aperta），憑藉此書成為義大利後現代主義思潮的主將。

　　埃可1980年出版第一部長篇小說《玫瑰之名》（Il nome della rosa）後，迅即贏得各界好評，榮獲義大利兩個最高文學獎和法國的文學獎，席捲歐美各地暢銷排行榜，迄今銷售已超過1600萬冊，並被翻譯成35種文字，在美、加、英、法、德均被譽為「最佳小說」；儘管如此，埃可時隔8年後才推出第二部長篇小說《福科擺》（Il pendolo di Foucault），再度引起世界各地轟動，並獲1989年邦卡雷拉獎；第三本小說《昨日之島》（L'isola del giorno prima）於1994年出版

後，亦暢銷愈300萬冊。此後，他陸續出版了小說《波多里諾》（*Baudolino*, 2000）、《洛安娜女王的神秘火焰》（*La misteriosa fiamma della regina Loana*, 2004）、《布拉格墓園》（*Il cimitero di Praga*, 2010）等。目前，埃可共出版各類作品140多種，橫跨多個領域；他還是位公共知識分子，積極參與各種社會事務。

埃可目前任教於博波洛尼亞大學，住在米蘭。

中文譯本：

《玫瑰之名》（簡重慶出版社，1987；繁皇冠文化，1993；
　　作家出版社，2001）

《傅科擺》（繁皇冠文化，1992；簡作家出版社，2003）

《昨日之島》（簡作家出版社，2001）

《開放的作品》（簡新星出版社，2005）

《悠遊小說林》（簡三聯書店，2005）

《誤讀》（繁皇冠文化，2001；新星出版社，2006）

《帶著鮭魚去旅行》（繁皇冠文化，1999；簡廣西師範大學
　　出版社，2004）

《智慧女神的魔法袋》（繁皇冠文化，2004）

《波多里諾》（繁皇冠文化，2004；簡上海譯文出版社，
　　2007）

《密涅瓦火柴盒》（簡上海譯文出版社，2009）

《羅安娜女王的神秘火焰》（簡皇冠文化，2009）

Esterhazy, Peter

【匈牙利】
艾斯特哈茲・彼得

　　艾斯特哈茲・彼得（Esterházy Péter），當代匈牙利著名作家，被譽為「匈牙利的喬伊斯」。

　　艾斯特哈茲・彼得1950年4月14日出生於布達佩斯。艾斯特哈茲是歐洲最古老顯赫的貴族姓氏之一，其歷史可以追溯到12世紀。艾斯特哈茲・彼得的祖先，有的當過大臣、將軍或總司令，有的當過州長、主教和大主教，還有兩人出任過總理。彼得降生到這個大家族時，恰好趕上他們剛剛淪為平民，父親被削掉爵位成為瓜農，這對於正是小說家來講是「最理想的時候」。彼得1964年小學畢業，後進入一家教會學校讀中學。1969～1974年在布達佩斯大學學習數學，畢業後在匈牙利機械部工作了4年。艾斯特哈茲曾是足球健將，1976年開始寫作，已出版著作近30種，被譯成20多種文字。主要作品有《梵奇庫與品塔》、《匈牙利色情小讀物》（*A Little Hungarian Pornography*）、《心臟助動詞》（*Helping Verbs of the Heart*）、《赫巴拉爾之書》（*The Book of Hrabal*）、《一個女人》（*Egy nő*）、《天堂的和諧》

（*Celestial Harmonies*）、《修訂版》（*Javított kiadás*）、
《虛無的藝術》等。

　　艾斯特哈茲曾榮獲多項歐洲文學大獎，如義大利格林札
納‧卡佛文學獎（1993）、奧地利歐洲國家文學獎（1999）、
奧地利赫爾德獎（2002）、德國書業和平獎（2004）等，還
囊括了匈牙利所有的文學獎項，包括1996年共和國最高榮譽
——科舒特獎章。

中文譯本：

《赫拉巴爾之書》（簡 上海人民出版社，2010）
《一個女人》（簡 上海人民出版社，2009）

Farah, Nuruddin

【索馬里】
努魯丁・法拉赫
小說家

　　努魯丁・法拉赫（Nuruddin Farah），索馬里小說家，當代非洲最具影響力的作家之一。

　　法拉赫於1945年11月24日出生在索馬里的拜多阿，父親是位商人，母親是位詩人。他在學校其間就熟悉了英語、阿拉伯語和阿姆哈拉語（當地語言）。1963年，索馬里獨立三年後，發生了嚴重的邊界衝突。法拉赫因此逃離索馬里，到印度的旁遮普大學學習哲學、文學和社會學。

　　1965年，法拉赫創作了首部中篇小說《為何死亡如此之快？》（*Why Die So Soon?*）；1970年，他出版的長篇小說《一根彎肋骨》（*A Crooked Rib*）為他贏得了國際聲譽。1976年，法拉赫出版了小說《裸針》（*A Naked Needle*），遭到索馬里政府的警告，計劃將其逮捕。法拉赫因而開始了流亡生涯，在其後的20年間，他在美國、德國、義大利、瑞典、蘇丹、印度和奈及利亞等國任教。1990年，他得到一筆德國學術交流中心的資助，方定居柏林。直到1996年，他才在20年後首次回到索馬里。

　　法拉赫的作品多立意於探求社會和家庭的認同感，被翻譯成20多種語言。他的代表作品有「非洲獨裁變奏曲」三部曲：《甜酸乳》（*Sweet and Sour Milk*, 1979）、《沙丁魚》（*Sardines*, 1981）、《芝麻關門》（*Close Sesame*, 1983）；「太陽之血」三部曲：《地圖》（*Maps*, 1986）、《禮物》（*Gifts*, 1993）、《秘密》（*Secrets*, 1998）。這兩個著名的三部曲奠定了他的世界上最偉大的當代作家之一的地位。

　　目前，法拉赫正在完成他的第三個三部曲，目前已出版了前兩部：《鏈結》（*Links*, 2004）、《繩結》（*Knots*, 2007）。

　　法拉赫獲得過多種榮譽，其中包括義大利的格林札納·卡佛文學獎、瑞典的庫爾特·圖霍夫斯基文學獎、柏林的尤利西斯獎，並於1998年獲得著名的紐斯塔國際文學獎。

中文譯本：

無

Fosse, Jon

【挪威】
喬恩·弗斯
小說家、劇作家

　　喬恩・弗斯（Jon Fosse），1959年9月29日生於挪威霍格森德，目前居於貝爾根市。挪威小說家、劇作家。

　　1983年他以小說《紅與黑》初試啼聲。他的第一部話劇《我們永不分離》（*Og aldri skal vi skiljast*）於1994年公演。喬恩・弗斯寫過長篇小說、短篇小說、詩歌、童話、散文和戲劇，他的作品已經被翻譯成40多種語言。弗斯的代表劇作有《母與子》（*Mor og barn,* 1997）、《黑夜唱著自己的歌》（*Natta syng sine songar,* 1997）、《吉他手》（*Gitarmannen,* 1999）、《夏日》（*Ein sommars dag,* 1999）、《秋之夢》（*Draum om hausten,* 1999）、《冬天》（*Vinter,* 2000）、《死亡變奏曲》（*Dødsvariasjonar,* 2001）、《薩卡拉》（*Sa ka la,* 2004）、《萊姆布庫》（*Rambuku,* 2006）等。弗斯於1988年獲得「新挪威語」文學獎，2003年獲挪威文學協會獎，2005年獲布萊格獎及挪威皇家聖階奧拉夫騎士勳章，2007年獲法國國家功勳勳章，2010年獲易卜生文學獎，被公認為當代傑出的劇作家之一。

中文譯本：

無

Fuentes, Carlos

【墨西哥】
卡洛斯‧富恩特斯
小說家

　　卡洛斯‧富恩特斯（Carlos Fuentes），墨西哥小說家。1928年11月11日生於巴拿馬城，祖籍是德國，曾祖父因受俾斯麥迫害而流亡墨西哥。父親是外交官，從小他就在美洲的各大城市生活，後來他繼承父親的職業，曾任墨西哥派駐日內瓦的國際組織代表、墨西哥駐英國及駐法國大使，回國後曾主編《旁觀者》雜誌，並創辦《墨西哥文學雜誌》。目前任教於美國的布朗大學。

　　富恩特斯從事文學創作的第一個成果，是短篇小說集《戴面具的日子》（*Los días enmascarados*, 1954），其後發表了一系列有影響的長篇小說，《最明淨的地區》（*La Región Más Transparente*, 1958）使他一舉成名，其後有發表了《良知》（*Las Buenas Conciencias*, 1961）、《阿爾特米奧‧克羅斯之死》（*The Death of Artemio Cruz*, 1962）、《換皮》（*Cambio de piel*, 1967）、《神聖的地區》（*Zona sagrada*, 1967）等，《最明淨的地區》和《阿爾特米奧‧克羅斯之死》為他贏得了世界性聲譽，他的《阿爾特米奧‧克

羅斯之死》與秘魯作家馬里奧‧巴爾加斯‧略薩的《城市與狗》（1963）、阿根廷作家胡利奧‧科塔薩爾的《跳房子》（1963）和哥倫比亞作家賈西亞‧馬奎斯的《百年孤獨》（1967）並稱為拉美「文學爆炸」的四部代表作之一。

富恩特斯的作品還有短篇小說集《盲人之歌》（*Cantar de ciegos*, 1964）、《燃燒的水》（*Agua quemada*, 1983）和《水晶的邊界》（*La frontera de cristal*, 1996），長篇小說《我們的土地》（*Terra Nostra*, 1975）、《一個遙遠的家庭》（*Una familia lejana*, 1980）、《美國佬》（*Gringo viejo*, 1985）、《克里斯托巴爾‧諾納托》（*Cristóbal Nonato*, 1987）、《與蘿拉‧迪亞斯共度的歲月》（*Los años con Laura Díaz*, 1999）、《狄安娜，孤寂的女獵手》（*Diana o la cazadora solitaria*, 1995）、《鷹的王座》（*La Silla del Águila*, 2003）、《歡樂之家》（*Todas las Familias Felices*, 2006）、《命運與慾望》（*La Voluntad y la Fortuna*, 2008），以及隨筆《墨西哥的五個太陽》（*Los cinco soles de México*, 2000）等。

富恩特斯是一個勇於創新的小說家，他主張當代作家要不斷探索新的技巧以反映新的現實，既要做巴爾扎克，也要做比托爾（法國新小說代表人物），表明了他是拉美文壇最不墨守陳規、最富於探索的作家之一。

由於他的創作成就，富恩特斯於1967年獲得西班牙簡明叢書文學獎，1977年獲委內瑞拉加列戈斯獎，1979年獲墨西哥雷耶斯獎，1987年獲賽凡提斯獎，1992年獲西班牙梅嫩德

斯・佩拉約國際獎，1994年獲得西班牙阿斯圖里亞斯王子文學獎。

中文譯本：

《最明淨的地區》（簡 雲南人民出版社，1993；簡 譯林出版社，1998）

《阿爾特米奧・克羅斯之死》（簡 外國文學出版社，1983；簡 譯林出版社，1999）

《奧拉・盲人之歌》（簡 花城出版社，1994）

《狄安娜，孤寂的女獵手》（簡 譯林出版社，1992）

《和蘿拉・迪亞斯一起的歲月》（簡 譯林出版社，2005）

《我相信》（簡 譯林出版社，2007）

《墨西哥的五個太陽》（簡 譯林出版社，2009）

《鷹的王座》（繁 允晨文化，2009）

Galeano, Eduardo

【烏拉圭】
愛德華多・加萊亞諾
記者、小說家

　　愛德華多・休斯・加萊亞諾（Eduardo Hughes Galeano），烏拉圭記者、作家和小說家。他最著名的作品是《火的記憶》三部曲（1982～1986）和《拉丁美洲：被切開的血管》（1971），它們被譯成20種文字，並且超越了傳統體裁：它兼具小說、新聞報導、政論和歷史論著的特點。作者自己用一位作家的名言表達了自己的困惑：「因為這片至親的土地已經患上了健忘症，我才成為一個被回憶困擾的作家，回憶整個美洲的過去，回憶整個拉丁美洲。」

　　加萊亞諾於1940年9月3月出生於烏拉圭的蒙德維的亞，一個歐洲移民後裔的天主教家庭。與許多拉美孩子一樣，幼時的加萊亞諾夢想成為一個足球運動員，這種渴望也反映在他許多作品中，如《足球往事：那些陽光與陰影下的美麗和憂傷》（*El fútbol a sol y sombra*）。少年加萊亞諾打了很多份零工——工廠工人、收款員、看板畫師、郵差、打字員、銀行出納。14歲時，加利亞諾就在社會黨的週刊《太陽報》發表了第一套政治漫畫。1960年代早期他為《前進報》當編輯，開

始了報人生涯,這是一份非常有影響力的新聞報刊,它的撰稿人包括馬里奧‧巴爾加斯‧略薩、馬里奧‧貝內德蒂、曼努埃爾‧馬爾多納多‧鄧尼斯、羅伯托‧費爾南德茲‧瑞塔馬爾。他為《時代報》當了兩年編輯,並在大學出版社擔任主編。

　　1973年,烏拉圭發生政變,軍人掌權,加萊亞諾遭監禁後被迫流亡於烏拉圭、智利和阿根廷。他的著作《拉丁美洲:被切開的血管》(*Las venas abiertas de América Latina*)遭到了右翼軍人政府的封殺。在阿根廷定居期間,他創辦了文化雜誌《批評》。1976年,阿根廷發生軍事政變,他的名字被列入黑名單。加萊亞諾再一次被迫流亡到西班牙,在那裏完成了著名的三部曲《火的記憶》(*Memoria del fuego*)。

　　1985年初,加萊亞諾返回蒙德維的亞。隨著左翼陣線在競選中獲勝,一個泛拉美電視臺在委內瑞拉的加拉加斯成立了,2005年加萊亞諾與其他左翼知識分子組成了電視網的36人顧問委員會。

　　加萊亞諾的其他作品還有《萊昂‧戴和其他鬼故事》(*Los fantasmas del día del léon y otros relatos*, 1967)、《戰爭與愛情的日日夜夜》(*Días y noches de amor y de guerra*, 1978)、《我們的時代之聲》(*Voces de nuestro tiempo*, 1981)、《藍虎》(*El tigre azul y otros artículos*, 1988)、《短篇小說100篇:選集》(*100 relatos breves: antología*, 1998)、《時代的聲音:故事中的人生》(*Bocas del Tiempo*, 2004)等。

中文譯本：

《拉丁美洲：被切開的血管》（簡 人民文學出版社，2001）
《足球往事：那些陽光與陰影下的美麗與憂傷》（簡 廣西師
　　大出版社，2010）

Gass, William H.

【美國】
威廉·H·蓋斯
小說家、評論家

　　威廉·霍華德·蓋斯（William Howard Gass），1924
年7月30日生於北達科塔州。美國後現代小說家、散文家、批
評家。他寫過兩部長篇小說、三部短篇小說集、一部中篇小說
集，以及數部隨筆集，其中三部獲得了美國全國書評人獎。其
中，《一個文本的寺廟》獲得了杜魯門·卡波特文學評論獎，
小說《隧道》獲得美國國家圖書獎。

　　蓋斯出生後不久，他的家就搬到俄亥俄州的鋼鐵城沃
倫，他在當地學校讀書，後進入衛斯理大學讀書。二戰期間，
他作為海軍少尉在海軍服役三年半時間。1947年他在凱尼
恩學院獲得哲學學士學位，接著進入康乃爾大學專攻哲學，

1954年獲得哲學博士學位，研究方向是路德維希・維特根斯坦。此後，蓋斯在多家大學任教，一直擔任哲學教授。

蓋斯的第一部小說《奧門塞特的運氣》（*Omensetter's Luck*）出版於1966年，描繪了1890年前後俄亥俄州一個小鎮的生活，確立他作為一個小說家的地位。1968年他出版了《在鄉村中心深處》（*In The Heart of the Heart of the Countr*），5個短篇演繹的主題是人與人之間的隔閡和愛的艱難。同年他還出版了《威利・馬斯特的孤妻》（*Willie Masters' Lonesome Wife*），這是一部實驗性的中篇小說。他的幾部隨筆集，包括《小說和人物的生活》（1970年）和《發現一種形式》（1996年）也深受好評。他最新的小說作品《中篇小說集：笛卡爾奏鳴曲》（*Cartesian Sonata and Other Novellas*），出版於1998年。他的隨筆被選入1986年、1992年和2000年的《美國最佳散文集》。

儘管他非常高產，他卻坦言寫作對自己是件很困難的事。事實上，出版於1995年的史詩小說《隧道》（*The Tunne*），整個創作過程花去了蓋斯26年時間。評論界對《隧道》的反應異常強烈，有評論家稱它是「讓人大為光火的、極具冒犯性的傑作」，也有人稱它是「成就驚人、顯而易見是本世紀最偉大的小說之一」，並稱之為「一部冷酷的黑色小說，令人敬畏而絕望」。

蓋斯把很大一部分的精力放在對結構和技巧的研究上。他的散文被形容為熠熠生輝、狂飆突進、獨出心裁又充滿音律感。蓋斯大部分作品是超小說。在一家雜誌的專訪中，蓋斯評

價自己的作品在體裁及形式上公然藐視經典，嘲笑加在自己頭上的「後現代」標籤，戲稱自己是「晚現代」或「衰現代」。

蓋斯獲得過1970年古根海姆獎、1975年美國藝術文學院小說獎、1977年蘭南終身成就獎、1994年馬克·吐溫獎，1977年憑《隧道》獲得美國國家圖書獎，2000年獲得美國筆會授予的納博科夫終身成就獎，並憑藉《詞語的聚居地》、《發現一種形式》、《時間的考驗》獲得過三次美國全國書評人獎。

中文譯本：

《藍·色：癲狂的藝術》（繁 立緒出版，2002）

Gelman, Juan

【阿根廷】
胡安·吉爾曼
詩人

胡安·吉爾曼（Juan Gelman），生於1930年5月3日，阿根廷詩人。從1956年起，他出版了超過20本詩集。2007年，他獲得了西班牙語文學界最重要的獎項——賽凡提斯文學獎。他的作品讚美生命，同時也有關注社會與政治，反映了他

因為自己祖國的政治狀況而遭受的傷痛經歷。

1930年，胡安・吉爾曼生於布宜諾賽勒斯附近的維拉克雷斯波。他是烏克蘭移民家庭，父親是一個社會革命家，參加了1905年的俄羅斯革命。8歲時，他讀了杜斯妥也夫斯基的《被侮辱和被損害的》，接下來的日子他都極度興奮。青年時代，他已經成為很多文學組織的成員，並成為一名記者。

直到1975年，胡安都熱衷於政治活動，並捲入城市游擊隊的活動中，但後來他疏遠了該組織。1976年阿根廷政變後，他的兒子和女兒在家中被綁架並被殺害，他也被迫流亡，離開祖國12年。胡安一直在歐洲居住到1988年，返回阿根廷後，他為布宜諾賽勒斯的一家報紙《第十二頁》工作。1997年，胡安・吉爾曼獲得了阿根廷國家詩歌獎，以表彰他的卓越成就。如今，他與妻子居住在墨西哥，繼續為《第十二頁》寫作。

胡安・吉爾曼的詩歌代表作有：《胡安・吉爾曼：自選集》（*Juan Gelman: antología personal*, 1993）、《不可思議的溫柔：詩選》（*Unthinkable tenderness：selected poems*, 1997）、《昨天、今天和明天：自選集》（*En el hoy y mañana y ayer: antología personal*, 2001）、《西班牙搖滾：詩人、作家和藝術家》（*Miradas: de poetas escritores y artistas*, 2004）等。

中文譯本：

無

Glück, Louise

【美國】
露易絲・格麗克
詩人

　　露易絲・伊莉莎白・格麗克（Louise Elisabeth Glück），美國詩人，2003年榮獲國會圖書館授予的桂冠詩人稱號。

　　格麗克1943年4月22日生於紐約市，父親是匈牙利移民。1961年，格麗克在紐約的高中畢業後進入薩拉・勞倫斯學院學習，後來轉學到哥倫比亞大學。她現居麻省的坎布里奇，曾是威廉斯學院的高級講師。格麗克目前在耶魯大學任駐校作家，並在波斯頓大學教授創意寫作課程。

　　格麗克出版了12本詩集，包括《初生》（*Firstborn*, 1968）、《阿基里斯的勝利》（*The Triumph of Achilles*, 1985）、《阿勒山》（*Ararat*, 1990）、《野鳶尾花》（*The Wild Iris*, 1992）、《牧場》（*Meadowlands*, 1996）、《維塔諾瓦》（*Vita Nova*, 1999）、《七個時代》（*The Seven Ages*, 2001）、《阿弗爾諾》（*Averno*, 2006）、《鄉村生活》（*A Village Life*, 2009）等。

　　1993年，格麗克憑藉詩集《野鳶尾花》獲得普立茲詩歌獎，此外她還獲得過《紐約客》圖書獎的詩歌獎、威廉・卡洛

斯·威廉姆斯社會詩歌獎、國會圖書館國家詩歌獎、美國全
國書評人獎、美國詩歌學會的梅爾維爾·凱恩獎、古根海姆
獎等。

　　1994年，露易絲·格麗克出版了隨筆集《證據和推論：
詩學隨筆》（*Proofs and Theories: Essays on Poetry*），闡
述了她的詩學思想。2001年，格麗克被耶魯大學授予波林根
詩歌獎，該獎每兩年頒發一次，用以表彰詩人在藝術領域的終
身成就。

　　她現在是美國文學藝術學院院士，1999年當選為美國詩
人學會的會長之一。繼比利·科林斯後，格麗克成為2003-
2004年度的美國桂冠詩人。

中文譯本：

無

Goytisolo, Juan

【西班牙】
璜·戈提梭羅
小說家、詩人

　　璜·戈提梭羅（Juan Goytisolo），1931年1月6日生於

巴賽隆納，西班牙小說家、詩人、散文家，目前在摩洛哥的馬拉喀什過著一種有意的自我放逐的生活。

璜‧戈提梭羅出身於一個貴族家庭。他稱這種等級特權，滲透著曾祖父的殘忍和祖父的貪婪（通過閱讀家族舊書信和檔案得知），這是驅使他在青年時代加入共產黨的一個主要原因。他的父親在西班牙內戰期間被政府監禁，母親1938年死於佛朗哥分子發動的空襲中。他的兩個兄弟何塞‧奧古斯汀和路易士同樣也是知名作家。

在完成大學的法律學業後，他於1954年出版了第一部小說《年輕的刺客》（*The Young Assassins*）。1956年，他由於反對佛朗哥軍政權而被流放到巴黎，在那裏他為伽利碼出版社工作。1960年代早期，他成為居伊‧德波（Guy Debord）的朋友。在拋棄早期小說中的現實主義傾向後，他相繼出版了《身分的標誌》（*Marks of Identity*, 1966年）、《算計者朱利安》（*Count Julian*, 1970）、《璜失地》（*Juan the Landless*, 1975年）。與他所有的作品一樣，這幾部作品同樣在西班牙遭禁，直到佛朗哥死去。

《算計者朱利安》（1970、1971、1974）以一種直言不諱的方式，表現了朱利安這個在西班牙歷史上臭名昭著的叛國者的另一面。用戈提梭羅自己的話說，他虛構了「關於西班牙的神話、它的天主教義和民族主義的毀滅，對傳統的西班牙進行了文學上的攻擊」。他稱自己是「向阿拉伯入侵敞開大門的偉大的叛國者」。

璜‧戈提梭羅的妻子是小說家、劇作家莫妮克‧蘭格

（Monique Lange），她還是個出版商。莫妮克去世於1996年；1997年他移居摩洛哥的馬拉喀什。

　　璜·戈提梭羅的其他作品有：《變戲法》（*Juegos de manos*, 1954）、《天堂裏的決鬥》（*Duelo en el Paraíso*, 1955）、《馬戲團》（*El circo*, 1957）、《身分》（*Señas de identidad*, 1966）、《戰鬥後的風景》（*Paisajes después de la batalla*, 1985）、《秘密花園》（*Las semanas del jardín*, 1997）、《戒嚴狀態》（*State of Siege*, 2002）、《一齣愚蠢的喜劇》（*A Cock-Eyed Comedy*, 2005）等。

　　他曾獲得過歐羅巴文學獎（1985）、奈麗·薩克斯文學獎（1993）、奧克塔維奧·帕斯文學獎（2002）、胡安·魯爾福獎（2004）、西班牙國家文學獎（2008）等。

中文譯本：

《變戲法》（簡 人民文學出版社，1988）

Goytisolo, Luis

【西班牙】
路易士·戈提梭羅
小說家

　　路易士‧戈提梭羅（Luis Goytisolo），1935年3月17日
生於巴賽隆納，是西班牙「半個世紀派」著名作家，他的兩個
哥哥何塞‧奧古斯丁‧戈提梭羅（1928～1999）、璜‧戈提
梭羅（1931～）也是作家。他原先在大學學習法律，後來放棄
法律研究投身文學。1994年當選西班牙皇家學院院士。他曾在
西班牙《國家報》、ABC公司及《每日16頁》等媒體工作。

　　戈提梭羅最早的兩本書《郊區》（*Las afueras*, 1958）和
《同樣的話》（*Las mismas palabras*, 1963）都密切關注現
實。他的代表作《對抗》（*Antagonía*）四部曲，分別由《清
單》（*Recuento*, 1973）、《五月的綠色延伸到海邊》（*Los
verdes de mayo hasta el mar*, 1976）、《阿基里斯的憤怒》
（*La cólera de Aquiles*, 1979）和《知識理論》（*Teoría del
conocimiento*, 1981）組成。

　　他的《清單》一書因為佛朗哥政權的新聞檢查無法在西
班牙國內出版，只好轉到墨西哥發行，雖然1974年有了西班
牙版本，但直到佛朗哥去世後才與讀者見面；而《五月的綠色
延伸到海邊》指的是一直延伸到海邊的羅薩斯谷地，它在五月
顯得尤其蔥綠，這部作品曾獲1976年「巴賽隆納城市獎」。

　　戈提梭羅的《鴿子雕像》（*Estatua con palomas*）一
書榮獲1993年全國小說獎，其後續的作品有《天國的階梯》
（*Escalera hacia el cielo*, 1999）、《360°日記》（*Diario de
360°*, 2000）、《解放》（*Liberació*, 2003）、《細聽鳥鳴》
（*Oído atento a los pájaros*, 2006）、《出事了》（*Cosas
que pasan*, 2009）等。

中文譯本：

無

Gordon, Mary

【美國】
瑪麗・戈登
小說家

瑪麗・凱薩琳・戈登（Mary Catherine Gordon），生於1949年12月8日，美國作家，現為美國伯納德學院麥金托什英文教授。她最為人所知的是她的小說、回憶錄和文藝批評。

瑪麗・戈登生於紐約的法羅卡韋，母親是愛爾蘭裔，父親是個皈依天主教的猶太人。1971年她在伯納德學院獲得文科學士學位，1973年在雪城大學獲得文學碩士學位。爾後開始從事文學創作，1978年出版了第一部小說《最後的償付》（*Final Payment*），其後又發表了《女人公司》（*The Company of Women*, 1981）、《人與天使》（*Men and Angels*, 1985）、《花費》（*Spending*, 1998）、《珍珠》（*Pearl*, 2005）等。

《圍繞我的母親：回憶錄》（*Circling My Mother: A*

Memoir, 2007）標誌著她在兩部小說之後重新回歸到散文。
2009年，戈登出版了《閱讀耶穌》（*Reading Jesus*），在這
本書中充分展示了她在閱讀《福音書》時獲得的文學訓練。

中文譯本：

《人與天使》（簡 中國文聯出版公司，1998）

Grossman, David

【以色列】
大衛·格羅斯曼
小說家

　　大衛·格羅斯曼（David Grossman），1954年1月25日
出生於耶路撒冷，以色列傑出小說家，主要作品有小說《私密語
法書》、《羔羊的微笑》、《證之於：愛》、《陸地盡頭》等，
隨筆《黃風》、散文《人像一根麥秸》以及兒童文學作品等。
　　他是兩兄弟中的老大，和許多同代以色列人不同的是，
大衛·格羅斯曼不是大屠殺倖存者的孩子，「我父母很幸運，
我母親1930年代出生在當時的巴勒斯坦；我父親出生在波蘭
一個小鎮，1936年就來到以色列。」格羅斯曼的父親是個公
車司機，後來一個圖書管理員告訴父親大衛是個「讀書的料

子」，從此對文學的興趣成就了他的職業生涯。但從某個角度看，「我、我的同輩、我們的後輩，大家都是大屠殺的孩子，因為大屠殺的記憶深深烙印於我們記憶中，讓我們痛苦。」

1971年，格羅斯曼在軍隊從事軍事情報工作，退役後到耶路撒冷希伯來大學攻讀戲劇和哲學。畢業後，他到以色列電臺工作，並出版了《決鬥》（*Duel*, 1982）和《羔羊的微笑》（*The Smile of the Lamb*, 1983）。

1986年出版的《證之於：愛》（*See Under：Love*）令格羅斯曼躋身於傑出作家之列，被稱為是類似賈西亞・馬奎斯《百年孤獨》和君特・格拉斯《鐵皮鼓》那樣的現實與魔幻相結合的作品。這部小說被公認為幾十年來反思大屠殺最偉大的作品之一，寫的是一個小孩獨自對猶太身分、大屠殺和死亡的探索。格羅斯曼並沒有簡單敘述猶太人曾經遭受的苦難，而是不斷拷問自己或者人類，在極端環境下普通人能否抵禦誘惑和絕望。

爾後他又出版了《私密語法書》（*The Book of Intimate Grammar*, 1991）、《是我的刀》（*Be My Knife*, 1998）、《她的身體知道》（*Her Body Knows*, 2003）等作品。正在寫作小說《陸地盡頭》時，他的兒子尤利作為以色列士兵，在2006年對黎巴嫩作戰中陣亡，死時距21歲僅差兩周。2008年3月，這本600頁的希伯來文小說《陸地盡頭》（*To the End of the Land*）終於出版。格羅斯曼傷感地說：「他沒能保護尤利。」

大衛・格羅斯曼直言不諱自己是一個和平活動家和政治

左翼人士，他反對以色列建立定居點，強烈要求政府停火。
兒子死後4個月，格羅斯曼就與眾人一起紀念拉賓被暗殺11周
年。2010年，格羅斯曼曾到中國訪問。他曾獲以色列總理創
新獎、義大利弗萊雅瑙獎、特拉維夫市比亞力克文學獎、埃米
特獎等，2010年獲得德國書業和平獎。

中文譯本：

《證之於：愛》（簡上海譯文出版社，2006）
《直到大地盡頭》（繁南方家園，2011）

Handke, Peter

【奧地利】
彼得・韓德克
劇作家、小說家

　　彼得・韓德克（Peter Handke），奧地利先鋒劇作家、小說家。1942年12月6日生於納粹德國佔領下的奧地利的格里芬，1944年至1948年間居住在東柏林。韓德克的繼父布魯諾來自小城鎮，酗酒、文化水準有限，因此韓德克對陳規陋俗和束縛壓抑充滿了反叛精神。

　　1960年，韓德克進入格拉茲大學學法律，並參加了青年作家團體「格拉茲人社」，艾爾弗麗德・耶利內克和芭芭拉・佛里茨莫斯也是該團體成員。小說《大黃蜂》（*Die Hornissen*, 1966）出版後，他成為職業作家和編劇。1966年，他的戲劇《冒犯觀眾》（*Publikumsbeschimpfung*）在美國新澤西普林斯頓的先鋒派藝術家大會上深受矚目。此後，韓德克還創作了許多電影劇本，《錯誤之舉》獲得1975年的德國電影金獎，他執導的《左撇子的女人》一片獲得1978年坎城電影節金棕櫚大獎提名，並最終於1980年獲得德國藝術院電影公會金獎。大家熟知的電影《慾望之翼》也是他擔任編劇的。

他出版了《小販》（*Der Hausierer*, 1967）、《別後短箋》（*Der kurze Brief zum*, 1972）、《錯誤之舉》（*Falsche Bewegung* 1975）、《我在無人灣的一年》（*Mein Jahr in der Niemandsbucht*, 1994）等小說；但更能代表他的成就還是戲劇，如《被保護人要做保護人》（*Das Mündel will Vormund sein*, 1969）、《策馬馳騁在博登湖上》（*Der Ritt über den Bodensee*, 1971）、《此刻我們對彼此一無所知》（*Die Stunde, da wir nichts voneinander wußten*, 1992）、《駕獨木舟旅行》（*Voyage by Dugout*, 1999）、《失落的痕跡》（*Spuren der Verirrten*, 2006）等。

他的《卡斯帕》（*Kaspar*, 1967）已成德語戲劇中被排演次數最多的作品之一，在現代戲劇史上的地位堪比貝克特的《等待果陀》。他創立了顛覆性的「說話劇」，消除了布萊希特極力保持的演員與觀眾、戲劇與現實之間的距離──即「陌生化」或「間離」。

2006年，韓德克被提名海涅文學獎，但由於他的政治觀點遭到抨擊而被迫放棄；2009年，他獲得法蘭茲・卡夫卡獎。

從2001年起，韓德克與德國女演員卡佳・弗琳特一起生活。

中文譯本：

《夢外之悲》（繁時報文化，1995）

《冒犯觀眾》（繁唐山出版社，2001）

Hart, Kevin

【澳洲】
凱文·哈特
詩人、神學家

　　凱文·約翰·哈特（Kevin John Hart），澳洲神學家、哲學家和詩人。他摘得過許多詩歌類獎項，包括克里斯多夫·布倫南獎，並兩獲格蕾絲·萊文詩歌獎。

　　凱文·哈特生於1954年7月5日，是英裔澳洲人。1966年哈特一家遷到澳洲的布里斯班，哈特進入奧克斯萊州立中學學習，並在澳洲國立大學獲得了哲學學士學位。1986年，哈特在墨爾本大學取得博士學位，1991年成為莫納什大學英語與比較文學專業的副教授，1995年擢升為教授。2002年他離開莫納什大學，成為諾特丹大學的哲學與文學教授，直到2007年。

　　凱文·哈特在其職業生涯中，主要以兩個領域的研究而著稱：宗教與文學。他的關於基督教神秘傳統的研究主要關注的是冥想的實踐；至於宗教與文學的關係，哈特寫作了大量的英語詩、法語詩以及基督教義釋義，尤其對基督教神秘主義感興趣。

　　第一次寫作詩歌時哈特還是個少年，這一半要歸功於他買的一本雪萊詩集，一半要歸功於在布里斯班的炎炎夏日裏

公共圖書館那溫度宜人的空調。除雪萊之外，哈特還引用過 T.S.艾略特、夏爾‧波德賴爾、保羅‧艾呂雅、瓦斯科‧博帕、茲比格涅夫‧赫伯特和傑拉德‧曼雷‧霍普金斯等詩人的作品，對他同樣影響甚大。

評論家們都對哈特詩歌中的宗教和哲學主題印象深刻。他們認為很難將凱文‧哈特的詩歌與神秘主義、神秘詩學截然分開。色情和肉慾的主題同樣在哈特詩中有大量展現，有論者認為，即使絕大多數論點都集中探討他作品中的宗教主題，哈特仍然是一個「生理與肉慾感受強烈的詩人」。

他曾以四本著作詳細闡釋無神論者莫里斯‧卜朗修的思想：《黑暗的凝視》、《爭議的力量》、《空無之地》、《秘密遭遇》。他關於雅克‧德里達與撒母耳‧詹森的研究著作同樣廣受好評。

哈特出版的詩集有：《分道揚鑣》（*The Departure*, 1978）、《掌紋》（*The Lines of Your Hand*, 1981）、《你的影子》（*Your Shadow*, 1984）、《毗努伊勒》（*Peniel*, 1991）、《新詩選集》（*New and Selected Poems*, 1994）、《黑暗天使》（*Dark Angel*, 1996）、《十九首頌歌》（*Nineteen Songs*, 1999）、《火焰樹》（*Flame Tree*, 2002）、《夜曲》（*Night Music*, 2004）、《新雨》（*Young Rain*, 2008）、《早晨的知識》（*Morning Knowledge*, 2011）等。

哈特的詩迄今獲獎無數，包括1977年的約翰‧蕭‧尼爾森詩歌獎，1982年的瑪塔拉詩歌獎，1984年的威斯利‧米歇爾‧萊特獎，1985年的新南威爾士州總理獎，1985年的維多

利亞總理獎，1991年、1996年的格蕾絲‧萊文詩歌獎，1999年的克里斯多夫‧布倫南獎，以及2008年的格雷比爾-格溫詩歌獎。

　　哈特目前任教於美國佛吉尼亞大學，並任該校宗教研究院的主席。

中文譯本：

無

Ishiguro, Kazuo

【英國】
石黑一雄
小說家

　　石黑一雄（Kazuo Ishiguro），日裔英籍小說家，1954
年11月8日生於日本長崎，1960年他隨家人移民英格蘭。石黑
一雄是英語世界中最孚聲望的小說作家之一，三度獲得布克
獎提名，1989年憑《長日將盡》摘得布克獎。2008年，《時
代》週刊將石黑列入「1945年以來50位最好的英國作家」。

　　1974年，石黑一雄在坎特伯雷郡的肯特大學求學，1978
年他畢業時獲得了哲學和藝術學學士學位。經過一年的小說創
作後，他重返東安格利亞大學學習，1980年獲得了創意寫作
的藝術碩士學位。1982年他成為英國公民。

　　他的很多小說背景都設定在過去。《浮世畫家》故事發
生在石黑的出生地長崎，在原子彈爆炸後的復興時期。敘述者
被迫參加了二戰，他發現被自己孫子輩為首的新一代指責要為
日本誤入歧途的外交政策負責，還要面對洶湧而來的現代化思
潮。他的第四部小說《無法慰藉》，故事發生在一個無名的中
世紀歐洲小城。《長日將盡》故事發生在二戰時期一個英國貴
族的鄉村宅邸裏。他的近作《別讓我走》，有科幻小說的性質

和未來主義的風格。然而，故事時間卻發生在1990年代後期。

　　石黑的手法是允許人物在敘述過程中含蓄地揭示出他們的缺陷。作家因此創造出了一種哀婉感傷的筆調，在讓讀者看到敘述者弱點的同時，也深深沉浸到對敘述者的悲憫之中。因此，石黑的大部分小說都是以抑鬱症辭職而結尾，他的人物接受了自己成長的過去，典型地揭示了所面臨的現實和精神痛苦。這也可被視為日本特有的哀矜之感在文學中的反映。

　　石黑一雄的長篇小說有：《群山淡景》（*A Pale View of Hills*, 1982），獲得英國皇家文學院頒發的溫尼弗雷德‧霍爾比獎；《浮世畫家》（*An Artist of the Floating World*, 1986），獲得惠特布萊德年度最佳小說獎和布克獎提名；《長日將盡》（*The Remains of the Day*, 1989），奪得當年的布克獎；《無法慰藉》（*The Unconsoled*, 1995），贏得切爾特納姆文學獎；《我輩孤雛》（另譯《上海孤兒》，*When We Were Orphans*, 2000），又獲布克獎提名；《別讓我走》（*Never Let Me Go*, 2005），再次獲得布克獎提名；他還出版有兩部短篇小說集《家宴》（*A Family Supper*, 1982）、《夜曲》（*Nocturnes*, 2009）。

　　1989年，他當選英國皇家文學院院士。石黑一雄與魯西迪、奈波爾一起並稱為「英國文壇移民三雄」。

中文譯本：

《遠山淡景》（繁 聯合文學，1994；另譯《遠山淡影》，簡 上海譯文出版社，2011）

《浮世畫家》（繁 皇冠文化，1994；簡 上海譯文出版社，2011）

《夜曲》（繁 聯經出版，2010；另譯《小夜曲》，簡 上海譯文出版社，2011；）

《長日將盡》（繁 皇冠文化，1994；另譯《長日留痕》，簡 譯林出版社，2003）

《我輩孤雛》（繁 大塊文化，2002；另譯《上海孤兒》，簡 譯林出版社，2001）

《別讓我走》（繁 商周文化，2010；簡 譯林出版社，2007）

《無法慰藉》（簡 上海譯文出版社，2012）

Jelloun, Tahar Ben

【摩洛哥】
塔哈爾·班·哲倫
小說家

　　塔哈爾·班·哲倫（Tahar Ben Jelloun），摩洛哥詩人和小說家。儘管他的第一語言是阿拉伯語，但他的作品全部是用法語寫成的。

　　1944年12月1日，班·哲倫出生於摩洛哥的北部城市菲斯，從小就在阿拉伯語、法語雙語學校上學，後來他在拉巴特的穆罕默德五世大學主修哲學，畢業後在摩洛哥的大學中教授哲學。1971年起，班·哲倫移居法國巴黎，邊為法國《世界報》（Le Monde）撰稿，邊進行心理學研究。1975年，他獲得巴黎第七大學的社會精神病學博士學位。

　　早在1970年，班·哲倫在摩洛哥就發表了第一部詩集《沉默籠罩下的男人》（Hommes sous linceul de silence）；1973年，班·哲倫的小說處女作《哈魯達》（Harrouda）在巴黎問世，此後陸續發表了詩集《巴丹杏樹因創傷而枯萎》（les amandiers sont morts de leurs blessures, 1976）、詩歌選集《未來記憶》（La mémoire future, 1976）、小說《瘋人穆哈與智者穆哈》（Moha le fou, Moha le sage, 1978）、小說

《缺席的禱告》（*La prière de l'absent*, 1981）等。

1985年，班·哲倫出版的《沙地之子》（*The Sand Child*）獲得空前成功，入選龔固爾獎的決選名單；1987年出版《神聖的夜晚》（*The Sacred Night*）是《沙地之子》的續篇，描寫一個摩洛哥女孩屈從父親意志女扮男裝、忍辱偷生，慘遭惡勢力殘害成為當地陋俗犧牲品的故事，以其瑰麗的色彩、深刻的寓意和深遠的意境，榮獲當年法語文學最高獎——龔固爾獎，成為北非法語區的阿拉伯作家獲此獎的第一人。

繼《神聖的夜晚》之後，班·哲倫又出版了小說《低垂的眼睛》（*With Downcast Eyes*, 1991）、《盲目的天使》（*L'ange aveugle*, 1992）、《初戀總是訣戀》（*le premier amour est toujours le dernier*, 1995）等，這些題材各異的作品，或表達對故國的思念與眷戀，或為遭受歧視排擠的非洲移民吶喊，幾乎每一部都叫好，每一部都暢銷。

1997年出版的長篇小說《錯誤之夜》（*La nuit de l'erreur*），他花了4年時間，重寫了3遍，從而寫出驚世之作：一個良家婦女被強暴後生下個女兒叫紫娜，紫娜成年後物色了四個女郎準備復仇，一時間成為全城的陰影，大家談女色變，避之唯恐不及；20年後，紫娜改邪歸正，成了神醫謝麗法。此書的神秘色彩、魔幻色彩令人著迷。1999年，他又推出小說《窮人的旅館》（*l'auberge des pauvres*）；2004年，班·哲倫以小說《那耀眼的黑暗》（*Cette aveuglante absence de lumière*, 2000）獲得國際IMPAC都柏林文學獎。

班·哲倫還致力於解釋伊斯蘭教和消弭種族主義，出

版了《為女兒講解種族主義》（*Racism Explained to My Daughter*）、《為孩子講解伊斯蘭教》（*L'Islam expliqué aux enfants, 2002*）。他的名作《神聖的夜晚》被翻譯成43種文字，《為女兒講解種族主義》被翻譯成33種語言，廣為傳播。

1998年，班·哲倫的《為女兒講解種族主義》一書獲聯合國秘書長授予的「全球寬容獎」；2005年他獲得尤利西斯獎，2006年在地中海藝術節上被授予友誼與和平特別獎，2010年在拉巴特被授予國際詩歌獎。2008年5月，班·哲倫當選龔固爾獎評委會的新評委。

1991年，班·哲倫被比利時魯汶大學授予名譽博士學位，2008年被蒙特利爾大學授予名譽博士學位。

中文譯本：

《神聖的夜晚》（繁時報文化，1989；簡譯林出版社，1988；簡北京師大出版社，1996）

《錯誤之夜》（簡華夏出版社，1998）

《腐敗者》（簡華夏出版社，1998）

《初戀總是訣戀》（簡人民文學出版社，2011）

Jose, F. Sionil

【菲律賓】
弗朗西斯科・荷西
小說家

　　弗朗西斯科・塞爾尼・荷西（Francisco Sionil José），
是用英語寫作的、作品最被廣泛閱讀的菲律賓重要作家。他的
小說和短篇小說描繪了菲律賓社會底層、階級鬥爭以及殖民主
義的情形。荷西用英語寫作的作品，已經被翻譯成22種語言，
包括韓語、印尼語、俄語、拉脫維亞語、烏克蘭語和荷蘭語。

　　荷西1924年12月3日出生於菲律賓邦雅斯蘭省的羅薩萊
斯，這也是他許多作品背景設置所在。荷西出身貧困，對他影
響最大的就是他的母親，他在確保家人在沒有土地、一貧如洗
的情況下沒有挨餓之虞的同時，還想盡一切辦法給兒子弄到
他喜歡讀的書。他讀了薇拉・凱瑟、福克納和斯坦貝克的著
作，菲律賓作家何塞・黎薩爾的小說《不許犯我》（*Noli Me
Tangere*）深深影響了他。

　　二戰後，荷西進入聖多瑪斯大學讀書，後來退學在馬尼
拉專注從事寫作和新聞業。在隨後幾年中，他編輯出版了多種
文學和新聞著作，創辦了一個出版社，並成立了菲律賓作協的
一個分支機構──一個為作家設立的國際組織。因為他對工作

的貢獻，荷西獲得過不計其數的獎項。

荷西最著名的小說是《偽裝者》（*The Pretenders*），描寫了一個男人千方百計隱瞞他貧寒的出身和他妻子富裕家境的衰落。他的重要著作──五部曲《羅薩萊斯傳奇》（*Rosales Saga*），包含了《偽裝者》（*The Pretenders, 1962*）、《我的兄弟，我的劊子手》（*My Brother, My Executioner, 1973*）、《大眾》（*Mass, 1974*）、《樹》（*Tree, 1978*）、《黃昏》（*Dusk, 1983*），五部小說內容橫跨菲律賓歷史長達三個世紀，已被譯成22種語言，讀者遍佈世界各地。他的其他作品還有長篇小說《原罪》（*Sin, 1994*）、《隱居地》（*Ermita*）、《碎片》（*Sherds, 2008*）、《蜘蛛人》（*The Spider Man, 1991*），以及《奧爾維登及其它》（*Olvidon and Other Stories, 1988*）、《早戀及其它》（*Puppy Love and Other Short Stories, 1998*）等多部短篇小說集。

荷西獲得過馬尼拉文學獎（1979）、帕蘭卡英語小說首獎（1988）、菲律賓文化中心文學獎（1989）、法國文藝騎士勳章（2000）、聶魯達百年紀念獎（2004）等。

回顧他整個作家生涯，荷西的寫作都支持社會正義和改良，以使每一個普通菲律賓家庭都能生活得更好。雖然由於他寫作使用的菲律賓英語和他的反精英立場，他在祖國被嚴重低估，但卻是最受國際評論界讚譽的菲律賓作家之一。

中文譯本：

《當代世界小說家讀本‧荷西》（繁 光復書局，1988）

Kadare, Ismail

【阿爾巴尼亞】
伊斯梅爾‧卡達萊
小說家、詩人

　　伊斯梅爾‧卡達萊（Ismail Kadare），阿爾巴尼亞當代最著名的小說家、詩人，首屆曼布克國際文學獎獲得者。

　　卡達萊1936年1月28日生於阿爾巴尼亞的吉諾卡斯特的穆斯林家庭。在這裏讀完了小學和中學，後進入地拉那大學歷史－語文系，主攻阿爾巴尼亞文學。遠在青少年時代，卡達萊就嶄露出詩才，1954年他18歲就出版了詩集《青春的熱忱》初登文壇，21歲還出版了詩集《幻想》（1957）。緊接著，又在25歲的時候，出版了引起詩壇廣泛注意和好評的詩集《我的世紀》（1961）。

　　20世紀50年代後期，卡達萊被政府派送到莫斯科高爾基文學院深造。1961年，阿蘇關係破裂，卡達萊被迫回到地拉那，先後在《光明報》、《十一月》文學月刊和《新阿爾巴尼亞畫報》任編輯，還主編過法文版的《阿爾巴尼亞文學》。與此同時，還繼續從事自中學時代就開始的詩歌創作活動。

　　1963年起，卡達萊陸續在阿爾巴尼亞勞動黨中央機關報《人民之聲報》上發表了長詩《群山為何而沉思默想》、

《山鷹在高高飛翔》、《六十年代》，卡達萊從此名聲大振，在阿爾巴尼亞詩壇獨領風騷近10年，三部均榮獲過共和國一等獎。接著，又出版兩部詩集《太陽之歌》（1968）、《時代》（1972）。

1963年，卡達萊出版首部長篇小說《亡軍的將領》（*The General of the Dead Army*），也是他全部長篇中最成功的作品。緊接著，他又創作了《石頭城紀事》（*Chronicle in Stone,* 1971）和《一個首都的十一月》（1975）兩部與反法西斯民族解放戰爭息息相關的長篇。《城堡》（1970）、《冷靜》（1980）、《偉大的冬天》（*The Great Winter,* 1978）及《冬末音樂會》（*Concert en fin de saison,* 1988）幾部長篇。

蘇聯的解體和東歐的劇變，也把巨大的衝擊波帶到了阿爾巴尼亞。1990年年底，阿爾巴尼亞政局開始動盪起來，不久，勞動黨就喪失了政權，卡達萊也受到不小的衝擊。有些極端分子甚至搗毀了他在故鄉紀諾卡斯特城的老宅。在這種混亂的形勢下，與法國文化界老早就過從甚密並早已有所準備的卡達萊，便偕夫人埃萊娜及女兒去了巴黎。

對於卡達萊的出走，阿爾巴尼亞民眾中有不同的說法。有的說他是去法國尋求政治避難，背叛了祖國和人民；有的則說他具有雙重國籍，對阿爾巴尼亞人民的命運和國家的政治、經濟形勢仍然很關心。他出國之後的作品分為兩類：第一類是歷史小說，具有代表性的作品有《以後的年份》（2003）、《破碎的四月》（*Broken April*）及《是誰帶來了朵露蒂娜》

（2004），描繪出奧斯曼土耳其撤離阿爾巴尼亞之後，祖國被列強宰割，城鄉一片凋零，社會停滯不前的淒慘圖畫；另一類小說是卡達萊對阿爾巴尼亞過去幾十年社會和生活的反思，頗具代表性的作品有《夢幻宮殿》（*The Palace of Dreams*, 1981）、《阿爾巴尼亞之春》（*Albanian Spring*, 1991）、《春之花，春之霜》（*Spring Flowers, Spring Frost*, 2000）、《在女人鏡子前》（*Reflétée Dans le Miroir d'une Femme*, 2001）、《留利・馬茲萊克的生活、遊戲和死亡》（*Vie, jeu et mort de Lul Mazrek*, 2002）、《月夜》（2004）及《意外》（*The Accident*, 2010）等。

有評論家認為：「單憑《夢幻宮殿》一書，伊梅爾斯・卡達萊就完全有資格獲得諾貝爾文學獎。」他於1992年獲奇諾・德杜卡獎，並於2005年成為首屆曼布克國際文學獎得主，2009年獲得阿圖里亞斯王子獎。

中文譯本：

《亡軍的將領》（簡作家出版社，1992；簡重慶出版社，2008）

《破碎的四月》（簡重慶出版社，2008）

《夢幻宮殿》（簡重慶出版社，2009）

《誰帶回了杜倫迪娜》（簡花城出版社，2012）

《錯宴》（簡花城出版社，2012）

《石頭城紀事》（簡花城出版社，2012）

Kalo, Shlomo

【以色列】
什洛莫・凱洛
小說家、詩人

　　什洛莫・凱洛（Shlomo Kalo），以色列作家、詩人、作曲家和微生物學家，迄今已出版了77本著作、小說和散文等。他的一些作品已經被譯介到17個國家。

　　什洛莫・凱洛1928年2月25日生於南斯拉夫索菲亞。12歲時，凱洛加入了南斯拉夫的反法西斯地下組織。15歲時，保加利亞淪陷於納粹統治下，凱洛被監禁於索莫維特的一個臨時集中營。1946年他18歲時，他在一次詩歌競賽獲獎後去了布拉格，進入卡爾大學學習醫學，並且開始作為自由撰稿人創作短篇小說。當1948年以色列建國時，什洛莫・凱洛加入了MAHAL（外國人志願者：即在以色列獨立戰爭期間自願與以色列部隊一起作戰的外國人），作為飛行員在捷克斯洛伐克的奧洛穆克受訓。1949年他21歲時移民以色列，1958年他被特拉維夫大學授予微生物學碩士學位。直到1988年他退休的26年間，他都在里雄錫安從事公共衛生服務。

　　凱洛的第一本書是用希伯來語寫作的短篇小說集，出版於1954年。此後，凱洛以每年1到5本的速度出版了一系列銷

量穩定的書籍。1970年代他將遠東的一些經典著作翻譯成希伯來文，比如：帕坦加利的《詩歌的瑜伽》、《薄伽梵歌》、《佛陀法句經》、《道德經》等。在這些年尤其是1980年代，凱洛出版了大量原創非小說類作品，題目和主題都指涉了哲學、道德和精神等相關領域（他七場演講中的兩場就發表於這個時期）。其他小說類文學作品中，則都貫穿著一個哲學主線，如《像鬥士一樣的自己》（*The Self as Fighter*）、《絕對自由意志的福音》和《紅線》等。

在這20年中，凱洛保持高產狀態，流派風格多樣。1990年代他的第一批作品如《永遠》（*Forevermore*）和《關鍵時刻》引入新的類型「記錄體小說」，出版後一舉登上了他作品的暢銷榜首。他的歷史小說《抉擇》（*The Chosen*）印行了第一版。這20多年裏他作品的翻譯版權被賣到了17個國家。希伯來大學的葛尚·謝克德教授認為凱洛的作品《堆積》標誌著希伯來文學史上的兩個轉捩點：以色列現代小說的開端，以及專門描寫猶太移民群落的西班牙系和德系猶太作家風格的出現。

1999年科索沃危機期間，什洛莫·凱洛是最聲名卓著的以色列知識分子，他公開抗議反對美國和北約對南斯拉夫的軍事襲擊。

2000年至2009年，凱洛的77部作品中的36部已經重印發行。

中文譯本：

無

Keneally, Thomas

【澳洲】
湯瑪斯・肯納利
小說家、劇作家

　　湯瑪斯・邁克爾・肯納利（Thomas Michael Keneally），
澳洲知名度最高的「國寶級」作家。

　　1935年10月7日，湯瑪・肯納利出生在澳洲的新南威爾士
州雪梨市，在斯特拉斯菲德的聖帕特里克書院受教育。後來，
他進入了修道院，希望能成為天主教神父，不過未能學完相關
課程。他曾在雪梨當過教師，1968年至1970年，他在澳洲新
英格蘭大學擔任講師。

　　未出版小說前，他使用過筆名「邁克」（Mick）；1964
年後，出版商建議他用真名湯瑪斯，他接受了。他大部分作品
都是基於歷史史實，然後再加上現代心理描寫及風格。

　　自1964出版第一部長篇小說《惠頓某處》（*The Place
at Whitton*）以來，肯納利共出版30多部長篇小說、10多部
紀實作品和4部劇本。除了在澳洲本土獲得無數文學獎項外，
他憑藉《鐵匠吉米之歌》（*The Chant of Jimmie Blacksmith*,
1972）、《森林裏的流言》（*Gossip from the Forest*, 1975）、
《南方聯邦軍》（*Confederates*, 1979）三度入圍英國布克獎

短名單，1982憑藉《辛德勒的方舟》（*Schindler's Ark*，美國版更名為*Schindler's List*，即《辛德勒名單》）再次入圍並一舉奪得布克獎。這個具有多元價值的文本在正與邪、實與虛、文與史、技巧與人性之間找到了最佳平衡點，處處閃爍著人道主義光輝。美國導演斯皮爾伯格根據本書改編的影片獲得7項奧斯卡大獎；2007年，美國電影學院評出20世紀百部佳片，《辛德勒名單》名列第八。

肯納利還以《雲雀與英雄》（*Bring Larks and Heroes*，1967）、《三呼聖靈》（*Three Cheers for the Paraclete*，1968）兩次成為邁爾斯·佛蘭克林文學獎得主，並以《天使在澳洲》（*An Angel in Australia*, 2003）進入邁爾斯·佛蘭克林文學獎決選名單、以《寡婦和她的英雄》（*The Widow and Her Hero*, 2008）進入初選名單。2008年，他又榮獲新南威爾士州總理文學獎的特別獎。

肯納利的其他作品有《孝女》（*A Dutiful Daughter*，1971），這是他自己非常喜歡的一部作品；講述厄立特里亞衝突的《到阿拉斯馬拉去》（*Towards Asmara*, 1989）；《內海的女人》（*Woman of the Inner Sea*, 1993）、《河邊小鎮》（*A River Town*, 1995）、《暴君的小說》（*The Tyrant's Novel*, 2003）、《人民的火車》（*The People's Train*, 2009）等。

肯納利還寫過4部劇本、多部回憶錄和傳記，出演過電影和戲劇。1983年他被授AO勳位，是澳洲卓越人士（*Australian Living Treasure*）之一。

　　肯納利大力宣導澳洲實行共和制，主張斷絕與英國君主立憲制的關係，並在1993年出版了《我們的共和》一書。

中文譯本：

《內海的女人》（簡中國文學出版社，1997）

《辛德勒的名單》（繁時報文化，1994；另譯《辛德勒名單》，簡上海譯文出版社，2009）

《三呼聖靈》（簡上海譯文出版社，2010）

Khoury, Elias

【黎巴嫩】
埃利亞斯・扈利
小說家、劇作家

　　埃利亞斯・扈利（Elias Khoury），黎巴嫩小說家、劇作家和批評家。出版的10部小說和幾部文學批評論著，已被翻譯成多國外語。他還創作了3部戲劇。他目前擔任黎巴嫩《潮流報》文藝副刊的編輯。埃利亞斯也是一位著名的公共知識分子。

　　1948年7月12日，埃利亞斯・扈利出生於貝魯特主要信仰基督教的阿什拉法伊區的一個中產階級家庭。1967年，由於

反對派呈現出激進的阿拉伯民族主義和親巴勒斯坦色彩，黎巴嫩知識分子的處境日益邊緣化。扈利旅遊至約旦，參觀了一個巴勒斯坦難民營，隨後他應召加入法塔赫組織。當這個巴勒斯坦游擊隊在黑色九月中被剿滅後，他離開了約旦旅行至巴黎繼續自己的學業。在那裏他撰寫了關於1960年黎巴嫩內戰的論文。重返黎巴嫩後，他成為貝魯特的巴解組織研究中心的研究員。他參加了1975年爆發的黎巴嫩內戰，嚴重受傷導致暫時失明。

1972年，扈利加入《麥瓦吉府》雜誌，他後來評價那段經歷：「我們既不是自由權利的立場也不主張古典主義，理智地說，我們更多是被巴基斯坦的經歷裏挾了進來。」

1975～1979年間，他擔任《巴勒斯坦事務》的編輯，1981～1982年他與穆罕默德・達爾維什合作，擔任《Al-Karmel》雜誌的編輯主任，1983～1990年擔任《Al-Safir》報的編輯主任。從內戰後重新復刊，他就一直擔任《Al-Mulhaq》的編輯，該刊是《潮流》的文藝副刊。

埃利亞斯・扈利的第一部長篇小說是1975年的《*An 'ilaqat al-da'ira*》，隨後，出版於1977年的《小山》（*The Little Mountain*）取得了巨大成功。故事發生背景的黎巴嫩內戰，是扈利最初為小說緩慢節奏加入的催化劑。他其他的知名作品還包括《小甘地之旅》（*The Journey of Little Gandhi*），講述內戰中一個農民移居到貝魯特過程中發生的事；2000年的《太陽之門》（*Gate of the Sun*），堪稱一部重述1948年從納克巴進入黎巴嫩的巴勒斯坦難民生活的史詩

作品，它巧妙地將回憶、事實和傳說故事融匯在一起。這部小說還被拍成了電影。

扈利的最新作品《雅魯》（*Yalo*）備受爭議，它講述了一個在內戰期間被控犯罪的前民兵的故事，小說還描繪了黎巴嫩司法系統使用刑訊拷打的情形。

他曾在紐約哥倫比亞大學、黎巴嫩大學貝魯特校區和紐約大學任教。

中文譯本：

無

Kilpi, Eeva

【芬蘭】
伊娃‧基爾皮
小說家、詩人

伊娃‧卡琳‧基爾皮（Eeva Karin Kilpi），芬蘭小說家、詩人，1928年2月18日生於原屬於芬蘭的卡累利阿，並在那裏度過了童年時光。卡累利阿原屬於芬蘭的一個省，二次世界大戰前夕，蘇聯佔領了這一地區並成立了卡累利阿-芬蘭蘇維埃社會主義共和國，因此她像千千萬萬芬蘭人一樣，被迫

逃往芬蘭本土。

伊娃・基爾皮1946年就讀於伊馬特拉學校，後在赫爾辛基大學主修英國文學、美學和現代藝術，1953年獲得哲學碩士學位，並擔任英語教師多年，1959年成為全職作家。

從卡累利阿遷往芬蘭，鄉村到城市給伊娃精神上帶來的創傷，都在她早期的作品中打上了烙印。在這些作品中，田園牧歌般的童年時光，總是與對都市生活的疏遠間離和茫然無目的之感形成鮮明對比。隨後，她不斷變換著關注的焦點，轉向了由男性和金錢統治的世界裏，女性在奮鬥和獨立中所遇到的種種問題。她的女權主義，既不是停留在理論層面也不是按部就班走程序，更多是設身處地去感受，並且提供一種實踐上的導向。她的作品中貫穿著那些男性作家不屑一顧的主題——日常生活以及它的悲喜劇。

伊娃・基爾皮共出版作品32種，著有小說《女人的鏡子》（*Nainen kuvastimessa*, 1962）、《女人日記》（*Naisen päiväkirja*, 1978）、《只是一個夢想》（*Unta vain*, 2007）、《塔瑪拉》（*Tamara*, 1972）等，詩集《愛之歌》（*Laulu rakkaudesta*, 1991）、《蝴蝶過馬路》（*Perhonen ylittää tien*, 2000）等。

伊娃・基爾皮長期擔任芬蘭筆會主席一職，1968、1974、1984年三次獲得芬蘭國家文學獎、1990年獲魯納伯格獎、2001年獲卡累利阿獎。

中文譯本：

無

Klíma, Ivan

【捷克】
伊凡‧克里瑪
小說家、劇作家

　　伊凡‧克里瑪（Ivan Klíma），1931年9月14日生於布拉格，捷克小說家和劇作家。

　　克里瑪早年在布拉格的童年時光寧靜而快樂，但這一切都因1938年《慕尼克公約》後德國佔領捷克斯洛伐克而改變。他甚至不知道父母居然有猶太血統，他也不是典型意義上的猶太人，但這一切對德國人來說並不重要。

　　10歲時，他隨父母被關進特雷津集中營，在那裡度過三年時光。他所有兒童時代的同伴都死於毒氣室集中營。1945年5月，蘇聯紅軍解放布拉格。他和父母都劫後餘生。

　　克里瑪曾在英國文學雜誌《格蘭塔》發表的文章中對這個時期有過生動描述，尤其是那篇《特雷津的童年》。在這種極端的環境下生存，他在課堂上讀到的一篇課文讓他第一次感

受了「寫作所賦予的解放的力量」。

　　1956年，克里瑪畢業於布拉格大學文學語言系，在一家出版社任編輯，同時開始小說和劇本的創作。1968年蘇軍進入捷克後，克里瑪應邀到美國密西根大學當訪問學者，本來完全可以留在美國，可第二年，他謝絕了朋友們的勸告回到捷克，隨即失去了工作。為了生計他做過救護員、送信員、勘測員等工作，同時作為自由撰稿人寫作。有20年時間他的作品在捷克完全遭到禁止，只能以「地下文學」的形式在讀者中流傳。因而，上世紀90年代初，當他重返捷克文壇時，實際上已是一位在國際文壇上享有聲譽的作家了。

　　歐美評論界把克里瑪、哈維爾、昆德拉和已故的赫拉巴爾相提並論。但與這幾位同胞相比，克利瑪走的顯然是另一種路子。他不像昆德拉那樣講究作品的結構、形式和哲學意味，不像哈維爾那樣注重文學的使命、職責和鬥爭性，也不像赫拉巴爾那樣追求手法的創新和前衛。他更像他的前輩哈謝克：隨意、散漫，有將任何悲劇化為幽默的天賦。從某種意義上說，他和哈謝克更能體現捷克文學的傳統。

　　克利瑪的小說手法簡樸，敘事從容，語調平靜，結構鬆散，講述的往往是一些小人物的小故事，整體上看，作品似乎都很平淡，但平淡得很有韻味。一種大劫大難、大徹大悟後的樸實、自然和平靜。

　　在半個多世紀的寫作生涯中，他已出版了《我快樂的早晨》（*My Merry Mornings*, 1985）、《愛情和垃圾》（*Love and Garbage*, 1986）、《風流的夏天》（*A Summer Affair,*

1987）、《我的初戀》（*My First Loves*, 1988）、《一夜情人》（*Milenci na jednu noc*, 1988）、《審判》（*Judge on Trial*, 1993）、《希望號輪船》（*Loď jménem Naděje*, 1998）等幾十部長篇小說和短篇小說集。此外，還寫下不少劇本及《布拉格精神》（*The Spirit of Prague*, 1995）、《在黑暗中等待光明》（*Waiting for the Dark, Waiting for the Light*, 1996）等隨筆集。他的最新自傳《我的瘋狂世紀》（*My mad century*, 2009），獲得了捷克重要的文學獎——2010年馬格尼西亞文學獎。

中文譯本：

《布拉格精神》（繁 時報文化，2003；簡 作家出版社，1998）

《我快樂的早晨》（繁 時報文化，2002；簡 譯林出版社，1999）

《愛情與垃圾》（簡 中國友誼出版公司，2004）

《風流的夏天》（簡 中國友誼出版公司，2004）

《愛情對話》（簡 中國友誼出版公司，2004）

《被審判的法官》（簡 中國友誼出版公司，2004）

Ko Un

【韓國】
高銀
詩人

　　高銀，韓國詩壇泰斗，被譽為韓國的「李白」。曾做過10多年僧人，原名高銀泰，法號一超。他的作品已在超過15個國家翻譯出版，1988年出版《高銀全集》。

　　1933年8月1日（一說4月11日），高銀出生於韓國西南部全羅北道的群山市。朝鮮戰爭爆發時他正在群山中學就讀。戰爭給高銀的身心造成了巨大創傷，他的許多親友都被戰爭奪去了生命。一次，他的耳中被倒入酸性物質，聽力因此嚴重受損，之後又在1979年被警察毆打而加劇了傷害。1952年戰爭結束前夕，高銀出家為僧，經過10年的僧侶生涯，1963年他選擇還俗，全心投入詩歌創作。1963～1966年，他一直居住在濟州島，創辦了一所慈善學校，之後遷居首爾，他的俗世生活從未風平浪靜過，他曾兩次自殺未遂。

　　這個時期，韓國政府試圖在1972年下半年通過裕信憲法來阻礙民主進程，高銀積極投身於民主運動，致力於改善政治環境；與此同時，他進入了創作的高產期，期間四次入獄（1975年、1979年、1980年和1989年）。1980年5月，在全

斗煥發動的一次政變中，高銀被指控犯叛國罪，被判20年監禁。爾後在1982年8月的大赦中獲釋。

釋放後，他的生活變得相對平靜，重新修訂了以前出版的詩歌。他重拾詩歌創作，雲遊天下，旅途中的風土見聞都成為詩人妙筆生花的素材。

高銀1958年出版第一部作品，迄今出版約135部作品，其中包括許多詩集、小說（以表現佛教徒的小說為主）、自傳、戲劇、散文集、中國古典文學的譯著、遊記等。

高銀的作品已被翻譯成英文的有：《海浪之聲》（*The Sound of My Waves*，詩歌選集1960—1990，1991年版），《超越自我》（*Beyond Self*, 1996年版），《小香客》（*Little Pilgrim*, 2005年版，小說），《萬人譜》（*Ten Thousand Lives*, 2005年版），《三路旅社》（*The Three Way Tavern*, 詩選集, 2006年版），《彼岸櫻》（*Flowers of a Moment*, 185首代表詩歌, 2006年版），《南韓與北韓：同一個家》（*Abiding Places, Korea North & South*, 2006年版），《明日之歌》（*Songs for Tomorrow*, 1961至2001年詩選集，2009年版），《喜馬拉雅》（*Himalaya*, 2010年版）。

高銀於1974、1987年兩次獲韓國文學獎，1991年獲韓國中央文化大獎，2006年獲瑞典表彰東亞詩人的西科達獎，2008年獲得格里芬詩歌獎終身榮譽獎。

中文譯本：

無

Kundera, Milan

【捷克／法國】
米蘭‧昆德拉
小說家

　　米蘭‧昆德拉（Milan Kundera），1929年4月1日生於捷克斯洛伐克布爾諾市，捷克小說家。

　　昆德拉的父親是鋼琴家、音樂藝術學院的教授，童年時代，他便學過作曲，受過良好的音樂薰陶和教育。少年時代；開始廣泛閱讀世界文藝名著。青年時代，寫過詩和劇本，畫過畫，搞過音樂並從事過電影教學。總之，用他自己的話說：「我曾在藝術領域裏四處摸索，試圖找到我的方向。」20世紀50年代初，他作為詩人登上文壇，出版過《人，一座廣闊花園》（*Člověk zahrada širá*, 1953）、《最後一個五月》（*Poslední máj*, 1955）以及《獨白》（*Monology*, 1957）等詩集。但詩歌創作顯然不是他的長遠追求。最後，當他在30歲左右寫出第一篇短篇小說後，他確信找到了自己的方向，從此走上了小說創作之路。

　　1967年，他的第一部長篇小說《玩笑》（*Žert*）在捷克出版，獲得巨大成功，連出三版，印數驚人，每次都在幾天內售罄。作者在捷克當代文壇上的重要地位從此確定。但好景不

長。1968年，蘇聯入侵捷克後，《玩笑》被列為禁書。昆德拉失去了在電影學院的工作，他的文學創作難以進行。在此情形下，他攜妻子於1975年離開捷克，來到法國，並於1981年加入法國籍。

移居法國後，他很快便成為法國讀者最喜愛的外國作家之一。他的絕大多數作品，如《笑忘書》（*Kniha smíchu a zapomnění*, 1978）、《不能承受的生命之輕》（*Nesnesitelná lehkost bytí*, 1984）、《不朽》（*Nesmrtelnost*, 1990）等都是首先在法國走紅，然後才引起世界文壇的矚目。他曾多次獲得國際文學獎，如1985年獲耶路撒冷文學獎，1987年獲得奧利地的歐洲國家文學獎，2000年獲赫爾德國際文學獎，2007年獲捷克國家文學獎。

昆德拉原先一直用捷克語進行創作，近年來，他開始嘗試用法語寫作，已出版了《緩慢》（*La Lenteur*, 1995）和《身分》（*L'Identité*, 1998）、《無知》（*L'Ignorance*, 2000）等小說。除小說外，昆德拉還出版過三本論述小說藝術的文集，包括《小說的藝術》（*L'art du Roman*, 1986）、《被背叛的遺囑》（*Les testaments trahis*, 1993）、《帷幕》（*Le Rideau*, 2005）。

昆德拉善於以反諷手法，用幽默的語調描繪人類境況。他的作品表面輕鬆，實質沉重；表面隨意，實質精緻；表面通俗，實質深邃而又機智，充滿了人生智慧。正因如此，在世界許多國家，一次又一次地掀起了「昆德拉熱」。

中文譯本：

《生命中不能承受之輕》（ 繁 皇冠文化，2004； 簡 作家出版
　　社，1987； 簡 上海譯文出版社，2003）

《生活在他方》（ 繁 皇冠文化，2006，另譯《生活在別處》，
　　簡 作家出版社，1989； 簡 上海譯文出版社，2003）

《不朽》（ 繁 皇冠文化，2005； 繁 時報出版，1991； 簡 作
　　家出版社，1991； 簡 上海譯文出版社，2003）

《玩笑》（ 繁 皇冠文化，2006； 簡 作家出版社，1993）

《笑忘書》（ 繁 皇冠文化，2002；另譯《笑忘錄》， 簡 中國
　　社科出版社，1992； 簡 上海譯文出版社，2004）

《可笑的愛》（ 繁 皇冠文化，1999；另譯《好笑的愛》， 簡
　　安徽文藝出版社，1992； 簡 上海譯文出版社，2004）

《賦別曲》（ 繁 皇冠文化2000；另譯《為了告別的聚會》，
　　簡 作家出版社，1987；另譯《告別圓舞曲》， 簡 上海譯
　　文出版社，2004）

《小說的藝術》（ 繁 皇冠文化，2004； 簡 作家出版社，
　　1995； 簡 上海譯文出版社，2003）

《緩慢》（ 繁 時報文化，1996； 繁 皇冠文化，2005；另譯
　　《慢》， 簡 上海譯文出版社，2003）

《被背叛的遺囑》（ 繁 皇冠文化，2004； 簡 上海人民出版
　　社，1995； 簡 上海譯文出版社，2003）

《雅克和他的主人》（ 簡 上海譯文出版社，2003）

《身分》（繁皇冠文化，1999；簡上海譯文出版社，2003）

《無知》（繁皇冠文化，2003；簡上海譯文出版社，2004）

《帷幕》（簡上海譯文出版社，2006；另譯《簾幕》，繁皇
　　冠文化，2005）

《相遇》（繁皇冠文化，2009；簡上海譯文出版社，2010）

Le Carre, John

【英國】
約翰・勒卡雷
小說家

　　約翰・勒卡雷（John le Carré），原名大衛・約翰・摩爾・康威爾（David John Moore Cornwell），1931年10月19日生於英格蘭多塞特郡普爾市。康威爾以勒卡雷為筆名至今已寫作20餘部小說，奠定了他20世紀文學史上最優秀的間諜小說作家之一的地位。2008年，《時代》週刊把他列為「1945年以來最偉大的50位英國作家」的第22位。

　　康威爾自小家庭不睦，父親曾因詐欺罪被捕入獄，母親在他5歲時就離家出走，康威爾甚至不知自己生母的姓名，直到20歲時才和自己的母親重逢。康威爾是在伯克郡潘博恩市的聖安德魯預科學校接受學校教育的，接著進入施伯恩學校，他經歷了那個時代英國公立學校教育體制下典型的嚴苛規範，沉悶的學業使他最終選擇了退學。

　　從1948年到1949年，他在伯爾尼大學學習外語。1950年，他加入了駐紮在奧地利的英國軍方的情報部門，參與對難民營裏的流亡者的審訊和安全檢查。1952年，他返回英格蘭進入牛津大學林肯學院學習，他在那兒為軍情五處服務，負責

對蘇聯的反顛覆活動。

1958年他成為軍情五處的一名官員。在軍情五處服務期間，康威爾開始以約翰·勒卡雷為筆名寫作第一部小說《召喚死者》，洛德·克勞莫里斯是他兩大靈感源泉之一，薇薇安.H.H.格林是另一個靈感，激發他創造出了筆下最著名的間諜形象——喬治·史邁利（George Smiley）。

康威爾的情報生涯最後是被金·費爾比（Kim Philby）終結掉的，此人乃英國雙面間諜，曾經出賣許多英國間諜給克格勃，康威爾也是其中的一員。幾年後，康威爾開始分析費爾比的弱點以及詐欺手段，作為日後的小說《鍋匠·裁縫·士兵·間諜》中喬治·史邁利最想抓拿的目標傑洛德（Gerald）的模型。

1964年，勒卡雷榮獲毛姆獎。該獎的設立主要是為獎掖過去的一年中35歲以下作家出版的小說，獎金供獲獎者在國外旅行之用。

勒卡雷最早的兩部小說《召喚死者》（*Call for the Dead*, 1961）和《優質殺手》（*A Murder of Quality*, 1962）在文體上都屬於神秘小說，其中的喬治·史邁利通過調查揭開死者之謎，其動機更多是個人行為而非黨派意志。

勒卡雷大部分小說都是發生在冷戰時期的間諜故事（1945～1991年），令人矚目的例外是《天真善感的愛人》（*The Naïve and Sentimental Lover*, 1971），這部自傳體的、文體不規範的小說講述了一個已婚男人的感情危機；另一部關於東西方衝突的轉折之作是《女鼓手》（*The Little*

Drummer Girl, 1983），小說深入探討了巴以衝突；《夜班經理》（*The Night Manager*, 1993）是他第一部完全意義上的冷戰後小說，小說描寫了黑暗世界裏拉美毒梟們的毒品交易和軍火走私狀況、加勒比海地區氾濫的地下錢莊，以及西方官員的另一幅嘴臉。2010年，他還推出了新作《我們這樣的叛國者》（*Our Kind of Traitor*），講述了英國經濟衰退時期的一個間諜故事，故事地點從加勒比島、巴黎到阿爾卑斯山上的小屋，再從倫敦最黑暗的修道院到英國的情報局，情節令人目眩神迷。

勒卡雷一生得獎無數，包括1964年的英國毛姆獎、詹姆斯·泰德·布萊克紀念獎，1965年美國推理作家協會的愛倫坡獎，1988年獲頒英國犯罪推理作家協會（CWA）終身成就獎，即鑽石匕首獎（另外在1963、1977年兩次獲頒金匕首獎），以及義大利的馬拉派特獎等等。2005年，CWA更是將其最高榮譽「金匕首獎中之獎」授予勒卡雷。2011年，他被提名為國際布克獎候選人，但他發聲明在感到「榮幸」的同時要求撤銷提名。

勒卡雷至今已出版22部小說，有11部被改編為電影或電視劇。

中文譯本：

《召喚死者》（繁木馬文化，2007）

《優質殺手》（繁木馬文化，2007）

《柏林諜影》（繁木馬文化，2007；簡上海人民出版社，2008）

《鍋匠、裁縫、士兵、間諜》（繁木馬文化，2007；簡上海人民出版社，2009）

《巴拿馬裁縫》（繁木馬文化；簡珠海出版社，1997）

《冷戰諜魂》（簡珠海出版社，2006）

《夜間經理》（簡珠海出版社，2006）

《永恆的園丁》（簡上海人民出版社，2009）

《鏡子戰爭》（繁木馬文化，2005）

《女鼓手》（繁木馬文化，2005）

《德國小鎮》（繁木馬文化，2005）

《莫斯科情人》（繁木馬文化，2005）

《摯友》（繁木馬文化，2004）

《辛格家族》（繁木馬文化，2007）

《神秘朝聖者》（繁木馬文化，2006）

《變調的遊戲》（繁木馬文化，2006）

《天真善感的愛人》（繁木馬文化，2006）

《榮譽學生》（繁木馬文化；簡上海人民出版社，2009）

《史邁利的人馬》（簡上海人民出版社，2009）

《倫敦口譯員》（簡上海人民出版社，2009）

《謊言定制店》（簡上海人民出版社，2010）

《完美的間諜》（繁木馬文化；簡上海人民出版社，2011）

Littell, Jonathan

【美國／法國】
喬納森・利特爾
小說家

　　喬納森・利特爾（Jonathan Littell），1967年10月10日
出生於紐約，美國、法國雙重國籍小說家。他的父親羅伯特・
利特爾寫過偵探小說，當過新聞記者，上世紀70年代遷居法
國。利特爾3歲遷居法國，13歲回到美國接受教育。喬納森・
利特爾長達80萬字的小說《善良者》，一舉奪得2006年法國
的兩項文學大獎——龔固爾獎和法蘭西學院小說大獎。

　　利特爾在美國進入耶魯大學學習，1989年獲得了學士學
位。在耶魯求學期間，他完成了自己的第一本書《電壓有誤》
（*Bad Voltage*），後來他遇到了威廉・S・巴勒斯，讓他留
下了難以磨滅的印象。受其影響，他開始閱讀巴勒斯，還有薩
德、布朗蕭、讓・熱內、喬治・巴塔耶以及貝克特的作品。那
之後，他作為一個翻譯家，將薩德、布朗蕭、熱內和奎納德的
作品翻譯成了英文。同時，他開始創作十卷本的作品，但在寫
到第三卷時就放棄了這一鴻篇巨製。

　　從1994到2001年，他投身於國際人道主義組織——「反
饑餓行動」，主要在波士尼亞和黑塞工作，還輾轉到過車臣、

剛果、塞拉里昂、高加索、阿富汗和莫斯科等地。2001年1月在車臣的一次伏擊戰中，他受了輕傷。同年他決定辭職，以便更專注於寫作他的第二部小說《善良者》（*The Kindly Ones*，又譯為《復仇女神》）。

2007年3月法國政府通過了一個條款：只要任何法國演講者的卓越成就為法國增光添彩，即可獲批成為法國公民。據此，利特爾獲得了法國公民身分（同時保留美國公民身分），儘管他對根據該條款中每年在法國的居留時間必須不低於6個月的規定並不滿意。

利特爾精通多國語言，他之所以用法語來寫作《復仇女神》，是因為他崇拜的文豪都是用法語寫作的作家。該書的寫作僅用了4個月，但利特爾說他準備了5年，做了大量的調查工作。

《復仇女神》寫的是一個前納粹軍官的懺悔，利特爾以第一人稱的角度回憶了納粹的種種令人髮指的罪行和發生在集中營裏的悲慘往事。小說的主人翁叫瑪克斯·奧，他從俄國前線到柏林後方，從匈牙利首都布達佩斯到達豪集中營，目睹甚至參與了對猶太人的屠殺，見證了在亂世中掙扎求生的普通百姓的命運。戰後，他由於身分錯位，被納入法國國籍，逃脫了軍事法庭的審判。小說詳細而生動地再現了戰爭的恐怖，分析了人性的弱點。

寫作《復仇女神》的念頭，正是起源於利特爾在車臣和波黑（波斯尼亞與赫塞哥維納，簡稱波黑）與一些非政府組織人員一起工作的經歷。小說在伽利瑪出版社接受出版前，曾遭

其他出版社退稿，2006年8月底上市後，立即成為法國文壇的
熱門話題，並於當年榮獲法國文學最高獎——龔固爾獎，同年
又獲法蘭西學院小說大獎。到2007年底，此書銷量已突破70
萬冊，並被譯成英、德等文字，在英、美以及世界各國發行。

利特爾後續出版的小說有《乾與濕》（*Le Sec et L'Humide*,
2008）、《練習曲》（*Études*, 2008）、《無稽之談》（*Récit
sur Rien*, 2008）、《看不見的敵人》（*The Invisible Enemy*,
2011）。

中文譯本：

《復仇女神》（簡譯林出版社，2010）

Maalouf, Amin

【黎巴嫩／法國】
阿敏・馬盧夫
小說家、劇作家

　　阿敏・馬盧夫（Amin Maalouf），1949年2月25日生於黎巴嫩貝魯特，黎巴嫩裔法國作家。雖然他的母語是阿拉伯語，但他常住法國並以法語寫作，1993年，他憑藉小說《塔尼歐斯巨岩》（*Le Rocher de Tanios*）獲法國龔固爾文學獎。

　　馬盧夫的父親魯西迪是天主教東儀希臘派，曾祖父本為改宗的長老會牧師，祖父卻對教權不滿，而心向共濟會。母親奧黛特出身天主教馬龍派，生於土耳其，受法國文化影響至深。家族中的新教家庭大多把孩子送入貝魯特的英美學校，馬盧夫卻被母親送進耶穌會開辦的法國學校，並在貝魯特聖約瑟夫大學畢業。

　　他不久進入報界，1975年黎巴嫩內戰爆發後，全家避入深山，第二年決定永久移居巴黎。馬盧夫初抵法國，也以新聞業為生，並以法語開始寫作。他曾周遊60餘國，被公認為阿拉伯及中東問題的專家。1983年，他出版了論文集《阿拉伯視角中的十字軍東征》（*The Crusades Through Arab Eyes*），力圖從一個相反的角度重述歷史。

馬盧夫的小說代表作有：《非洲人里奧》（*Leo l'Africain*, 1986）、《撒馬爾罕》（*Samarcande*, 1989）、《光明的花園》（*Les Jardin de Lumiere*, 1991）、《貝阿翠絲後的第一個世紀》（*Le premier Siecle apres Beatrice*, 1992）、《塔尼歐斯巨岩》（*Le Rocher de Tanios*, 1993）、《地中海東岸諸港》（*Les Echelles du Levant*, 1996）、《巴達薩的旅程》（*Balthasar's Odyssey*, 2000）。獲襲固爾文學獎的《塔尼歐斯巨岩》是他的第5本小說，將真實的歷史事件結合於民間故事的形式，追述了19世紀黎巴嫩的宗派仇殺和政治動亂。

馬盧夫還是個劇作家，他寫過4部歌劇劇本；他的最新作品──《血緣：回憶錄》（*Origins: A Memoir*, 2008），重現了他的家人在世界各地被放逐而流離失所的情形。2010年，他被授予阿斯圖里亞斯王子獎；2011年，他入選國際布克獎提名。

中文譯本：

《塔尼歐斯巨岩》（繁麥田出版，1996）

《巴達薩的旅程》（繁皇冠文化，2002）

《阿拉伯人眼中的十字軍東征》（繁河中文化，2004）

《撒馬爾罕》（繁河中文化，2011）

Magris, Claudio

【義大利】
克勞迪奧‧馬格利斯
小說家、學者、評論家

　　克勞迪奧‧馬格利斯（Claudio Magris），1939年4月10日出生於義大利迪里雅斯特城，畢業於都靈大學，在德國、中歐和義大利文化領域著述極豐。是國際著名和最具影響力的日耳曼學專家，也是義大利僅次於翁貝托‧埃可的文藝評論家。

　　馬格利斯的主要作品有《奧地利文學史——哈布斯堡王朝傳奇》（1963）、《馬刀的演繹》（*Illazioni su una sciabola*, 1984）、《多瑙河》（*Danubio*, 1986）、《另一個海》（*Un altro mare*, 1991）、《微型世界》（*Microcosmi*, 1997）等。他還是研究霍夫曼、易卜生、羅伯特‧穆齊爾、赫爾曼‧黑塞、博爾赫斯的專家。

　　1986年發表的小說《多瑙河》在公眾和評論界引起了很大反響。這是一部精神和文化的傑作，被譯成多種文字。1997年問世的《微型世界》時間跨度極大，上起羅馬帝國，中到薩沃依王國，近至第二次世界大戰，無論世事滄桑，王朝替變，迪里雅斯特永遠是義大利的。構成作者筆下這個「微型世界」的，都是形形色色的小人物。他們的悲歡離合，他們

的命運，總是隨著無形的邊界的動盪和歷史的變遷而變化。同時，動物、植物、歷史、自然等各種事物和現象，都是這個「微型世界」的重要組成部分。作者把它們擬人化，讓它們思想、說話，折射出意味深長的、不可重複的意義。

　　馬格利斯的《多瑙河》於1987年獲得義大利歷史最悠久的巴古塔獎，《微型世界》於1997年獲得義大利最負盛名的斯特雷加獎，他還獲得了2001年的荷蘭伊拉斯謨獎、2001年的阿斯圖里亞斯王子文學獎、2006年的奧地利歐洲國家文學獎、2009年的德國書業和平獎等重要獎項。

中文譯本：

《微型世界》（簡 譯林出版社，2001）
《多瑙河之旅》（簡 重慶出版社，2007）

Malouf, David

【澳洲】
大衛・馬婁夫
小說家、詩人

　　大衛・馬婁夫（David Malouf），全名大衛・喬治・約瑟夫・馬婁夫（David George Joseph Malouf），1934年3

月20日生於澳洲布里斯班，享有盛譽的澳洲作家。他的小說《憶起了巴比倫》獲得1996年的IMPAC都柏林國際文學獎，2008年他獲得澳亞文學獎，同時他還入選布克獎決選名單。

馬婁夫的父親是個黎巴嫩基督教徒，母親是英國出生葡萄牙籍的猶太人後裔。他1955年畢業於澳洲昆士蘭大學。在移居倫敦前他有過短期的授課經歷，到倫敦後他在荷蘭公園學校任教，1962年他搬遷到了伯肯黑德。1968年他回到澳洲在雪梨大學任教，後來回到母校，在昆士蘭大學和雪梨教授英文。

他曾在英格蘭和義大利的托斯卡尼生活，在過去三十年裏，他大部分時間都在雪梨度過。像許多作家一樣，他非常重視個人隱私，很享受在托斯卡尼的生活，「在那兒可以匿名思考和寫作。」

他的第一部小說《約翰諾》（*Johnno*, 1975），是一部講述一個年輕人二戰期間在布里斯班成長的半自傳體小說。1982年，他的中篇小說《飛去吧，彼得》（*Fly Away Peter*）獲得小說類年度年齡書籍獎。他的歷史小說《偉大的世界》（*The Great World*, 1990）講述了兩個澳洲人在兩次世界大戰的動亂時期中的關係，其間還經歷了二戰中被日本人監禁。這部小說獲得英聯邦作家獎和法國外國小說獎。他入選布克獎決選名單的小說《憶起了巴比倫》（*Remembering Babylon*, 1993），故事背景是1950年代澳洲北部，講述一個蘇格蘭移民農民過著與世隔絕的寧靜生活，然而一個陌生人——一個被澳洲土著撫養長大的年輕白人的到來嚴重威脅了這種寧靜。這本書1996年獲得英聯邦作家獎和當年的IMPAC都柏林

國際文學獎。他於2009年出版的《贖回》（*Ransom*）獲得2010年的奎拉考斯獎。

除了9部長篇小說外，馬婁夫還出版過《詩集1975～1976》（*Poems 1975～1976*, 1976）等8部詩集、4部短篇小說集和1部戲劇《血親》（*Blood Relation*, 1988），並且為三部歌劇創作了劇本。

1988年，馬婁夫被授予評論寫作的巴斯卡獎；2008年，因其為澳洲圖書出版業的傑出貢獻，馬婁夫獲得了由澳洲出版商協會頒發的勞埃德·奧尼爾獎。

中文譯本：

《飛去吧，彼得》（簡 重慶出版社，1995）
《偉大的世界》（簡 上海譯文出版社，2010）

Manea, Norman

【羅馬尼亞】
諾曼·馬內阿
小說家

　　諾曼·馬內阿（Norman Manea），羅馬尼亞作家，猶太人，1936年7月19日生於羅馬尼亞的布克維納省伯杜傑尼—

蘇恰瓦,現居美國。主要寫作短篇小說、長篇小說和隨筆,納粹大屠殺是他的主要題材,在羅馬尼亞因政見不合而遭流放。他目前是巴德學院歐洲學教授、駐校作家。

1941年,諾曼‧馬內阿還是個孩子,就被與納粹德國沆瀣一氣的羅馬尼亞法西斯當局驅逐出境,與家人一起被遣送到烏克蘭德涅斯特的猶太人集中營。1945年,他與倖存的家人一起回到羅馬尼亞,以優等生的成績畢業於家鄉蘇恰瓦的斯特凡大公公立中學,後進入布加勒斯特建築學院學習工程學,並於1959年獲得了工程碩士學位,此後一直從事規劃設計、野外作業和研究。1974年他棄理工全力從文。

諾曼‧馬內阿在文壇嶄露頭角是在1966年的《故事世界》上,這是當時羅馬尼亞的文化「自由主義化」中的一份先鋒派重要雜誌,它在發行6期之後就被禁了。直至馬內阿被迫於1986年開始流亡,他在羅馬尼亞已經出版了多本小說、散文和短篇小說集。由於他的寫作中有明顯的社會政治批評內容,當局難以容忍,因而招致嚴格的審查,但同時獲得了國內外評論界的普遍讚譽和支持。

諾曼‧馬內阿的主要作品有長篇小說《真情俘虜》(*Captivi*, 1970)、《兒子的書》(*Cartea Fiului*, 1977)、《傻瓜奧古斯都的學徒期》(*Anii de ucenicie ai lui August Prostul*, 1979)、《黑信封》(*Plicul negru*, 1986)、《論小丑:獨裁者和藝術家》(*Despre Clovni: Dictatorul si Artistul*, 1997)、《巢穴》(*Vizuina*, 2009)。

他最享盛譽的作品是2003年的《流氓的歸來》(*The*

Hooligan's Return），是以作家本人經歷為藍本的傳記作品，從戰前貫穿第二次世界大戰、羅馬尼亞齊奧塞斯庫政權的興起與垮臺，一直寫到現在，時間跨度長達80年。

　　從1990年起，諾曼‧馬內阿就在國際上享有盛譽，作品被翻譯成20多種文字。他獲得過20多種重要獎項，包括1984年由羅馬尼亞全國作協頒發的文學獎（後被吊銷）、1992年的古根海姆獎和麥克阿瑟天才獎、1993年的紐約公共圖書館文學獎章、2002年的諾尼諾國際文學獎（義大利）、2006年的法國梅第西獎的外國圖書獎、2007年羅馬尼亞總統頒發的文化功勳獎等。2008年，他被羅馬尼亞克魯日大學授予文學博士榮譽學位。

中文譯本：

《黑信封》（簡 吉林出版集團，2008）
《論小丑：獨裁者和藝術家》（簡 吉林出版集團，2008）
《流氓的歸來》（簡 吉林出版集團，2008）

Marias, Javier

【西班牙】
哈維爾‧馬利亞斯
小說家

哈維爾・馬利亞斯（Javier Marias），1951年9月20日生於馬德里，西班牙小說家，同時也是翻譯家和專欄作家。

哈維爾・馬利亞斯的父親朱利安・馬利亞斯是個哲學家，母親是西班牙文教授。父親因為反對佛朗哥政權而坐牢，此後又被禁止從事教書（在《你面對明天》這部小說中，主人翁的父親就有同樣的經歷），因此全家不得不移居美國。他的父親在包括耶魯大學、衛斯理學院等不同大學教書。在衛斯理學院時，他們家與俄裔小說家納博科夫比鄰而居，多年後，把《洛麗塔》翻譯成西班牙文的，正是當時年少的馬利亞斯。

17歲時，馬利亞斯出走巴黎，此番經歷促使他創作了第一部小說《狼的疆域》（*Los dominios del lobo*）。他的第二部小說《沿著地平線航行》（*Travesía del horizonte*），是一個關於遠征南極洲的探險故事。進入馬德里康普頓斯大學後，馬利亞斯的主要精力放在了把英文名著譯為西班牙文上，他翻譯了包括厄普戴克、哈代、康拉德、納博科夫、福克納、吉卜林、詹姆斯、史蒂文生、布朗以及莎士比亞等人的作品。1979年由於翻譯勞倫斯・斯特恩的《項狄傳》，他獲得了西班牙國家翻譯獎。1983到1985年間，他在牛津大學講授西班牙文學和翻譯。

1986年馬利亞斯出版了《感性的人》（*El hombre sentimental*），1988年出版了《靈魂之歌》（*Todas las almas*），後者的場景設置在牛津大學。1996年，西班牙電影導演格拉西亞・克雷赫達拍攝了《羅伯特・瑞蘭茲的最後旅程》，改編自《靈魂之歌》。然而，馬利亞斯撰文稱並不喜歡

改編自他小說的這部電影，以致使他與導演及其父親艾利亞斯·克雷赫達長久失和，他是影片的製片人。

他1992年的小說《如此蒼白的心》（*Corazón tan blanco*）在商業上和評論界都大獲成功，該書英文版是由瑪格麗特·朱爾·柯斯塔翻譯的，馬利亞斯和柯斯塔於1997年共同獲得IMPAC都柏林國際文學獎。

2002年馬利亞斯出版了《你面對明天1：狂熱與長矛》（*Tu rostro mañana 1. Fiebre y lanza*），這是他最具文學天才的系列三部曲的第一部。第二部《你面對明天2：舞蹈與夢想》（*Tu rostro mañana 2. Baile y sueño*），出版於2004年5月。該系列完結篇《你面對明天3：毒藥、陰影與永別》（*Tu rostro mañana 3. Veneno y sombra y adiós*）於2007年9月出版。這三部曲在全世界為他贏得了更大的聲譽。

在1988年出版的小說《靈魂之歌》中，馬利亞斯濃墨重彩描寫了英國詩人約翰·高茲華斯。這個約翰·高茲華斯在第二次世界大戰時參加過英國皇家空軍，曾在北非服役，戰後在倫敦與一批文學青年廝混在一起，雖然貧困潦倒，卻混上了個雷東達王國第三任「國王」的頭銜，自稱為「胡安一世」。

在「胡安一世」時期，眾多歐美文學界名人都紛紛樂意地接受「胡安一世」之封，成為「雷東達王國」的「貴族」和「臣民」。雖然這個王國的合法性備受爭議，但據馬利亞斯所說，他在書中的描述深深打動了雷東達王國的繼任「國王」喬·威恩-泰森，1997年他退位後將王位傳給了馬利亞斯。

該事件經過被馬利亞斯寫進了他的「假托小說」《時間

的暗面》（*Negra espalda del tiempo*）。《靈魂之歌》得到了廣泛認可，《時間的暗面》是其後續，在小說裏面，有很多人偽托馬利亞斯之口，稱自己才是《靈魂之歌》的人物原型。自從繼承雷東達的王位後，馬利亞斯以雷諾・德・雷東達的名義創辦了一家小出版社，他專門寫了一篇出版說明，題目就叫《雷東達王國》。

就像當年的英國詩人約翰・高茲華斯一樣，哈維爾・馬利亞斯繼承「雷東達王國」國王後，也熱中於冊封名人，有趣的是，這些名家也都對授爵甘之如飴，紛紛接受。

被哈維爾・馬利亞斯封為公爵的，都是各領域的傑出貢獻者，包括佩德羅・阿莫多瓦（Pedro Almodóvar，西班牙電影導演）、安東尼奧・羅伯・安圖內斯（António Lobo Antunes，葡萄牙小說家）、約翰・阿什伯利（John Ashbery，美國詩人）、皮埃爾・布林迪厄（Pierre Bourdieu，法國社會學家）、威廉・博伊德（William Boyd，蘇格蘭小說家）、米歇爾・博杜（Michel Braudeau，法國小說家、記者）、A・S・拜厄特（A. S. Byatt，英國小說家）、吉列爾莫・卡夫雷拉・因凡特（Guillermo Cabrera Infante，古巴小說家、散文家）、彼得羅・西塔提（Pietro Citati，義大利作家、評論家）、法蘭西斯・福特・科波拉（Francis Ford Coppola，美國導演）、奧古斯丁・迪亞茲・亞內斯（Agustín Díaz Yanes，西班牙導演、編劇）、佛蘭克・蓋里（Frank Gehry，加拿大建築師）、佛朗西斯・赫謝爾（Francis Haskell，英國藝術史學者）、愛德華多・門多薩（Eduardo Mendoza，西班牙小說家）、

伊恩‧邁克爾（Ian Michael，英國學者）、奧爾罕‧帕穆克（Orhan Pamuk，土耳其小說家，2006年諾貝爾文學獎得主）、阿圖羅‧佩雷斯-列維特‧古鐵雷斯（Arturo Pérez-Reverte Gutiérrez，西班牙小說家、記者）、佛蘭西斯科‧瑞克（Francisco Rico，西班牙學者）、彼得‧羅素爵士（Sir Peter Russell，英國學者）、費爾南多‧薩瓦特（Fernando Savater，西班牙哲學家、散文家）、溫弗里德‧喬治‧錫巴爾德（W. G. Sebald，德國作家、學者）、路易士‧安東尼奧‧德‧維耶納（Luis Antonio de Villena，西班牙詩人、小說家）、胡安‧維堯羅（Juan Villoro，墨西哥作家、記者）等。

除此之外，馬利亞斯還設立了一個文學獎，由其冊封的男女公爵們共同評定。除了獎金外，獲獎者還能獲得一片分封領地。歷屆獲獎者是：2001年約翰‧馬克斯維爾‧庫切（John Maxwell Coetzee，南非小說家）、2002年約翰‧H‧艾略特（John H. Elliott，英國歷史學家）、2003年克勞迪奧‧馬格利斯（Claudio Magris，義大利作家、學者）、2004年艾力克‧侯麥（Eric Rohmer，法國電影導演）、2005年愛麗絲‧門羅（Alice Munro，加拿大小說家）、2006年雷‧布萊柏利（Ray Bradbury，美國科幻小說家）、2007年喬治‧斯坦納（George Steiner，美國評論家、小說家）、2008年翁貝托‧埃可（Umberto Eco，義大利小說家、學者）、2009年馬克‧弗馬婁利（Marc Fumaroli，法國學者、散文家）。

馬利亞斯以雷諾‧德‧雷東達的名義創辦了一家小出版

社。他還在西班牙《國家報》一家週刊開設了專欄。他的專欄《幻影地帶》的英文版刊登在《信徒》月刊上。

馬利亞斯著有長篇小說、短篇小說、散文、評論等數十部，作品已被譯為34種語言在50多個國家刊行，早在1996年，德國評論家列赫蘭尼斯基就稱他是：「當代最偉大的作家之一，只有賈西亞‧馬奎斯能與他相提並論。」；西班牙《世界報》稱他是：「一位天才，一位具有里程碑意義的真正藝術家。」；英國《觀察家報》評論近年諾貝爾文學獎時，毫不掩飾地說：「馬利亞斯下次該得的獎，是諾貝爾文學獎。」2007年來自拉丁美洲和西班牙的81位作家、編輯和文學評論家評出的自1982年以來西班牙語文壇最優秀的100部小說中，馬利亞斯的《如此蒼白的心》名列第六位。

2006年，馬利亞斯當選西班牙皇家學院院士。

中文譯本：

《如此蒼白的心》（繁圓神出版社，2009）

Marse, Juan

【西班牙】
胡安‧馬爾塞
小說家

　　胡安・馬爾塞（Juan Marsé），本名胡安・法內卡・洛卡（Juan Faneca Roca），1933年1月8日生於巴賽隆納，西班牙小說家、記者和電影編劇。

　　他的母親在分娩時死去，不久後他被馬爾塞家收養。14歲時他一邊給珠寶商當學徒，一邊開始在《島》雜誌和一本電影雜誌上發表作品。他的一篇故事獲得了芝麻獎，1958年他出版了第一本小說《僅有一件玩具的幽閉生活》（Encerrados con un solo juguete），這部作品是巴拉爾圖書館的塞克斯・佈雷夫獎的決賽作品。

　　此後，他寫了《月亮的這副面孔》（Esta cara de la luna），但他拒絕承認這是他的作品，也從未收入他的全集中。1965年，他的《與特雷莎共度的最後幾個下午》（Últimas tardes con Teresa）獲得了圖書館布雷夫獎。

　　婚後，他開始從事廣告業，並為電影劇本寫對白。他寫了《蒙特塞表妹不太光彩的故事》（La oscura historia de la prima Montse），這本書不是很成功；小說《如果說我跌倒》（Si te dicen que caí）為逃避佛朗哥政府的審查而在墨西哥出版，並榮獲了國際小說獎。

　　1974年，他在寫作電影劇本的同時，還在《請》雜誌上開設了一個專欄。他的小說《穿金短褲的姑娘》（La muchacha de las bragas de oro）獲得了1978年度的行星文學獎，一時間名聲大噪。

　　在短篇小說集《布拉沃中尉》（Teniente Bravo）出版後，他寫了兩部關於戰後巴賽隆納的小說，《總有一天我將回來》

（*Un día volveré*）和《庫納多回合》（*Ronda del Guinardó*）。

　　整個1990年代，他頻頻獲獎，包括憑藉《雙語情人》（*El amante bilingüe*）獲得雅典耀塞維利亞獎，憑藉《上海幻夢》（El embrujo de Shanghai）獲得評論獎和歐洲文學大獎亞里斯提獎。1997年他被授予胡安‧魯爾福拉丁美洲和加勒比文學獎。沉寂7年後，他出版了《蜥蝪尾》（*Rabos de Lagartija*），這本書令他奪得評論獎和國家敘事獎。馬爾塞還是2008年西班牙語文學的最高榮譽——賽凡提斯獎得主。

中文譯本：

《與特雷莎共度的最後幾個下午》（ 簡 人民文學出版社，2007）

McCarthy, Cormac

【美國】
戈馬克‧麥卡錫
小說家、劇作家

　　戈馬克‧麥卡錫（Cormac McCarthy），當代美國西部文學大師，被譽為「在世的美國最偉大的作家之一」。

　　1933年7月20日，戈馬克‧麥卡錫出生於美國羅德島州，愛爾蘭裔。1937年隨家人遷至田納西州諾克斯維爾，1951～

1952年，麥卡錫進入了田納西州立大學，主修文科。1953年，他加入了美國空軍，服役四年，其間兩年在阿拉斯加主持一個廣播節目。1957年，重返田納西大學。在大學期間裏，他在學生報紙上發表了兩篇短篇小說，1959和1960兩年獲得了Ingram-Merrill獎。麥卡錫沒有獲得學位再次離開學校，舉家遷移至芝加哥，在那裏寫下了他的第一部小說。結束第一次婚姻後，他回到田納西。

麥卡錫的第一部小說《果園守門人》（*The Orchard Keeper*），於1965年蘭登書屋出版社出版。他把手稿交與蘭登書屋，據稱是因為這是其「唯一聽過的出版社」。蘭登書屋的編輯亞伯特·愛斯肯發現了書稿的價值。愛斯肯正是威廉·福克納的編輯，直到後者於1962年逝世。在接下來的20年裏，愛斯肯也同樣一直是麥卡錫的編輯。

1965年夏天，憑藉從美國藝術文學院獲得的遊學獎金，麥卡錫乘船出海，希望探訪愛爾蘭島。出遊期間，他遇到女歌手Anne DeLisle，他們於1976年在英國結婚。當年，麥卡錫收到洛克菲勒基金會的獎金，以此繼續環南歐旅遊，直到登陸伊比沙島。在那裏，他寫下了第二部小說《週邊黑暗》（Outer Dark）。隨後和妻子回到美國，並於1968年發表了這部小說。

1969年，麥卡錫與妻子遷至田納西路易斯維爾，購買了一個穀倉，麥卡錫親手修造房子，並根據真實事件寫下了另一部小說《神之子》（*Child of God*），於1973年出版。與此前的《週邊黑暗》一樣，《神之子》的故事設置在南阿巴拉

契州。1976年，麥卡錫和Anne DeLisle分手，搬至德克薩斯的El Paso。1979年，小說《沙雀》（*Suttree*）最終出版。這部小說已經斷續寫了20年，許多人認為，這是麥卡錫迄今為止最出色的作品。靠著1981年獲得的麥克阿瑟傑出人物獎獎金支撐生活，他寫下了另一部小說《血紅子午線》（*Blood Meridian，or the Evening Redness in the West*），在1985年出版。

經過十多年的潛心寫作，麥卡錫於1992年起陸續出版了他的「邊境三部曲」——《駿馬》（*All the Pretty Horses*, 1992）、《穿越》（*The Crossing*, 1994）、《平原上的城市》（*Cities of the Plain*, 1998），為其贏得了巨大聲譽，《駿馬》還榮獲當年的美國國家圖書獎，奠定了他作為當代美國西部文學大師的地位，甚至被譽為「在世的美國最偉大的作家之一」。

2003年，寶刀未老的麥卡錫又出版了《險路》（*No Country for Old Men*），2006年推出新作《路》（*The Road*），通過一對父子在世界末日時的艱難求生之旅，直指對戰爭、人性、信念和人類生存環境的終極思考，一經問世就持續風行並榮獲2006年的普立茲小說獎。2007年，《紐約時報》評出過去25年最偉大的25部小說，麥卡錫的《血色子午線》位列第三。

中文譯本：

《駿馬》（簡 上海譯文出版社，2003；另譯《天下駿馬》，簡 重慶出版社，2009）

《穿越》（簡 上海譯文出版社，2002）

《平原上的城市》（簡 上海譯文出版社，2002）

《險路》（繁 麥田出版，2009）

《路》（簡 重慶出版社，2009）

McEwan, Ian

【英國】
伊恩‧麥克尤恩
小說家、劇作家

　　伊恩‧麥克尤恩（Ian McEwan），英國文壇當前最具影響力的作家之一，與朱利安‧巴恩斯、馬丁‧艾米斯並稱為「英國當代文壇三巨頭」。2008年，被《泰晤士報》評為「1945年以來50位最偉大的英國作家」之一。

　　伊恩‧麥克尤恩1948年6月21日出生於英格蘭的奧爾德蕭特，幼時生活隨父職遷移不定，曾在新加坡和的黎波里長住，11歲獨自回英國上寄宿中學，他後來回憶說自己當時是一個相當平庸的學生，直到17歲發現了文學。畢業於布萊頓的薩賽克斯大學，1975年在東安吉利大學獲創意寫作碩士學位。他的畢業作品是短篇小說集《最初的儀式，最後的愛情》，作品於1976年獲得毛姆獎。麥克尤恩在這部作品開始形成自己的寫作特點：簡練、克制，在不動聲色的描述中，緩緩地引入

了極其壓抑的情緒，將讀者帶入一個陰鬱、沉默的世界。他一度投身於20世紀60年代的反文化運動，後來對這一反理性主義的文化思潮感到厭倦，於1974年在倫敦定居。

他擅長以細膩、犀利而又疏冷的文筆勾繪現代人內在的種種不安和恐懼，積極探討暴力、死亡、愛欲和善惡的問題。他的作品篇幅不長，內容大都離奇古怪、荒誕不經，有「恐怖伊恩」之稱，許多作品反映性對人的主宰力量以及人性在性欲作用下的扭曲。

麥克尤恩迄今已出版2部短篇小說集《最初的愛情，最後的儀式》（*First Love, Last Rites*, 1975）、《床笫之間》（*In Between the Sheets*, 1978），11部長篇小說《水泥花園》（*The Cement Garden*, 1978）、《只愛陌生人》（*The Comfort of Strangers*, 1981）、《時間中的孩子》（*The Child in Time*, 1987）、《無辜者》（*The Innocent*, 1990）、《黑犬》（*Black Dogs*, 1992）、《愛無可忍》（*Enduring Love*, 1997）、《阿姆斯特丹》（*Amsterdam*, 1998）、《贖罪》（*Atonemen*, 2001）、《星期六》（*Saturday*, 2005）、《在切瑟爾海灘上》（*On Chesil Beach*, 2008）、《追日》（*Solar*, 2010），還有多部電影劇本以及4部舞臺劇本。

從1997年起，麥克尤恩六度獲得布克獎提名（《只愛陌生人》、《黑犬》、《阿姆斯特丹》、《贖罪》、《星期六》與《在切瑟爾海灘上》），並於1998年以《阿姆斯特丹》折桂，但評論家普遍認為這是他作品中較弱的一部。他的下一部小說

《贖罪》贏得了更多的好評，雖然它只是入圍布克獎提名，很多人認為它更有資格獲得布克獎；以此改編的電影《贖罪》廣受歡迎，被評為第65屆美國金球獎最佳影片和英國電影學院最佳影片獎。他的作品《時間中的孩子》榮獲1987年度惠特布萊德小說獎，《星期六》榮獲2005年詹姆斯・泰德・布萊克紀念獎。2011年2月，麥克尤恩獲得耶路撒冷文學獎，在頒獎儀式上，他抨擊以色列的軍事行動是一種「虛無主義」，呼籲以色列政府結束在巴勒斯坦土地上的定居和侵犯行為。

他是英國皇家文學院院士、美國藝術文學院院士，1999年被授予莎士比亞獎，2000年被授予大英帝國司令勳章。

中文譯本：

《最初的愛情，最後的儀式》（簡南京大學出版社，2009）

《床笫之間》（簡上海譯文出版社，2010）

《水泥花園》（簡新星出版社，2007）

《只愛陌生人》（簡上海譯文出版社，2010）

《夢想家彼得》（簡南京大學出版社，2009）

《時間中的孩子》（簡譯林出版社，2003）

《無辜者》（簡上海譯文出版社，2008）

《黑犬》（簡上海譯文出版社，2010）

《愛無可忍》（簡上海譯文出版社，2011）

《阿姆斯特丹》（簡譯林出版社，2001；簡新星出版社，2007）

《贖罪》（繁大田出版，2009；簡上海譯文出版社，2005）

《星期六》（簡作家出版社，2008；繁天培出版社，2007）

《在切瑟爾海灘上》（簡上海譯文出版社，2008）

Modiano, Patrick

【法國】
派翠克・莫迪亞諾
小說家

　　派翠克・莫迪亞諾（Patrick Modiano），活躍於法國文壇並深受讀者喜愛的「新寓言派」作家。

　　莫迪亞諾1945年7月30日出生於巴黎西南郊布洛涅比揚古的一個富商家庭。父親是猶太人，二次世界大戰期間從事走私活動，戰後在金融界工作。其母為比利時籍演員。莫迪亞諾自幼喜愛文學，10歲寫詩，十四五歲便對小說創作表現出濃厚的興趣。1965年他在巴黎亨利四世中學畢業，後入巴黎索邦大學學習，一年後輟學，專事文學創作。

　　迄今為止，莫迪亞諾出版了26部長篇小說。1968年，他發表處女作《星形廣場》（*La Place de l'Étoile*），離奇荒誕的內容和新穎獨特的文筆，使他一躍而成為法國文壇的一顆新星。他的文學才華受到評論界的矚目，該小說獲得當年的羅歇・尼米埃獎。嗣後他接連發表了多部作品，幾乎部部

獲獎：1969年的《夜巡》（*La Ronde de nuit*）獲鑽石筆尖獎；1972年的《環城大道》（*Les Boulevards de ceinture*）獲法蘭西學院小說大獎；1974年與名導演路易・馬爾合作創作電影劇本《拉孔布・呂西安》（*Lacombe Lucien*），搬上銀幕後，成為20世紀70年代電影的代表作之一，獲奧斯卡金像獎；1975年的《淒涼別墅》（*Villa triste*）獲書商獎；1977年帶有自傳色彩的《戶口名簿》（*Livret de famille*）問世；1978年的《暗店街》（*Rue des boutiques obscures*）一舉獲龔固爾文學獎。1980年代後發表《一度青春》（*Une Jeunesse*）、《往事如煙》（*Memory Lane*）等。1996年，由於他的突出貢獻，被授予法國國家文學獎。

　　進入新世紀後，莫迪亞諾仍然新作不斷，出版了《夜半撞車》（*Accident nocturne, 2003*）、《譜系》（*Un pedigree,* 2004）、《青春咖啡館》（*Dans le café de la jeunesse perdue,* 2007）、《地平線》（*L'Horizon, 2010*）等。

中文譯本：

《暗店街》（簡百花文藝出版社，1986；另譯《暗鋪街》，
　　簡譯林出版社，1994）

《八月的週末・緩刑》（簡花城出版社，1992）

《一度青春》（簡灘江出版社，1993；另譯《青春狂想曲》，簡世界知識出版社，1987）

《尋我記・魔圈》（簡灘江出版社，1992，其中《尋我記》即《暗店街》）

《星形廣場・環城大道》（簡上海三聯書店，2008）

《暗店街・夜巡》（簡上海三聯書店，2008）

《夜半撞車》（簡人民文學出版社，2005）

《青春咖啡館》（簡人民文學出版社，2010）

Munro, Alice

【加拿大】
艾麗絲・門羅
小說家

　　艾麗絲・門羅（Alice Munro），加拿大女作家。1931年7月10日生於安大略省溫格姆鎮，少女時代即開始寫小說。先後憑著短篇小說集《快樂影子之舞》、《你以為你是誰？》和《愛的進程》三次獲得總督獎，是在世的最好的短篇小說女作家，2009年6月，她無可爭議地贏得了第三屆布克國際獎。

　　門羅女士本姓萊德勞（Laidlaw），1931年生於安大略省溫格姆鎮，少女時代即開始寫小說，同時上大學，課餘做女招待、煙葉採摘工和圖書館員。年僅20歲時，她便以大二女生之身，嫁與詹姆斯・門羅，為此退學，此後連生四女，但二女兒出生後不到一天，便不幸夭折。

　　門羅太太忙裏偷閒，趁孩子睡了，菜也燒完，趕緊寫上一句半句。這樣的創作環境，料也難以出產長篇。她戰勝了

年輕媽媽的抑鬱，頑強地拓展紙上空間。1968年，37歲的她終於出版了首部短篇小說集《快樂影子之舞》（*Dance of the Happy Shades*）。晚熟的果子格外香甜，這本遲到的處女作為她一舉贏下加國最高文學獎——總督獎。此後一帆風順，三年後再出《女孩與女人們的生活》（*Lives of Girlsand Women*），由於所收篇目內容連貫，因此一度作為「長篇小說」發行。

1972年，門羅夫婦離婚。四年後，艾麗絲再嫁傑拉德‧弗雷林，弗雷林先是作為書迷寫信談讀後感，爾後展開追求之旅，並同意新妻保留前夫姓氏。1978年和1986年，門羅女士先後以《你以為你是誰？》（*Who Do You Think You Are?*）和《愛的進程》（*The Progress of Love*），獲得了她第二及第三個總督獎。

她本來無意專營短篇，但寫了幾年後，終於痛感長篇過於鬆弛、缺乏張力，索性就此放棄。她寫30頁短篇所用的心力，足可抵得上某些作家寫出整部長篇。她總是將目光流連於平凡女性的生活，從自己和母親身上尋找靈感，精確地記錄她們從少女到人妻、人母，再度過中年與老年的歷程，尤擅貼近女性之性心理的波折與隱情，以及由此而來的身心重負，細緻入微，又複雜難解，看似脆弱，卻又堅忍頑強。

門羅女士近些年的作品有：《公開的秘密》（*Open Secrets*, 1994）、《一個好女人的愛情》（*The Love of a Good Woman*, 1998）、《厭惡、友誼、求愛、戀愛、婚姻》（*Hateship, Friendship,Courtship, Loveship,Marriag*, 2001）、《憎惡》

（*No Love Lost*, 2003）、《釀酒師門羅》（*Vintage Munro*, 2004）、《逃離》（*Runaway*, 2004）、《情不自禁：短篇小說選》（*Carried Away: A Selection of Stories*, 2006）、《城堡岩石的風景》（*The View from Castle Rock*, 2006）、《大喜過望》（*Too Much Happiness*, 2009）等。

除了上述獎項之外，門羅女士還獲得過兩次吉勒獎，以及英聯邦作家獎、歐‧亨利獎、筆會／馬拉穆德獎和美國全國書評人獎等。

由於中國文壇高度崇拜長篇，門羅女士因此長期被忽略，在她獲得國際布克獎後其小說集《逃離》方才在中國翻譯和出版。

中文譯本：

《逃離》（簡北京，十月文藝出版社，2009）

Murakami, Haruki

【日本】
村上春樹
小說家

村上春樹（Haruki Murakami），日本小說家。1949年

出生在日本京都市伏見區，父母親都是中學日文教師，母親在婚後成為全職家庭主婦。父母對村上的管教開明而嚴謹，鼓勵閱讀。12歲時全家搬到鄰近的兵庫縣蘆屋市，家中訂閱的兩套世界文學叢書，培養出村上對西方文學的愛好。

　　進了神戶高中之後，村上春樹心生叛逆，幾乎天天打牌、和女生廝混、抽煙、蹺課，不過成績尚能維持一定水準。高中時他常在校刊上發表文章，喜歡閱讀二手的歐美原版小說，一段段地自己翻譯美國驚悚小說並沉浸於閱讀譯文的體驗。此外他也開始對美國音樂著迷，把午餐錢省下來購買爵士唱片，從13歲到現在都一直有收集唱片的習慣。

　　高中畢業後，村上春樹報考法律系落榜，當了一年複讀生。1967年在圖書館裏一本英文參考書裏讀到杜魯門・卡波特的短篇小說《無頭鷹》（*The Headless Hawk*）而大受觸動，也更確定自己喜歡的是文學而非法律。後來，村上春樹考取東京早稻田大學文學部戲劇系。1960年代末，身處日本激進學運世代的村上幾乎不去上課，流連地下爵士酒吧，喝到爛醉，也曾徒步自助旅行，累了就露宿街頭，接受陌生人的施捨（這段經歷後來寫進《挪威的森林》）。

　　1968年4月開學後，村上春樹認識了同學高橋陽子，不久開始出雙入對，1971年二人註冊結婚。夫妻倆以白天到唱片行工作，晚上在咖啡館打工營生。三年後在以250萬日幣現金與銀行貸款250萬日幣，在東京西郊國分寺車站南口開設了一家以村上寵物為名的爵士咖啡館「Peter Cat」，白天賣咖啡，晚上變酒吧。這段期間，村上一面經營爵士小店觀察芸芸

眾生，一面把能找到的小說都閱讀完畢。1975年，村上總算以論文《美國電影中的旅行觀》拿到學士學位，爵士店的生意也越作越好。

29歲那年，一場棒球賽成為改變村上春樹命運的導火線，激發他的靈感開始創作第一部小說《且聽風吟》。每天爵士店打烊之後，村上就在廚房挑燈夜戰一兩個小時，但由於寫作時間有限，使得小說句子和章節都很簡短。這部小說大約花了6個月時間完成，村上春樹投稿到文學雜誌《群像》參加新作家文學競賽，結果一舉贏得1979年的群像新人獎。之後應出版社之邀，村上春樹先交出了一些短篇小說、翻譯作品和散文，次年完成第二部長篇小說《1973年的彈子球遊戲》，接續《且聽風吟》描述主角們後來的遭遇。

1981年，村上夫婦賣掉經營多年的爵士小店，搬到船橋市專心寫作第三部長篇小說《尋羊冒險記》。受村上龍啟發，他嘗試寫出一部敘事連貫的小說，主要角色仍是前兩部作品裏的「我」和「老鼠」。這段時間村上開始過著規律的寫作生活，有充足的時間集中精力，因此第三部長篇小說句子變長，故事連貫，寫作風格有了相當大的轉變。

1985年，費時8個月完成的長篇小說《世界末日與冷酷異境》出版，一舉拿下日本文壇大獎「谷崎潤一郎獎」，為日本二戰後首位青年獲獎者。1986年起他攜妻子在歐洲旅居3年，完成了日本近代文學史上銷量排名第一的長篇小說《挪威的森林》。這部作品上下冊累積銷量達440萬本，使村上的知名度在20世紀80年代末達到高峰，確立了其「80年代日本文學旗

手」的地位。

《挪威的森林》帶來的成功讓村上春樹打消了此前3年歐洲行返國後的久居日本念頭。他於1991年應美國友人的邀約，旅居美國普林斯頓大學擔任訪問學者兼駐校作家，並在翌年擔任該校東方語文學系「日本文學」課程的客座講師。旅居美國期間，開始撰寫長篇小說《發條鳥年代記》三部曲，1995年初回到日本居住。

村上春樹生活規律，每日做慢跑訓練、參與各地馬拉松長跑，並以喜愛爵士樂、搖滾樂與美國作家費茲傑拉德而聞名。旅遊足跡遍及歐洲大陸與南美墨西哥、中國蒙古，並有開車橫跨美國大陸的記錄。旅途記事與旅居隨筆散文出版過《邊境、近境》、《終於悲哀的外國語》、《遠方的鼓聲》、《雨天、炎天》等書。

村上春樹的寫作風格深受歐美文化薰陶，同時擅長歐美文學的翻譯。2005年。他的長篇小說《海邊的卡夫卡》英譯本名列紐約時報年度十大好書小說類首位；2006年，他獲得法蘭茲・卡夫卡文學獎與Frank O'Connor國際短篇小說獎；還獲得過日本的讀賣文學獎、朝日文學獎、坪內逍遙大獎等。

從2006年下半年起，村上春樹應夏威夷大學之邀擔任客座教授至今。他稱自己的終極目標是寫出像杜斯妥也夫斯基《卡拉馬佐夫兄弟》般的巨著，此作品就是後來出版的《1Q84》（共三卷）。《1Q84》出版後引起各國競相翻譯，在日本曾創造過12天銷售100萬冊的奇蹟。

中文譯本：

《1973年的彈珠玩具》（繁 時報文化，1995；另譯《1973年
　　的彈子球》，簡 上海譯文出版社，2001）

《廻轉木馬的終端》（繁 遠流出版，1991；另譯《廻轉木馬
　　鏖戰記》，簡 上海譯文出版社，2002）

《Sydney! [雪梨!]》（繁 時報文化，2004）

《人造衛星情人》（繁 時報文化，1999；另譯《斯普特尼克
　　戀人》，簡 上海譯文出版社，2001）

《日出國的工場》（時報文化，2001）

《世界末日與冷酷異境》（繁 時報文化，1994；另譯《世界
　　盡頭與冷酷仙境》，簡 上海譯文出版社，2004）

《失落的彈珠玩具》（繁 時報文化，1992）

《地下鐵事件》（繁 時報文化，1998）

《羊男的聖誕節》（繁 時報文化，2001）

《如果我們的語言是威士忌》（繁 時報文化，2004）

《村上RECIPE》（繁 時報文化，2001）

《村上收音機》（繁 時報文化，2002）

《村上朝日堂是如何鍛鍊的》（繁 時報文化，2000）

《村上朝日堂嗨唷！》（繁 時報文化，2007）

《雨天炎天》（繁 時報文化，1990）

《夜之蜘蛛猴》（繁 時報文化，1996）

《東京奇譚集》（繁 時報文化，2006；簡 上海譯文出版社，
　　2006）

《約束的場所》（繁時報文化，2002）

《神的孩子都在跳舞》（繁時報文化，1990；另譯《神的孩子全跳舞》，簡上海譯文出版社，2002）

《挪威的森林》（繁時報文化，1997；簡灕江出版社，1989；簡上海譯文出版社，2003）

《迴轉木馬的終端》（繁時報文化，1999）

《海邊的卡夫卡》（繁時報文化，2003；簡上海譯文出版社，2003）

《終於悲哀的外國語》（繁時報文化，2006）

《國境之南、太陽之西》（繁時報文化，1993；另譯《國境以南　太陽以西》，簡上海譯文出版社，2003）

《象工場的Happy End》（繁時報文化，1990）

《尋羊冒險記》（繁時報文化，2001；簡上海譯文出版社，2001）

《萊辛頓的幽靈》（繁時報文化，2005；另譯《列克星敦的幽靈》，簡上海譯文出版社，2002）

《給我搖擺，其餘免談》（繁時報文化，2008）

《尋找漩渦貓的方法》（繁時報文化，2007）

《黑夜之後》（繁時報文化，2005；另譯《天黑以後》，簡上海譯文出版社，2005）

《開往中國的慢船》（繁時報文化，1998；另譯《去中國的小船》，簡上海譯文出版社，2002）

《發條鳥年代記》（繁時報文化，2001；另譯《奇鳥形狀錄》，簡上海譯文出版社，2002）

《遇見100%的女孩》（繁時報文化，2001；簡上海譯文出版社，2002）

《電視人》（繁時報文化，2001；簡上海譯文出版社，2002）

《舞・舞・舞》（繁時報文化，2001；另譯《舞！舞！舞！》，簡上海譯文出版社，2002）

《夢中見：日本極短篇》（繁圓神出版，1995）

《遠方的鼓聲》（繁時報文化，1990）

《螢火蟲》（繁時報文化，1999；另譯《螢》，簡上海譯文出版社，2002）

《爵士群像》（繁時報文化，1998）

《懷念的一九八〇年代》（繁時報文化，2002）

《關於跑步，我說的其實是……》（繁時報文化，2008）

《邊境・近境》（繁時報文化，1999）

《麵包店再襲擊》（繁時報文化，1999；另譯《再襲擊麵包店》，簡上海譯文出版社，2001）

《蘭格漢斯島的午後》（時報文化，2002）

《聽風的歌》（繁時報文化，1992；另譯《且聽風吟》，簡上海譯文出版社，2001）

《IQ84》（1-3卷）（繁時報文化，2009；簡出南海版公司，2010）

Murnane, Geraid

【澳洲】
傑拉德・莫耐恩
小說家

　　傑拉德・莫耐恩（Geraid Murnane），1939年2月25日出生於澳洲墨爾本的科堡，幾乎從未離開過維多利亞州。他有一段童年時光在本迪戈和西區渡過。1956年他進入德拉薩大學馬爾文學院學習。

　　1957年，莫耐恩主要接受羅馬天主教教士的訓練，但最後他放棄了，轉而去維多利亞賽馬俱樂部的見習騎師學校做了教師（1960～1968）。1969年他在墨爾本大學獲得了學士學位，然後在維多利亞教育署工作直至1973年。1980年起他開始在不同高校教授創意寫作的課程。

　　莫耐恩最早的兩本書《檉柳排》（*Tamarisk Row*, 1974）和《雲上的一生》（*A Lifetime on Clouds*, 1976），似乎是他自己童年和青春期的半自傳體著作。這兩本書都經過漫長的創作歷程，文法嚴謹。

　　1982年，他在小說《平原》（*The Plains*）中確立了自己成熟的風格，講述了一個年輕的電影製片人到澳洲腹地一次虛擬的鄉村旅行，在那裏他拍攝電影失敗的經歷卻可能是他最有

意義的成就。這部小說在表像和實質上都堪稱一個形而上的寓言，同時也是在傳統和文化視閾裏進行的一次戲仿式的實驗。這部小說之後，他佳作紛呈：《風景與風景》（*Landscape With Landscape*, 1985年）、《內陸》（*Inland*, 1988年）、《天鵝絨水域》（*Velvet Waters*, 1990年）、《藍翡翠》（*Emerald Blue*, 1995）。還有一本隨筆集《無形而暗香浮動的丁香》（*Invisible Yet Enduring Lilacs*），出版於2005年；科幻小說新作《大麥補丁》（*Barley Patch*）出版於2009年。所有這些作品都涉及到回憶、想像和景觀之間的關係，並且在虛擬和現實之間不時來回切換。

莫耐恩的文學成就享譽澳洲，1985年《平原》在美國出版，2004年再版。莫耐恩曾於1999年獲帕特里克・懷特獎、2007年獲新南威爾士州總理文學獎特別獎、2009年獲墨爾本文學獎。

中文譯本：

無

Murray, Les

【澳洲】
萊斯・穆瑞
詩人

　　萊斯・穆瑞（Les Murray），本名萊斯利・阿倫・穆瑞（Leslie Allan Murray），生於1938年10月17日，是當代澳洲最著名的詩人，獲得過T.S艾略特獎、彼特拉克獎等多項國際大獎。共出版過近30部詩集、2部詩體小說和多部散文集，被列入「澳洲100位國寶之一」。

　　穆瑞出生於新南威爾士北海岸的納比亞克，在鄰近的邦亞省長大並一直居住至今。他在納比亞克讀完小學和初中，接著進入塔比高中。1957年他在雪梨大學文學系學習，未及畢業就為了一點微薄的收入而加入澳洲海軍預備役。

　　穆瑞對古典和現代語言萌生了濃厚的興趣，他後來成為澳洲國立大學一名專業翻譯（1963至1967年受聘於該校）。讀書期間，他受到一些傑出作家的影響。這段時期，他搭順風車環遊了整個澳洲，他主要住在邁爾森區的一戶雪梨人家裏。1960年代他重返學校完成了未竟學業。

　　1971年，穆瑞辭去了令人尊敬的翻譯職業，在坎培拉從事公共服務並全職寫詩。38歲時他的《詩選》出版，標誌著

他已跨入一流詩人之列。當全家遷回雪梨後，穆瑞卻計畫回到故鄉邦亞，並於1975年買回祖屋，不時回去探訪，1985年他與全家回到故鄉，永久定居。穆瑞還在1973到1979年主編了《澳洲詩歌》，1991年起他擔任《象限》的文學編輯。

萊斯・穆瑞的詩歌題材極為廣泛，但以寫鄉村的人物風土為主。他為大眾寫詩，但並不因此而遷就自己去使用過分通俗的語言。相反，他非常重視語言的技巧，力求明晰而簡潔有力地表達複雜的主題。

萊斯・穆瑞的主要詩集有：《大教堂》（*The Weatherboard Cathedral*, 1969）、《詩選：鄉土共和國》（*Selected Poems: The Vernacular Republic*, 1976）、《秋天開花的桉樹》（*Flowering Eucalypt in Autumn*, 1983）、《白日的月亮》（*The Daylight Moon and Other poems*, 1987）、《牧歌的年輪》（*The Idyll Wheel*, 1989）、《夏末火災》（*Late Summer Fires*, 1996）、《向人類學習》（*Learning Human*, 2000）、《雙翼的房子》（*The Biplane Houses*, 2007）等。他獲得過肯尼斯・施萊瑟詩歌獎（1984）、澳洲勳章（1989）、格蕾絲・萊文詩歌獎（1990）、德國的彼特拉克獎（1995，這是首次由歐洲之外的作家獲得）、T.S.艾略特獎（1996）、義大利的普雷米奧・蒙得羅獎（2005）等。

2007年，《紐約客》評價說他是「經常被提到的三或四個頂尖詩人之一」。穆瑞也是經常被提到的諾貝爾文學獎最有希望的競爭者。

中文譯本：

無

Nadas, Peter

【匈牙利】
納達斯・彼得
小說家、劇作家

　　納達斯・彼得（Nadas Peter），1942年11月14日生於布達佩斯，匈牙利小說家、劇作家和散文作家。

　　納達斯・彼得的父母在二戰期間都不是共產黨員，後來都接受了共產黨的領導，他們的兩個兒子——彼得和帕爾，都受洗為加爾文派教徒。彼得13歲時，媽媽因病去世。1958年，他的父親——一個事工部門的領導，被誣告盜用公款，自殺身亡後被法庭宣告無罪。16歲時，彼得變成了一個孤兒，叔叔成為兩個孩子的監護人。

　　1961～1963年間，彼得學習了新聞和攝影，1965～1969年在布達佩斯一家雜誌當記者。他還兼任劇作家和攝影家，從1969年起成為一名自由作家。

　　在出版了幾部短篇小說後，1977年他出版了自己的第一部長篇小說《家族故事的結尾》（*The End of a Family Story*）。1986年他出版了自己的第二部長篇小說《回憶之書》（*Book of Memories*），彼得花了11年時間寫作這本書。本書的箴言來自約翰福音：「但耶穌這話，是以他的身體為殿。」在這

本書中，納達斯將世界描述為一個人們連接彼此身體的關係系統。這本書讓納達斯一舉成名。

2005年，他出版了最新的小說——三卷本《平行的故事》（*Parallel Stories*），由《無聲地帶》（*The Mute Realm*）、《夜晚深處》（*In the Depths of Night*）、《自由的呼吸》（*A Breath of Freedom*）組成。這部小說以單獨的敘事講述了一個獨立的人群的故事。納達斯花了18年的時間完成這部小說。這部小說被描述為「由十九世紀高度現實主義與法國新小說的經驗主義結合而成」，「真正講的是彼此身體的行為、他們的吸引和慾望、他們共同的記憶」。故事情節圍繞著兩個家族的歷史展開：一個是里帕－里爾，他是匈牙利人，另一個是多倫斯，德國人。兩條主線通過特定的事件和人物不規則地連接到了一起。

納達斯・彼得的其他小說包括《攝影的趣事》（*Lovely Tale of Photography*）、《年鑒》（*Yearbook*）、《天上的愛和世俗的愛》（*On Heavenly and Earthly Love*）以及《與理查・施瓦茲對話錄》（*A Dialogue with Richard Swartz*）。死亡是納達斯作品的恒定主題，尤其是在《自己的死亡》（*Own Death*）一書中，他記述了一次自己在臨床中死裏逃生的經歷。

1993年，納達斯被選為塞切尼文藝學院院士。2006年，他被選為柏林藝術研究院院士，在德國享有崇高聲望。

納達斯・彼得曾榮獲匈牙利藝術獎（1989）、奧地利歐洲國家文學獎（1991）、萊比錫圖書獎（1995）、法國最佳

外國圖書獎（1998）、法蘭茲・卡夫卡文學獎（2003）等。

中文譯本：

無

Nooteboom, Cees

【荷蘭】
塞斯・諾特博姆
小說家

　　塞斯・諾特博姆（Cees Nooteboom），1933年7月31日生於荷蘭海牙，「現代最傑出的小說家之一」（A. S. 拜厄特語）。

　　1945年他的父親死於一次轟炸，1948年母親再婚。他上了幾所教會中學，他的中學教育是在烏特勒支的一所夜校完成的。

　　在第一份希爾維蘇姆一家銀行的工作後，諾特博姆遍遊歐洲。寫作之餘，他在1957～1960年還為週刊《埃爾塞維爾》工作，並於1961～1968年在《人民報》工作。1967年，他成為《林蔭道》雜誌的旅遊版編輯。

　　諾特博姆的第一部小說《菲利普和其他人》（*Philip en de*

anderen），出版於1955年，獲得安妮・佛蘭克獎。他的第二部小說《騎士已死》（*De ridder is gestorven*）出版於1963年。1980年，他的小說《儀式》（*Rituelen*）為他在荷蘭贏得廣泛讚譽並獲得飛馬文學獎。這也是他第一部翻譯成英文的作品，其他作品包括《真理與偽裝之歌》（*Een lied van schijn en wezen*, 1981）、《萬靈節》（*Allerzielen*, 1999）、《失樂園》（*Paradies verloren*, 2004）、《夜晚的狐狸》（*Nachts komen de vossen*, 2009）等。

諾特博姆也是一個著名的遊記作家，多年來足跡遍步歐洲，用文字表達他對生活和自我的思考。他的一些遊記包括《布律艾拉比謝爾的一個下午》、《突尼斯一夜》、《繞道去聖地牙哥》（這本書激發了西班牙作曲家貝內特・卡薩布蘭卡斯創作音樂作品《六個注解》的靈感）。他在柏林居住的經歷在他的書《柏林1989～2009》中有細緻的描寫，這本書也是他早期作品《柏林筆記》和《返回柏林》加上一些新文章的選集。

諾特博姆的代表作《萬靈節》：講述了一個人如何著迷的尋找一種方法，以便清楚地記錄下正在發生，然後又消失得無影無蹤的那些形象和聲音。這是一部歐洲的思想小說，曾被德國一家報紙評為20世紀最偉大的50本小說之一。

他獲得過各種文學獎項，包括P. C. 胡福特獎、飛馬文學獎、康斯坦丁・惠更斯獎、奧地利歐洲國家文學獎。2006年諾特博姆還被荷蘭內梅亨的拉得博多大學和柏林自由大學授予榮譽博士學位。

中文譯本：

《繞道去聖地牙哥》（簡 花城出版社，2007）

《萬靈節》（簡 譯林出版社，2008）

《儀式》（簡 譯林出版社，2008）

《西班牙星光之路》（繁 馬可孛羅，2004）

《流浪者旅店：時間和空間之旅》（簡 譯林出版社，2011）

Oates, Joyce Carol

【美國】
喬伊絲・奧茲
小說家

喬伊絲・奧茲（Joyce Carol Oates），1938年6月16日生於洛克波特，美國當代著名女作家，現任普林斯頓大學駐校作家、客座教授，講授創意寫作。

奧茲出生在紐約州北部的洛克波特市，父親是一名機械工具技師。奧茲幼年時期在她外祖父的農場度過，50年代考入錫拉丘茲大學，1960年畢業後進入威斯康星大學繼續深造，獲文學碩士學位，後在底特律大學教英美文學，1967年到加拿大溫莎大學任英美文學教授。

奧茲自幼喜愛文學，她第一次發表作品是1959年，寫了一篇崇尚女性的短篇小說刊登在《小姐》雜誌上。1963年，奧茲出版了第一部短篇小說集《北門畔》（*By the North Gate*），這個集子名字取自詩人里哈庫的名詩，意思是「文明與野蠻的分界線」就在「北門」的旁邊，門裏是文明，門外是野蠻。自此之後，奧茲一直活躍於美國文壇，迄今已出版了55部長篇小說與中篇小說、29部短篇小說集、19部詩集、8部戲劇集、7本故事集和11部文論。

　　奧茲前期的代表作是長篇小說《人間樂園》（*A Garden of Earthly Delights*, 1967）、《他們》（*Them*, 1969）和《奇境》（1971）。這些作品從美國經濟蕭條的20世紀30年代寫到充滿動盪變化的70年代，對近40年間美國社會生活的真實情況和人們的精神狀態做了廣泛而入木三分的描寫。

　　從1970年代初開始，奧茲的文學創作逐漸從現實主義轉向現代主義，她試圖以各種流行的藝術手段對作品主人翁的「非理性意識」進行剖析和試驗，比如「意識流」，也包括一些怪誕的、象徵的描寫手法。1973 年，奧茲的長篇小說《任你擺佈》中現代派文學色彩更加濃重。1970年代中期，美國掀起了現代主義藝術的小高潮，喬伊斯和福克納的心理分析以及佛洛伊德的性心理分析對她的寫作產生了直接的影響。1975 年出版的長篇小說《刺客們》（*The Assassins: A Book of Hours*），以嬰兒在母胎裏的感覺來反映人的內心世界；《黎明之子》（*Son of the Morning*, 1978）以私生子長大成為牧師的經歷表達人的無意識的精神境界；長篇小說《查爾伍德》（*Childwold*, 1976）和《不神聖的愛情》（*Unholy Loves*, 1979），前者描寫一個富人與貧窮的母女倆同時發生曖昧關係，最後殺死情敵發瘋而死，後者以一個英國詩人來美國某大學講學為素材，揭露了知識界奉承、拍馬、私通的腐敗風氣。

　　奧茲素以揭露美國社會的暴力行徑和罪惡現象而聞名，其作品在整體上構成了一幅當代美國社會的全景圖，不僅生動地反映了美國社會各個階層的現實生活，特別是中下層階級和

勞動階層的生活狀態，而且觸及到美國社會生活的多個領域，如學術界、法律界、宗教界、政壇，乃至拳擊、足球等體育運動。從表現形式上看，美國文化傳統對奧茨的影響顯而易見，在繼承馬克‧吐溫、德萊塞、斯坦貝克等作家的批判現實主義傳統的同時，她尤其擅長使用心理現實主義手法，注重用多樣化的藝術形式刻畫人物內心世界。儘管她的某些作品嘗試運用了心理分析、內心獨白、意識流、象徵主義、神秘主義等現代主義表現手法，但是評論界普遍認為，奧茨的創作思想根基主要還是現實主義，因此她慣常被稱為「具有巴爾扎克式的雄心」的現實主義女作家。

近幾年，一個比較引人注目的現象是，奧茲又將她敏銳的現實主義觸角伸向了猶太題材。2006年4月，奧茲出版的短篇小說集《極度孤單：1966－2006新作加精選》（*High Lone some: New & Selected Stories 1966-2006*）中，有多篇小說涉及了猶太和大屠殺題材。

近年，奧茲仍保持著旺盛的創作力，基本上一年一部長篇，同時還有短篇小說、隨筆、回憶錄等問世。近作有：2007年的《掘墓人的女兒》（*The Gravedigger's Daughter*），2008年的《我的姐姐，我的愛》（*My Sister, My Love*），2009年的《天堂小鳥》（*Little Bird of Heaven*），2010年的《美少女》（*A Fair Maiden*）；2011年2月她出版了回憶錄《寡居故事》（*A Widow's Story: A Memoir*），記錄了她在丈夫逝去之後的寡居生活。

奧茲以長篇小說代表作《他們》（1970）獲得美國國家

圖書獎，《人間樂園》等5部小說曾得到圖書獎提名獎，《黑水》（*Black Water*, 1992）等3部作品曾獲普立茲提名獎，《我因何而生》（*What I Lived For*, 1994）榮獲美國筆會／福克納獎，《大瀑布》（*The Falls*, 2004）榮獲2005年度法國費米娜外國小說獎。2006年奧茲獲《芝加哥論壇報》文學獎，2010年獲國家人文獎章，2011年獲賓夕法尼亞大學名譽博士學位。

中文譯本：

《他們》（簡 江蘇人民出版社，1982；簡 譯林出版社1998）

《我帶你去那兒》（簡 人民文學出版社，2005）

《奇境》（簡 外國文學出版社，1980）

《愛的輪盤》（簡 中國社會科學出版社，1989）

《光明天使》（簡 百花洲文藝出版社，1996）

《媽媽走了》（簡 長江文藝出版社，2006）

《鬼魂出沒：怪誕故事集》（簡 長江文藝出版社，2006）

《大瀑布》（簡 長江文藝出版社，2006）

《狐火：一個少女幫的自白》（簡 長江文藝出版社，2006）

《中年：浪漫之旅》（簡 人民文學出版社，2004）

《強暴：一個愛的故事》（繁 二魚文化，2005）

《性·性感》（繁 二魚文化，2006）

《狂野之夜！》（繁 網路與書，2009；簡 人民文學出版社，2011）

Okri, Ben

【奈及利亞】
本・奧克瑞
小說家

　　本・奧克瑞（Ben Okri），奈及利亞詩人和小說家。奧克瑞已經成為他那一代奈及利亞作家的領軍人物，他們基本拋棄了欽努阿・阿契貝式的社會歷史主題，帶來了現代主義的敘事方式，極大顛覆了奈及利亞的口語和書面表達傳統。

　　本・奧克瑞是烏爾博族人，1959年3月15日出生在奈及利亞中西部的明納。父親為了依靠獎學金學習法律，舉家遷往倫敦。本因此在倫敦度過了包括小學在內的童年時光。1968年，他父親將家遷回奈及利亞，在首都拉各斯執業做律師，還為那些請不起律師的人提供法律支援。這都給本後來的小說創作提供了靈感和寫作素材。本經常被各個學校退學，因此他的教育大多是在拉各斯的家裏完成。高中畢業後，他在一家油漆店找了份工作。在申請進入大學失敗後，他開始撰寫一些社會時政類的文章。19歲時，他完成了第一部沿襲現實主義傳統的長篇小說《花與影》（*Flowers and Shadows*）。

　　1978年，本獲得一筆政府補助金，到英國艾塞克斯大學

從事比較文學研究，他經常睡在樓梯間，但最終也沒能完成學位。後來他到《西非》雜誌任詩歌編輯，同時為BBC工作。1984年，他的一篇小說被彼得・阿克羅伊德主辦的新小說大賽選中。

《花與影》出版後，奧克瑞獲得了廣泛的國際聲譽，他也常被認為是非洲作家的領軍人物。1991年，他寫出了最負盛名的作品《饑餓之路》（*The Famished Road*），並贏得了當年的布克獎，它被視作西非魔幻現實主義的經典之作。他本人對這個標籤並不以為然，更願意把自己的作品稱為「夢囈」式的敘事。

他的文學啟蒙影響源自他父親的藏書，包括《伊索寓言》、《天方夜譚》及莎士比亞的《仲夏夜之夢》。他亦深受母親講故事的影響，「如果我母親要表明一種觀點，她不會直接糾正我，而是會給我講一個故事。」他在奈及利亞內戰時的親身經歷，據說也反映在他許多作品中。

奧克瑞的代表作還有：《聖地事件》（*Incidents at the Shrine*, 1986）、《迷魂之歌》（*Songs of Enchantment*, 1993）、《神靈為之驚異》（*Astonishing the Gods*, 1995）、《天堂鳥》（*Birds of Heaven*, 1995）、《危險的愛》（*Dangerous Love*, 1996）、《世外桃源》（*In Arcadia*, 2002）、《星星書》（*Starbook*, 2007）等，還著有詩集《非洲挽歌》（*An African Eleg*）、《精神之戰》（*Mental Fight*）。

奧克瑞獲得過英聯邦作家獎、基安蒂・法托瑞國際文學獎、義大利格林札納・卡佛文學獎、義大利棕櫚獎、諾維薩德

國際文學獎等，2001年獲頒大英帝國勳章，並被授予威斯敏斯特大學榮譽博士、艾塞克斯大學榮譽博士、東方及非洲研究學院的榮譽博士學位等。

奧克瑞是國際筆會英語中心的副會長，也是英國皇家國家劇院的成員。他現居倫敦。

中文譯本：

《饑餓的路》（簡 譯林出版社，2003）
《迷魂之歌》（簡 浙江文藝出版社，2011）

Ondaatje, Michael

【斯里蘭卡／加拿大】
邁克爾‧翁達傑
詩人、小說家

　　菲利浦‧邁克爾‧翁達傑（Philip Michael Ondaatje），1943年9月12日生於斯里蘭卡的可倫坡，父親主要經營茶園，家境殷實，他身上流著荷蘭人、僧伽羅人和泰米爾人等多個民族的血液。1954年，翁達傑隨母親移居英國，後於1962年遷移至加拿大，在多倫多大學就讀並獲得了文學碩士學位，並成為加拿大公民。翁達傑迄今出版了5部小說和14部詩集，使他

躋身國際著名作家行列的，還是那部獲得布克獎的小說《英國病人》（*The English Patient*），由此改編的電影獲得1996年奧斯卡金像獎的9項大獎。

邁克爾・翁達傑首先是一位傑出的現代主義詩人。1967年，24歲的邁克爾・翁達傑出版了第一部詩集《優雅的怪物》（*The Dainty Monsters*），詩句短促、意象豐富，明顯受到了法國超現實主義詩風的影響。1969年，他出版了第二部詩集《七個腳趾的人》（*The Man with Seven Toes*），將澳洲中部地區那廣大和原始的荒野風景，以一種半神話、半民間傳說的方式呈現。1973年，他出版了詩集《鼠肉凍》（*Rat Jelly*），截取了現代人複雜的心理狀態作為詩歌片段。1979年，他又出版了第四部詩集《我學會了用刀的技巧》（*There's a Trick with a Knife I'm Learning to Do*），以非常生活化的句子，結合了英語意象派詩歌的風格，逐步地從日常生活中尋找到了詩歌的身影。1984年和1992年還出版了詩集《世俗之愛》（*Secular Love*）和《剝桂皮的人》（*The Cinnamon Peeler*），歌詠了愛情、婚姻和日常生活中的美麗和波折。

翁達傑還是一位出色的小說家，自1976年起，他陸續出版了《殺戮即將進行》（*Coming Through Slaughter*, 1976）、《身著獅皮》（*In the Skin of a Lion*, 1987）、《英國病人》（*The English Patient*, 1992）、《菩薩凝望的島嶼》（*Anil's Ghost*, 2000）、《遙望》（Divisadero, 2007）5部長篇小說。

在小說中，他打破了小說與其他文學體裁的阻隔，將詩

歌、筆記、傳記、醫學檔案、病史記錄、新聞報導等融入小說裏；更主要的是，他顛覆了小說創作的傳統套路，呈現給讀者的，乍一看是「非小說」。他是所謂的「跨文體」或「跨文本」寫作的積極探索者和實踐者，是一位典型的後現代主義作家。然而，他的作品鮮活的個性和魅力及其所帶來的閱讀的愉悅，卻是一般的所謂後現代主義作品望塵莫及的。

除了《英國病人》1992年奪得布克獎外，邁克爾‧翁達傑還憑藉《英國病人》、《身著獅皮》、《遙望》三次贏得加拿大總督文學獎，憑藉《菩薩凝望的島嶼》獲得2000年的吉勒文學獎。

中文譯本：

《英國病人》（簡 作家出版社，1997），

《身著獅皮》（簡 譯林出版社，2003）

《經過斯洛特／世代相傳》（簡 譯林出版社，2000）

《菩薩凝視的島嶼》（繁 大塊文化，2002；簡 湖南文藝出版社，2004）

《一輪月亮與六顆星星》（繁 皇冠文化，1999；簡 譯林出版社，2000）

《遙望》（簡 人民文學出版社，2010）

Oz, Amos

【以色列】
阿摩司‧奧茲
小說家

　　阿摩司‧奧茲（Amos Oz），1939年5月4日生於耶路撒冷，曾在希伯來大學和英國牛津大學深造，現為以色列本－古里安大學希伯來文學終身教授，當代以色列文壇上極具影響力的作家。

　　他父親是一位通曉十幾門語言的學者，自幼受家庭影響，他閱讀了大量以色列經典作家及19世紀俄羅斯作家的作品，表現出出色的文學天賦。早在耶路撒冷小學接受啟蒙教育期間，他所作的詩歌和文章便經常見諸學校報刊。在基布茲時，他利用休息時間勤奮寫作，後來每週得到一天特批的寫作時間。

　　14歲那年，奧茲反叛家庭，到胡爾達基布茲（以色列頗有原始共產主義色彩的集體農莊）居住並務農，後來受基布茲派遣，到耶路撒冷希伯來大學攻讀哲學與文學，獲得學士學位，爾後回到基布茲任教，並開始文學創作生涯。

　　自20世紀60年代以來，奧茲先後發表了10多部長篇小說，包括《何去何從》（*Elsewhere, Perhaps*, 1966）、《我

的米海爾》（*My Michael*, 1968）、《觸摸水，觸摸風》（*Touch the Water, Touch the Wind*, 1973）、《沙海無瀾》（*A Perfect Peace*, 1982）、《黑匣子》（*Black Box*, 1987）、《瞭解女人》（*To Know a Woman*, 1989）、《費瑪》（*Fima*, 1991）、《莫稱之為夜晚》（*Don't Call It Night*, 1994）、《地下室中的黑豹》（*A Panther in the Basement*, 1995）、《同一片海》（*The Same Sea*, 1999）、《愛與黑暗的故事》（*A Tale of Love and Darkness*, 2003）、《詠歎生死》（*Rhyming Life and Death*, 2007）、《鄉村生活圖景》（*Village Life Pictures*, 2009）；3部中短篇小說集《胡狼嗥叫的地方》（*Where the Jackals Howl*, 1965）、《一直到死》（*Unto Death*, 1971）、《鬼使山莊》（*The Hill of Evil Counsel*, 1976）；以及多部雜文、隨筆集和兒童文學作品等。

他的最新作品《愛與黑暗的故事》，是一部自傳體長篇小說。奧茲在描述家族歷史和個人成長故事的同時，也描寫了童年時代耶路撒冷的文化、社會、政治生活，使作品具有民族史詩的特徵。奧茲12歲那年，母親因不堪忍受生活自殺身亡，對奧茲的心理產生了強烈震撼，影響到他的全部人生和創作。沉默了半個多世紀後，奧茲第一次面對自己的心靈創傷，對母親的自殺進行哲學意義上的探討，如泣如訴，感人至深。

奧茲的作品不僅在以色列家喻戶曉，同時在世界上影響很大，曾獲多種文學獎，如1992年德國書業和平獎、1998年以色列國家文學獎、2005年歌德獎、2007年阿斯圖里亞斯王子文學獎、2008年海涅獎等。

中文譯本：

《胡狼嗥叫的地方》（簡 浙江文藝出版社，2010）

《何去何從》（簡 譯林出版社，1998）

《我的米海爾》（簡 譯林出版社，1998）

《黑匣子》（簡 上海譯文出版社，2004）

《瞭解女人》（簡 譯林出版社，1999）

《沙海無瀾》（簡 譯林出版社，1999）

《費瑪》（簡 譯林出版社，2001）

《莫稱之為夜晚》（簡 南海出版公司，2006）

《鬼使山莊》（簡 南海出版公司，2006）

《愛與黑暗的故事》（簡 譯林出版社，2007）

《詠歎生死》（簡 浙江文藝出版社，2010）

Pelevin, Victor

【俄羅斯】
維克多‧佩列文
小說家

　　維克多‧歐雷格維其‧佩列文（Victor Olegovich Pelevin，俄語：Виктор Олегович Пелевин），俄羅斯小說家。他的作品內在結構複雜、層次繁複，擅長將流行文化的元素和深奧的哲理融合在一起，被視為俄羅斯後現代派代表作家。

　　維克多‧佩列文1962年11月22日生於莫斯科，高中畢業後，在莫斯科動力學院攻讀機電工程專業的學位。1989年考入高爾基文學院函授部，但未畢業，後進入「神話」出版社從事編輯工作。現為自由作家。

　　1989年，佩列文發表處女作《伊格納特魔法師和人們》（Дед Игнат и люди），接下來的三年中，他的短篇小說在各種雜誌上遍地開花，1992年出版的短篇小說集《藍燈》（Синий фонарь）獲得了俄羅斯小布克獎。1992年，發表在文學刊物《旗》上的中篇小說《奧蒙‧拉》（Омон Ра）使他在嚴肅文學界名聲大噪。1993年相繼發表了兩部中篇小說《昆蟲的生活》（Жизнь насекомых）和《黃箭》（Желтая стрела）。1996年、1999年推出兩部轟動文壇的長篇小說

《夏伯陽與虛空》（*Чапаев и Пустота*）和《「百事」一代》（*Generation П*），這使他在俄羅斯成為家喻戶曉的作家。此後，佩列文的每部作品都會引起俄羅斯文學評論界和研究者的極大關注。

在一次訪談中，佩列文稱米哈伊爾‧布爾加科夫的《大師與瑪格麗特》對他早期的閱讀產生了深刻影響，「這本書的效果太奇妙了，它完全不屬於蘇維埃世界。」然而，佩列文一直避免列舉出對自己寫作產生具體影響的作家，因為他相信「唯一純正的俄羅斯文學傳統就是用前人未曾使用的方式寫出優秀的作品」。

進入新世紀，佩列文推出了小說《恐怖頭盔》（*Шлем ужаса*, 2005）、《第五帝國》（*Ампир В*, 2006）、《*t*》（2009），《美女鳳梨水》（*Ананасная вода для прекрасной дамы*, 2010）等，並獲得了2000年德國的理查‧申弗雷德獎、2001年德國的諾尼諾獎、2010年俄羅斯書籍大獎等。

中文譯本：

《「百事」一代》（簡 人民文學出版社，2001）
《黃色箭頭》（簡 內蒙古文化出版社，2002）
《夏伯陽與虛空》（簡 上海譯文出版社，2004）
《人蟲變》（繁 遠流出版公司，2005）
《恐怖頭盔》（繁 大塊文化，2007）

Petterson, Per

【挪威】
佩爾‧派特森
小說家

　　佩爾‧派特森（Per Petterson），1952年7月18日生於
奧斯陸，挪威小說獎，國際IMPAC都柏林文學獎得主。

　　派特森出身於一個工人家庭，母親酷愛閱讀，而父親的
書架上雖然有托爾斯泰、杜斯妥也夫斯基、易卜生的著作，但
從來不讀。派特森十二三歲時就開始了自己的閱讀之旅，十八
歲時就知道自己唯一想做的事是寫作。

　　此後，派特森做過圖書管理員、印刷廠職員和書店店
員，還搞過翻譯和文學評論。他的作品深受克努特‧漢姆生和
雷蒙德‧卡佛的影響。

　　派特森的處女作是1987年的短篇小說集《灰燼在你嘴，
沙礫在我鞋》（Aske i munnen, sand i skoa）。此後他出版
的許多小說都大獲好評。 寫於1996年的《去往西伯利亞》（To
Siberia），故事背景設置在第二次世界大戰期間，英文版於
1998年出版，獲得北歐委員會文學獎的提名。他的小說《喚
醒》（In the Wake, 2000），講的是一個年輕人在斯堪地納
維亞明星號渡輪災難中失去了家人的故事，獲得了2000年的

布萊格獎。

　　派特森的成名作是2003年出版的《外出偷馬》（*Out Stealing Horses*），小說採用電影中常用的閃回手法，在現在和回憶的兩個時空裏自由穿梭，引領讀者追問主人翁的過去，往事碎片一一浮現，段落間聯繫似有若無，沒有構建起連貫的情節。這部小說榮獲了兩項挪威最高文學獎——挪威文學評論家獎和暢銷書年度獎。2005年的英文版《外出偷馬》獲得2006年度英國獨立報外國小說獎和2007年度國際IMPAC都柏林文學獎。2007年12月，《出門偷馬》被《紐約時報書評》評為「年度十佳作品」。

　　派特森於2008年出版的小說《咒逝川》（*I Curse the River of Time*，書名取毛澤東詩意「別夢依稀咒逝川，故園三十二年前」），寫一個激進的左派分子在柏林牆倒塌之際，與母親回歸故土，在鄉居小屋回首前塵的故事。小說出版後獲得了2009年度的北歐委員會文學獎，於2010年推出英文版，在英美評論界大受好評，並榮登暢銷榜，從而躋身主流作家行列。

中文譯本：

《外出偷馬》（繁寶瓶文化，2008；湖南文藝，2011）

Piercy, Marge

【美國】
瑪吉・皮爾姬
小說家、詩人

　　瑪吉・皮爾姬（Marge Piercy），生於1936年3月31日，美國詩人、小說家、社會活動家。

　　皮爾姬生於美國的密西根州底特律市，她的家庭在大蕭條時期深受影響。她是家族中第一個讀大學的人，就讀於密西根大學。1957年，她因詩歌和小說獲得霍普伍德獎，獎金可以支持她完成學業和去法國渡過了一段光陰，最終她獲得了西北大學的文學碩士學位。她的第一本詩集《破壞露營》（*Breaking Camp*），出版於1968年。

　　皮爾姬早年是個對諸事都不關心的學生，孩提時突然罹患急性風濕關節炎，使她除了讀書什麼都不能做，反而培養出了對書籍的熱愛。

　　她的小說和詩歌雖然背景設置非常多樣化，但主題常集中於女權主義者或社會所關注的事物上。《玻璃身體》（*Body of Glass*，收入《他、她和它》）是一部科幻小說，獲亞瑟・C・克拉克獎；《暗的城市、光的城市》（*City of Darkness, City of Light*）背景設定在法國大革命時期。她的其他小說如

《夏天的人們》（*Summer People*）和《女性的渴望》（*The Longings of Women*）則設定在現代。她所有作品都聚焦於女性的生活。

《時間邊緣的女人》（*Woman on the Edge of Time*, 1976）糅合了時空旅行的故事，以及社會正義、女性主義、精神病患者的治療等元素。普遍認為這部小說是一部關於「烏托邦」思考的科幻小說經典之作，同時也是一部女權主義的經典。威廉‧吉布森認為《時間邊緣的女人》標誌著網路龐克的誕生。皮爾姬在《玻璃身體》（《他，她和它》1991年）的前言也表達了這層意思。《玻璃身體》虛構了一個被不斷擴張的城市化進程和未來形態的互聯網摧毀的世界，其中皮爾姬糅進了猶太神秘主義、石巨人傳奇等元素，雖然故事主線講的是女主人翁竭力重獲兒子的監護權。

皮爾姬的詩歌傾向於高度個人化的自由詩體，熱衷表現的主題都是女權主義者和社會熱點事件。她的作品呈現了對改良社會的理想，即她所主張的修復這個世界，都深深植根於她的小說中。

截至2005年，她作為作家的成績單計有：17部詩集——包括《月亮總是女性的》（*The Moon is Always Female*, 1980，公認的女權主義經典名著）、《石頭、紙、刀子》（*Stone, Paper, Knife*, 1983）、《自然光》（*Available Light*, 1988）、《大姑娘是什麼做的》（*What are Big Girls Made Of*, 1997）、《穿越美國的色彩》（*Colours Passing Through Us*, 2003），以及15部小說《快速下降》（*Going Down Fast*, 1959）、

《編織生活》（*Braided Lives*, 1982）、《夏天的人們》
（*Summer People*, 1989）、《女人的渴望》（*The Longings
of Wome*, 1994）、《性別戰爭》（*Sex Wars*, 2005），一部
戲劇《最後一節白人課》（1979），一部隨筆集《五彩繽紛
的棉被》（1982），一部非小說類文集和一部回憶錄。

中文譯本：

無

Pynchon, Thomas

【美國】
托馬斯・品欽
小說家

　　小托馬斯・魯格斯・品欽（Thomas Ruggles Pynchon,
Jr），1937年3月8日生於生於紐約長島的葛蘭谷，是一位以
寫晦澀複雜的小說著稱的美國作家，由於很少與世人接觸，被
稱為繼塞林格後的「第二號隱身作家」。

　　1953年，品欽16歲中學畢業後，進入康乃爾大學進修工
程物理，第二年就離開大學去為美國海軍服役。1957年他返
校以完成英語學位。他第一篇公開發表的小說《細雨》（*The*

Small Rain），刊於1959年的《康乃爾作家》上，講述了一名曾於美國海軍服役的戰友的親身經歷；後來品欽小說的人物和情節多是基於他自己在海軍的經歷體驗。

離開康乃爾後，品欽開始寫作第一部長篇小說。從1960年2月到1962年9月，他在西雅圖被波音公司雇為技術作家，為《波馬克軍隊新聞》（美國空軍為波馬克地空導彈而設的技術刊物）編寫安全方面的文章。品欽在波音的經歷使他得到了在《V.》和《拍賣第49批》中描寫「Yoyodyne」社團的靈感，而他在物理方面的背景和在波音擔任科技刊物編輯的經驗給《萬有引力之虹》提供了許多原材料。當品欽的小說《V.》在1963年出版後，作為當年最優秀的小說贏得了福克納小說獎。1966年發表第二部小說《拍賣第49批》（*The Crying of Lot 49*），獲羅森塔爾基金獎。

從波音公司辭職後，品欽曾在紐約和墨西哥待過，之後他去了加利福尼亞，在曼哈頓海灘的一間公寓裏，他寫出了最為人所稱道的第三部小說《萬有引力之虹》（*Gravity's Rainbow*）。這一時期的品欽沉溺於嬉皮反傳統文化的習性和生活方式之中。《萬有引力之虹》出版於1973年，這是一部複雜的含沙射影的小說，結合並詳述了他早期作品的許多主題，包括陽否陰述、偏執狂、種族主義、殖民主義、陰謀、共時性和熵，被譽為堪與巨著《尤利西斯》相媲美。

1974年，《萬有引力之虹》被推薦為普立茲小說獎候選作品，然而普立茲協會否決了評審團的推薦，將該小說描述為「無法卒讀」、「浮誇」、「濫用筆墨」，且有些地方「傷風

敗俗」。1975年，他被授予威廉・迪安・豪厄爾斯文學藝術獎章，但品欽謝絕了領獎。

《萬有引力之虹》之後，一部題為《遲鈍的學習者》（*Slow Learner*）的品欽早期短篇小說選集於1984年出版，其中包含一篇極長的自傳性導言。

1990年，品欽的第四部長篇小說《葡萄園》（*Vineland*）出版。這部小說受到了很多讀者和批評家的嚴厲批評。故事發生在1960年代和1980年代的加利福尼亞，描寫了一名FBI反諜計畫密探和一名激進的女製片人間的關係。它以強烈的潛在社會政治傾向詳述了發生在威權主義和公社主義間的鬥爭、反抗與同謀間的關係，不過仍保持著一種品欽特有的幽默感。

品欽的第五部長篇小說《梅森和迪克遜》（*Mason & Dixon*）出版於1997年，但他從1975年就開始動筆了。這是一部講述美利堅共和國誕生期間，英國天文學家查理斯・梅森和他的搭檔耶利米・迪克遜生活及事業的後現代主義傳奇，有人將其尊為品欽最偉大的作品。

2006年，經多次預告的品欽第六部小說《抵抗白晝》（*Against the Day*）終於出版發行，篇幅長達1085頁。這部小說是他所設定的時代，一系列流行小說體裁紛繁的大雜燴，小說問世後，批評家們對它有著各式各樣的評價，許多人認為它有時光彩照人、有時令人疲乏。

2009年，品欽推出了第七部小說《性本惡》（*Inherent Vice*）。有評論家認為，《性本惡》只是一本「輕裝品欽」，更少政治、隱喻、迷宮般的敘事，更多迷幻色彩，「彷彿抽高

了大麻後的副產品」。 故事發生在1970年代的洛杉磯，講述私家偵探道克·斯波戴洛偶爾擺脫大麻的迷濛，看著一個時代的結束，「此時，自由性愛悄悄遠去，多疑的妄想則隨著洛城的迷霧輕輕潛入。」毫無疑問，這是最易讀的品欽小說。

品欽被許多讀者和批評家視作當代最神秘、也是最優秀的作家之一。他也因對公開個人資訊的排拒而知名：與品欽私人生活相關的細節鮮為人知，現在流傳的照片基本上都是他中學和大學期間拍的，關於他的住所和身分有種種傳聞。

美國著名文學批評家哈羅德·布魯姆把托馬斯·品欽與唐·德里羅、菲利浦·羅斯和戈馬克·麥卡錫並列為他那個時代的4個最重要的美國小說家。

中文譯本：

《V》（簡 譯林出版社，2003）

《拍賣第49批》（簡 上海譯文出版社，1989；簡 譯林出版社，2010）

《萬有引力之虹》（簡 譯林出版社，2008）

《葡萄園》（簡 譯林出版社，2000）

《性本惡》（簡 上海譯文出版社，2012）

Rahimi, Atiq

【阿富汗／法國】
阿提克‧拉希米
小說家

　　阿提克‧拉希米（Atiq Rahimi），1962年出生在阿富汗喀布爾，是法籍阿富汗作家和電影製片人。

　　出生於喀布爾的阿提克‧拉希米，生長在一個注重傳統文學的家庭；阿提克很早就開始寫作，12歲時寫的詩還曾經發表在青少年雜誌上。阿提克16歲的時候到了印度，也因此改變他的一生。

　　阿提克‧拉希米很小就被送入喀布爾的法語學校就讀，讀著雨果長大。1973年，查希爾國王被政變推翻，身為君主主義者的父親被迫帶全家流亡印度，在這個千神之國，少年拉希米再次感受到文化的衝撞。在印度時，因緣際會之下他看了雷奈的《廣島之戀》（*Hiroshima, My love*），大受震撼，加上當時阿富汗正陷於蘇聯的佔領中，阿提克決定改變志向，立下目標希望拍一部講述祖國阿富汗的電影。後來全家返回喀布爾，拉希米在喀布爾大學讀法國文學。此後，由於嚴苛的政治和思想環境，加上即將到來的四年強制兵役，他選擇了出逃。

　　1980年後，拉希米自阿富汗輾轉巴基斯坦等地後來到法國，並以難民身分在巴黎索邦大學取得傳媒專業博士學位。拉希米首部正式發表的小說《土地與灰燼》（*Earth And Ashes*）出版於2000年，用波斯語寫作，爾後又出版了《夢與恐懼的千個房間》（*A Thousand Rooms of Dream and Fear*, 2002）和《想像的回歸》（*Le Retour imaginaire*, 2005），都是以波斯文書寫；《堅韌的石頭》（*Syngué Sabour：La Pierre de patience*）是其第一部用法語寫作的小說。

　　2008年11月，拉希米憑藉講述被壓迫女性終獲心靈自由的小說《堅韌的石頭》獲得了法國文學最高獎——龔固爾文學獎。書名「Syngué　Sabour」乃波斯語，出自東方民間故事，講一塊黑石，專門聽傷心人傾訴，像海綿一樣吸走他們的悲苦，還以繼續忍受生活的耐心。

　　2002年拉希米重返祖國阿富汗，進入阿富汗最大的媒介集團——大白鯊集團，擔任資深創意顧問。拉希米往來於喀布爾和巴黎，拍攝紀錄片以及不同流派風格的媒介產品，同時幫助發展和培訓新生代阿富汗電影製片人和導演。

中文譯本：

《耐心之石》（繁皇冠文化，2011）

Roth, Philip

【美國】
菲利普·羅斯
小說家

　　菲利普·密爾頓·羅斯（Philip Milton Roth），1933年3月19日出生於美國新澤西州紐華克市的一個中產階級猶太人家庭，是當代最傑出的美國猶太裔作家之一。

　　羅斯1954年畢業於賓夕法尼亞州巴克內爾大學，1955年獲芝加哥大學文學碩士學位後留校教英語，同時攻讀博士學位，但在1957年放棄學位學習，專事寫作，以小說《再見吧，哥倫布》（*Goodbye, Columbus*, 1959）一舉成名（獲1960年美國全國圖書獎）。

　　羅斯的小說創作風格多變、主題選擇廣泛，引起批評界普遍爭論的小說有以性意識與猶太特性相結合的《波特諾伊的怨訴》（*Portnoy's Complaint*, 1969）、與卡夫卡的《變形記》如出一轍的荒誕小說《乳房》（*The Breast*, 1972）。

　　菲利普·羅斯1960年到愛荷華大家作家班任教，兩年後成為普林斯頓大學的駐校作家。他還在賓夕法尼亞大學擔任過多年的比較文學教授，於1992年退休後繼續寫作。羅斯的作品深受讀者和批評家的青睞，獲獎頗多，其中包括美國猶太人書

籍委員會的達洛夫獎、古根海姆獎、歐·亨利小說獎和美國藝術文學院獎，他本人也在1970年被選為美國藝術文學院院士。其主要獲獎作品還有《遺產：一個真實故事》（*Patrimony: A True Story*, 1991）（獲全國書評人獎），《夏洛克行動》（*Operation Shylock: A Confession*, 1993）（獲福克納小說獎），《安息日劇院》（*Sabbath's Theater*, 1995）（獲全國圖書獎），《美國牧歌》（*American Pastoral*, 獲1998年普立茲小說獎）。

近年來，羅斯在美國文壇更是獨領風騷，新世紀推出的小說有《垂死的肉身》（*The Dying Animal*, 2001）、《反美陰謀》（*The Plot Against America*, 2004）、《凡人》（*Everyman*, 2006）、《復仇》（*Nemesis*, 2010）。羅斯幾乎囊括了美國所有文學大獎，曾經三獲國際筆會／福克納小說獎（《夏洛克行動》、《人性的污穢》、《凡人》），《反美陰謀》獲最佳歷史題材小說庫伯獎。羅斯還兩獲美國全國書評人獎，2002年獲美國國家圖書基金會傑出貢獻獎，2006年獲國際筆會／納博科夫終身成就獎，2011年5月成為最新公佈的第四屆曼布克國際獎得主。羅斯是唯一一位健在而由美國書院為其出版權威版全集的作家，8卷本全集預計在2013年出齊。

中文譯本：

《人性的污點》（繁 木馬文化，2005；另譯《人性的污穢》，簡 譯林出版社，2003）

《遺產》（簡 上海譯文出版社，2006）

《垂死的肉身》（繁 木馬文化，2006；簡 上海譯文出版社，
　　2004）

《再見，哥倫布》（簡 書林出版，2012；簡 陝西人民出版
　　社，1987；簡 中國社會科學出版社，1987；簡 人民文學
　　出版社，2009）

《美國牧歌》（簡 譯林出版社，2004）

《鬼作家及其它》（簡 四川人民出版社，1987；《鬼作
　　家》，簡 上海譯文出版社，2011））

《我作為男人的一生》（簡 湖南文藝出版社，1992）

《我嫁了一個共產黨員》（繁 木馬文化，2005；簡 譯林出版
　　社，2011）

《凡人》（簡 人民文學出版社，2009）

《行話》（簡 譯林出版社，2009）

《遺產：一個真實的故事》（簡 上海譯文出版社，1991）

《乳房》（簡 上海譯文出版社，2010）

《慾望教授》（簡 上海譯文出版社，2011）

《退場的鬼魂》（簡 上海譯文出版社，2011）

Rushdie, Salman

【英國】
薩爾曼·魯西迪
小說家

　　艾哈邁德·薩爾曼·魯西迪（Ahmed Salman Rushdie），英籍印度裔小說家，當今世界上最著名的作家之一。魯西迪共著有10部長篇小說，但他的出名不光是因為他的作品，更因為他被伊朗宗教領袖霍梅尼下令追殺，一直到1998年，他才得以浮上地面。

　　魯西迪1947年6月19日出生於印度孟買一個中產階級家庭。他的祖父是一位烏爾都語詩人，父親是劍橋大學商學院的畢業生。14歲時，魯西迪被送到英國的格拉比學校讀書。1964年魯西迪父親搬到巴基斯坦的卡拉奇居住，那時候正值印巴戰爭。魯西迪繼續在劍橋大學三一學院攻讀歷史。1968年畢業之後，他先到巴基斯坦電視臺工作了一段時間，後來回英國為幾家廣告公司搞創意。

　　1975年魯西迪出版了第一部小說《格林姆斯》（*Grimus*），這是一部魔幻科幻小說，小說的標題是Simurg的倒寫，Simurg是一隻巨大的神鳥，12世紀一位泛神論神秘主義詩人用一首詩吟詠此鳥，魯西迪的小說以此為典。

　　1981年，魯西迪的第二部小說《午夜之子》（*Midnight's Children*）出版，使他一舉成名，力挫多部小說榮獲當年的布克獎。此書標題來自於尼赫魯在印度宣布獨立於英國殖民統治的「午夜宣言」，主角薩里姆是印度1947年8月14日宣佈獨立的午夜之後出生的1000個孩子中的一個。這1000個孩子們都有一定的魔力，薩里姆有一個巨大的鼻子，他能看穿人類的內心和靈魂。此書是薩里姆躺在病床上講述的他一生的故事，折射著整個印度獨立之後的歷史，因此觸怒了印度前總理英迪拉・甘地。這部小說後來於1993年得到「特別布克獎」（*Booker of the Bookers*），被推舉為布克獎25年歷史上的最佳小說。

　　1983年他出版了《恥辱》（*Shame*），用一個巴基斯坦中產階級家庭的歷史來比喻整個世紀的歷史，此書被當年布克獎提名。此書又因中傷巴基斯坦前總統齊亞・哈克以及著名的布托家族，不僅在巴基斯坦遭禁，並被指控誹謗罪。

　　他的第四部小說，1988年出版的《撒旦詩篇》（*The Satanic Verses*）給他惹來殺身之禍。這部小說獲得1988年英國的惠特布萊德年度最佳小說獎。小說開篇就很驚人：兩位印度演員在英吉利海峽上空從被劫持的印度航空公司大型客機的爆炸聲中摔到地面。這個開頭實有所指，1985年一架印度航空公司的波音747飛機因恐怖分子活動而爆炸。主角的名字加布里在烏爾都語中指在伊斯蘭教中把《可蘭經》從上帝那裏帶給穆罕默德的主天使。

　　《撒旦詩篇》甫一出版便引起巨大爭議，它把先知穆罕

默德予以揶揄的做法激怒了伊斯蘭世界，在12個穆斯林國家都被禁售。1989年2月4日，伊朗最高領袖霍梅尼號召全球穆斯林追殺魯西迪，使他被迫開始了9年的躲藏生涯。1990年魯西迪發表文章公開道歉，說他自己仍然信仰伊斯蘭教，但無濟於事。經過許多外交手腕的較量和討價還價，1998年9月，伊朗政府才宣佈解除對他的死刑令，魯西迪從此得以結束自己的隱藏生涯。

在隱藏期間，魯西迪並沒有停止寫作。1990年他出版《哈倫與故事海》（*Haroun and the Sea of Stories*），這是他隱藏的寂寞日子裏寫給他兒子看的故事，後來他說就成了寫給他自己看的。

重新出山後，1996年他出版了《摩爾人的最後歎息》（*The Moor's Last Sigh*），寫的是當代印度。這是他繼《撒旦詩篇》七年之後創作的第一部長篇小說，是一個家族的歷史，是一幅遺失了的母親的肖像的故事。失落，尋找，關於家園，關於愛，失而復得，得而復失，環環相扣，往返回復，構成一幅絢麗畫面。

近年來，魯西迪出版了《憤怒》（*Fury*, 2001）、《小丑沙利瑪》（*Shalimar the Clown*, 2005）、《佛羅倫斯的妖女》（*The Enchantress of Florence*, 2008）、《盧卡與生命之火》（*Luka and the Fire of Life*, 2010）等。2007年，魯西迪被英國女王封為爵士。

中文譯本：

《哈龍和故事海》（簡北京少年兒童出版社，1992）

《午夜之子》（繁商務印書館，2004）

《魔鬼詩篇》（繁雅言文化，2002）

《摩爾人的最後歎息》（繁商務印書館，2003）

《羞恥》（繁商務印書館，2002；簡江蘇人民出版社，
　　2009）

《憤怒》（繁皇冠文化，2005）

Satchidanandan, K.

【印度】
K.薩確德念頓
詩人

　　K.薩確德念頓（K.Satchidanandan），印度詩人、評論家，用馬拉雅拉姆語和英語寫作。他還是一位英語教授、文學編輯、翻譯家和劇作家。

　　K.薩確德念頓於1946年5月28日出生在喀拉拉邦特里蘇爾地區的一個小山村，在鄉村小學接受早期教育後，到天主教學校學習生物學，後在馬哈拉加斯學院取得了英語碩士學位，在卡利卡特大學取得解構主義詩學的博士學位。1970年，他進入基督教學院成為教授。1992年他辭職後，擔任德里的印度國立研究院的一份英文期刊《印度文學》的編輯。1996年他被任命為研究院的秘書長（也即執行院長），直到2006年退休。

　　K.薩確德念頓是馬拉雅拉姆語現代詩寫作的先鋒人物之一，他以在詩中對社會政治語境微妙敏感和細緻入微的描繪而著稱。評論家們認為他在生存矛盾中體現出的敘事性、反諷和哲思是他詩歌的重要因素。詩人賈雅塔‧馬哈派特拉評價他第一本譯成英語的詩集時說：「《在夏雨中》（*Venal Mazha*）

讓我們發現四處大聲吶喊蘊含著一種深層次的意義，這些詩歌擁有一種巨大的力量，是給予我們這個時代所有人的一份動人禮物。」

薩確德念頓早期的詩歌帶有很強的實驗性，他於1971年出版的第一本詩集《五個太陽》（*Anchu Sooryan*）是馬拉雅拉姆文學界的一個重磅事件，同年他創辦先鋒派期刊《火焰》，專門推介實驗性寫作。他還將世界各地的詩歌譯介到喀拉拉邦和其他詩歌期刊上，撰寫關於現代文學、藝術和文化的評論文章。1978年，他創辦了一家小出版公司，專門出版詩集、短篇小說和政論文集。

迄今，薩確德念頓共出版了27部詩集。在榮獲諸如義大利政府頒發的一等騎士勳章、波蘭政府頒發的 友愛獎章等榮譽之外，薩確德念頓還獲得過歐曼文化中心獎、馬哈卡韋·烏爾洛爾詩歌獎、喀拉拉邦威爾瑪詩歌獎、卡達曼蒂塔·拉曼寇里山南紀念獎等16個文學獎項。

中文譯本：

無

Sereny, Gitta

【英國】
姬達・瑟維尼
傳記作家、歷史學家

　　姬達・瑟維尼（Gitta Sereny），出生於奧地利的英籍傳記作家、歷史學家和記者，其寫作主題主要是大屠殺和虐童問題。她是奧地利經濟學家路德維希・馮・米塞斯的繼女。

　　1921年3月13日，瑟維尼出生於奧地利維也納。她的父親斐迪南・瑟維尼是一個匈牙利新教徒，她的母親馬格特・赫茲菲爾德以前在漢堡當過演員，具有猶太血統。

　　13歲時，她乘坐火車前往英國的一家寄宿學校，途中被滯留在紐倫堡，在那兒，她參加了一年一度的紐倫堡集會。後來她將這次集會的所見所聞寫進了課堂作業裏，老師給了她一本《我的奮鬥》，她才明白當時她所看到的意味著什麼。1938年納粹佔領了奧地利後，她逃到法國，在德國佔領期間一直為難民及兒童工作，直到有人警告她即將被逮捕，她馬上逃離去了美國。

　　二戰後，她在盟軍佔領區為聯合國善後救濟總署服務於難民們。她的任務主要是幫助那些被納粹綁架並當做「雅利安人」撫養的孩子重新與家人團聚。這種經歷艱難而傷痛，因為

很多孩子已經不記得原來的家了，她陪著他們坐火車返回波蘭，親眼見證了家人們在孩子歸來時的喜出望外。

1945年，她以觀察員身分參加了紐倫堡審判，後來寫了一本書《阿爾伯特·施佩爾：他與真相之戰》（*Albert Speer: His Battle with Truth*）。憑藉這本書，她獲得了1995年的詹姆斯·泰德·布萊克紀念獎。

《瑪麗·貝爾案件》（*The Case of Mary Bell*）在瑪麗·貝爾的審判之後於1972年首次出版。在這本書裏，瑟維尼採訪了在瑪麗受審期間關注和照顧她的家人、朋友以及專家們。1998年，她關於瑪麗的第二本書《聽不見的哭喊》（*Cries Unheard*）出版，並在英國媒體中引起了巨大爭議。

因為被瑟維尼稱為「大屠殺的否認者大衛·歐文」，英國歷史學家大衛·歐文以誹謗罪名起訴了她。此前英國衛報傳媒集團旗下的《觀察家》雜誌發表了瑟維尼的兩篇評論，文中指責歐文故意歪曲史實，試圖為納粹恢復名譽。歐文新書《希特勒的戰爭》出版後，他的訴訟請求被駁回。

2002年，瑟維尼又出版了《德國創傷：經驗與反思，1938-2001》（*The German Trauma: Experiences and Reflections*）。2004年，由於瑟維尼在新聞界的傑出貢獻，她被授予大英帝國二等爵士勳位。

中文譯本：

無

Strauss, Botho

【德國】
博托・施特勞斯
劇作家、小說家

　　博托・施特勞斯（Botho Strauss），1944年12月2日生於德國瑙姆堡，德國劇作家、小說家。

　　博托・施特勞斯的父親是個化學家，在完成中學學業後，他曾在科隆和慕尼黑學習日耳曼語言文學、社會學和戲劇史，但沒能完成《托馬斯・曼及其戲劇》的博士論文。大學期間，他還在慕尼黑劇院擔任群眾演員，1967年到1970年，他在《今日戲劇》雜誌擔任編輯並撰寫評論。1970年至1975年他在西柏林的彼得・斯坦話劇院擔任助理編劇。他第一次編劇是將高爾基的作品搬上舞臺，在這之後他決定成為職業劇作家。他第一部作品出版是在五年後，《重逢三部曲》（*Trilogie des Wiedersehens*）的問世標誌著他作為劇作家突破性的一步。1984年的《年輕人》（*Der Junge Mann*）是他最重要的作品之一。

　　博托・施特勞斯的作品從語言運用到結構和表現方式都帶著後現代性，內容上具有社會和時代批判性，因而受到廣泛關注。他的代表性劇作還有《瑪蓮娜的妹妹》（*Marlenes*

Schwester, 1975）、《安吉拉的衣服》（*Angelas Kleider*, 1991）、《兩部戲劇：道德插曲/遺忘之吻》（*Die Ähnlichen: moral Interludes; Der Kuss des Vergessens: zwei Theaterstücke*, 1998）、《今晚，小丑和他的妻子在潘孔梅蒂亞》（*Der Narr und seine Frau heute abend in Pancomedia*, 2001）、《此者與他者》（*Die eine und die andere*, 2005）、《與愛麗絲共度的那一夜》（*Die Nacht mit Alice*, 2003）等。

在他的理論著作中，施特勞斯深受古典作品、尼采、海德格爾和阿爾多諾的影響，但他的觀點從根本上是反資產階級的。

博托·施特勞斯的作品受到各大國際文學獎項的肯定，他獲得過1987年的讓·保羅獎、1989年的畢希納獎、1993年的柏林戲劇獎、2001年的萊辛獎、2007年的席勒獎等，他的劇作在大多數德語劇場都演出過。

中文譯本：

無

Swift, Graham

【英國】
葛蘭‧史威夫特
小說家

　　葛蘭‧史威夫特（Graham Swift），1949年5月4日生於倫敦。英國當代著名小說家。

　　父親是一位政府公務員，第二次世界大戰中曾任海軍領航員。史威夫特在劍橋大學女王學院攻讀英國語言文學，獲學士和碩士學位（1967～1970），後在約克大學攻讀博士學位（1970～1973），但他並沒有完成有關狄更斯的博士論文。走上社會後，他做過醫院職員、當過保安。當大部分時間，他在倫敦繼續教育學院執教，講授文學課程。

　　史威夫特是以短篇小說寫作開始他的文學生涯的。1980年，他出版了第一部小說《糖果店主》（*The Sweet-Shop Owner*），接著出版了《羽毛球》（*Shuttlecock*, 1981），並獲得傑佛瑞‧費伯紀念獎。《水之鄉》（Waterland，另譯作《窪地》，1983）的問世，使他入圍布克獎提名，並摘得《衛報》小說獎、溫妮弗萊德‧霍爾特比紀念獎和義大利的普雷米奧‧格林澤恩‧卡佛爾獎等獎項。此後，他又陸續出版了《世外桃源》（*Out of This World*, 1988）、《從此以後》

（*Ever After,* 992）、《天堂酒吧》（*Last Orders*，另譯作《杯酒留痕》，1996）多部長篇小說。他的第六部長篇小說《天堂酒吧》力挫群雄，一舉奪得了1996年的布克獎，從而奠定了他在英國當代文壇的重要地位，並於2001年改編成電影。接著，他新作不斷，推出了《日之光》（*The Light of Day*, 2003）和《明天》（*Tomorrow*, 2007），同時繼短篇小說集《學游泳》（*Learning to Swim*, 1982）後，於2008年出版第二部短篇小說集《化學》（*Chemistry*），顯示了旺盛的創作力。

2009年，史威夫特出版了一部非虛構文集《製作大象：文為心聲》（*Making an Elephant: Writing from Within*），把20多年來的散文、訪談和詩歌串聯起來，構建出一部編年史，詳述了他如何逐步成長為作家的歷程。現在，史威夫特的作品已被譯成30多種文字，在世界範圍內擁有眾多讀者。他的《天堂酒吧》被牛津大學教授約翰·凱里評為「20世紀最令人愉悅的50本書」之一。

史威夫特非常相信靈感，他每天早晨都在六點鐘開始伏案動筆。在他看來，那是最美妙的時光。他的所有原稿都是用鋼筆和墨水一筆一劃寫出來的。他覺得電腦只在後期修改潤色階段才有用。

葛蘭·史威夫特是英國皇家文學院院士。

中文譯本：

《學游泳》（簡 百花文藝出版社，2006）

《水之鄉》（簡 譯林出版社，2010）

《天堂酒吧》（繁 寶瓶文化，2010；另譯《杯酒留痕》，簡
譯林出版社，2009）

Tabucchi, Antonio

【義大利】
安東尼奧・塔布奇
小說家、學者

　　安東尼奧・塔布奇（Antonio Tabucchi），1943年9月23日生於義大利比薩，義大利作家、學者。現在希耶納大學擔任葡萄牙文學教授。

　　塔布奇是葡萄牙文學的專家、評論家、翻譯家，翻譯了葡萄牙詩人費爾南多・佩索亞作品全集，上個世紀60年代在巴黎索邦大學求學時，塔布奇第一次接觸到佩索亞的作品並深深沉迷其中，回到義大利後，為了更好地理解這位詩人，他專門學習了葡萄牙語。

　　大學時代的塔布奇遊歷了整個歐洲。一次旅行中，他在里昂火車站附近的書報亭裏找到了署名阿爾瓦羅・德・岡波斯的詩集《煙草鋪》，阿爾瓦羅・德・岡波斯是葡萄牙詩人費爾南多・佩索亞針對不同風格文字使用的筆名之一。這本詩集的法文版是由皮埃爾・郝凱德翻譯的，這本書讓塔布奇未來20年的興趣為之改變。

　　接下來里斯本之行，讓塔布奇對這個城市、對葡萄牙民謠的熱愛融為一體。1969年，他的畢業論文也與此有關：

《超現實主義在葡萄牙》。上個世紀70年代，塔布奇主要在比薩高等師範學院從事研究，1973年他從教於博洛尼亞大學，教授葡萄牙語和葡萄牙文學。

1975年，他出版了第一部小說《義大利廣場》（*Piazza d'Italia*），以托斯卡尼無政府主義者為例，試圖從失敗者的視角去描述歷史。1978年，他受聘於熱那亞大學，出版了《小漁舟》（*Il piccolo naviglio*）一書，隨後於1981年出版了《翻轉遊戲故事集》（*Il gioco del rovescio e altri racconti*），1983年出版了《波爾圖皮姆的女人》（*Donna di porto Pim*）。

他的重要小說《印度小夜曲》（*Nocturne indien*），出版於1984年，並被改編成同名電影。小說描寫了主人翁前往印度尋找好友，然而自己的身分卻在旅途中變得撲朔迷離。1987年，《印度小夜曲》被授予法國梅第奇獎最佳外語小說、義大利康皮埃洛獎。

1985年後，他陸續出版了《小誤會不重要》（*Piccoli equivoci senza importanza*）、《地平線》（*Il filo dell'orizzonte*）、《法蘭克福機場的鳥》（*I volatili del Beato Angelico*）、《雞同鴨講》（*I dialoghi mancati*），1989年葡萄牙總統授予他亨利親王騎士勳章，同年法國政府授予他藝術與文學騎士勳章。

1992年，他用葡萄牙語寫了小說《安魂曲》（*Requiem*），這部小說後來被翻譯成義大利語並被評為義大利語P.E.N.俱樂部獎優勝作品；1994年出版的小說《佩雷拉先生如是說》（*Sostiene Pereira*）使他的聲譽達到了頂點，這部小說的主人翁成為勇於捍衛言論自由，抨擊反民主制度的政治敵人的一個

象徵，因而接連榮獲康皮埃洛獎、歐洲文學大獎亞里斯提獎。

　　1997年，塔布奇根據一個花園裏發現的無頭男屍的真實事件創作了小說《普契尼的蝴蝶》（*La testa perduta di Damasceno Monteiro*），這個男人因為共和黨國民警衛隊的警員身分而遭到謀殺。這則新聞激發了作家的創作靈感與想像力，故事背景被置換到了葡萄牙的波爾圖，作者也借機抒發了他對這座城市的摯愛。

　　塔布奇還攜手其妻子將佩索亞作品全集譯成義大利文，還撰寫了有關這位作家的隨筆集《管窺佩索亞》和一部喜劇。

　　2007年，他被比利時列日大學授予榮譽博士學位。

中文譯本：

《普契尼的蝴蝶》（簡 湖南文藝出版社，2004）

Thiong'o, Ngugi wa

【肯亞】
恩古吉‧瓦‧提昂戈
小說家、劇作家

　　恩古吉‧瓦‧提昂戈（Ngugi wa Thiong'o），原名詹姆斯‧恩古吉（James Ngugi），肯亞小說家和劇作家。

恩古吉1938年1月5日出生肯亞的利穆魯，曾是虔誠的基督徒，在烏干達的馬凱雷雷大學獲英語學士學位，後獲英國里茲大學碩士學位。1964年回國後在內羅畢大學任教，後為文學系主任。1962年，恩古吉發表劇本《黑隱士》（*The Black Hermit*），勸說知識分子放棄與世隔絕的隱士生活，投身社會改革，從此登上文壇。他的家庭曾在一場部族衝突中家破人亡，他以此為背景寫出了《孩子，你別哭》（*Weep Not, Child*, 1964）和《大河兩岸》（*The River Between*, 1965）。《一粒麥種》（*A Grain of Wheat*, 1967）的出版標誌了他的轉向，他放棄了基督教，並改掉英語名字，改名為恩古吉·瓦·提昂戈。

1977年，恩古吉的劇本《我想結婚就結婚》（*I Will Marry When I Want*）對肯亞政權進行了尖銳批評，上演後遭禁，恩古吉也因此被迫害並遭囚禁一年。他在獄中日記（1981）中反思，認為要用非洲母語寫真正的非洲文學，而不是「在非洲的歐洲文學」。因而改為用本地的語言吉庫尤語寫作。《十字架上的惡魔》（*Devil on the Cross*）是他在監獄中用手指寫成的，也是恩古吉第一次用吉庫尤語發表的小說。1982年，他流亡至倫敦，後在美國的紐約大學和耶魯大學任教。22年後的2004年8月，恩古吉才回到家鄉肯亞，當月他居住的公寓就遭到搶劫，本人被毒打，妻子遭強姦。為此，他只有再次離開肯亞，又返回美國。

返美後，恩古吉開始創作小說《烏鴉奇才》（*Wizard of the Crow*），作品採用魔幻現實主義和誇張的手法，讓後現

代的耶穌在一次意外中把自己變成了烏鴉巫師。他虛構了一個
鐵腕統治者下的國家,實際上是在影射肯亞莫伊政權。小說於
2006年在美國出版後,又由作者翻譯成吉庫尤語。

恩古吉的其他作品還有《回歸頌》(*Homecoming*,
1972)、《血花瓣》(*Petals of Blood*, 1977)、《母親,
為我歌唱》(*Mother, Sing For Me*, 1986)、《筆尖、槍尖
與夢想》(*Penpoints, Gunpoints and Dreams*, 1999)、
《戰時之夢》(*Dreams in a Time of War*, 2010)等。

中文譯本:

《孩子,你別哭》(簡外國文學出版社,1984)
《大河兩岸》(簡外國文學出版社,1986)
《一粒麥種》(簡外國文學出版社,1984)

Toibin, Colm

【愛爾蘭】
科爾姆·托賓
小說家

科爾姆·托賓(Colm Tóibín),愛爾蘭小說家、劇作家
和評論家。1955年5月30日生於愛爾蘭的韋克斯福德郡,作品

曾三次入圍布克獎提名。2011年，英國《觀察家報》將其選入「英國最重要的300位知識分子」。

托賓是家中5個孩子裏的第二個，他的祖父是愛爾蘭共和軍成員，父親是一名教師，都致力於愛爾蘭的獨立。他在都柏林大學主修歷史和英文。1975年大學畢業後，他奔赴巴賽隆納，以教授英語為生，其第一部小說《南方》就取材於他在巴賽隆納的經歷和靈感。1978年，他返回愛爾蘭，開始攻讀碩士學位，後因忙於新聞事業而沒有完成論文。

20世紀80年代，是愛爾蘭新聞業的繁盛時期。1982年，托賓擔任愛爾蘭新聞月刊《麥吉爾》（*Magill*）的編輯，直到1985年與主事者意見不合而離開。

托賓是公開的同性戀者，而在1990年之前，同性戀在愛爾蘭是非法的。早在10多歲前，他就意識到自己的性取向並告訴了親朋。托賓的作品主要描寫愛爾蘭社會、移居他鄉者的生活、個人身分與性取向的探索等。他的《燦爛的石楠花》和《黑水燈塔船》取材於愛爾蘭歷史和他父親的死亡；《夜的故事》和《大師》則圍繞同性戀身分與愛爾蘭之外的地方。

托賓的主要作品有：長篇小說《南方》（*The South*, 1990）、《燦爛的石楠花》（*The Heather Blazing*, 1992）、《夜的故事》（*The Story of the Night*, 1996）、《黑水燈塔船》（*The Blackwater Lightship*, 1999）、《大師》（*The Master*, 2004）、《布魯克林》（*Brooklyn*, 2009）；短篇小說集《母與子》（*Mothers and Sons*, 2006）、《空巢》（*Empty Family*, 2010）。他還寫過遊記《低賤血統：愛爾

蘭邊境徒步行》（*Bad Blood: A Walk Along the Irish Border*, 1994）、《十字架：天主教歐洲之旅》（*The Sign of the Cross: Travels in Catholic Europe*, 1994），散文集《黑暗時代的愛：從王爾德到阿莫多瓦的同性戀生活》（*Love in a Dark Time: Gay Lives From Wilde to Almodovar*, 2002）、《葛列格里夫人的牙刷》（*Lady Gregory's Toothbrush*, 2002），主編過《企鵝版愛爾蘭小說選》（*The Penguin Book of Irish Fiction*, 1999）。

他的長篇小說《黑水燈塔船》、《大師》先後入圍布克獎決選名單，長篇小說《布魯克林》入圍2009年度布克獎提名，並獲得當年科斯塔年度小說獎。《大師》是他迄今最著名的作品，獲得2006年IMPAC都柏林國際文學獎、法國最佳外國小說獎、《洛杉磯時報》年度小說獎等獎項。

托賓是愛爾蘭文學藝術院院士、英國皇家文學院院士，曾任斯坦福大學、德克薩斯大學奧斯汀分校、普林斯頓大學客座教授。2008年，北愛爾蘭阿爾斯特大學授予他名譽文學博士學位（DLitt），表彰他對愛爾蘭當代文學所作的貢獻。從2011年9月開始，他接替馬丁・艾米斯，擔任英國曼徹斯特大學創意寫作教授。

中文譯本：

《大師》（簡人民文學出版社，2008）
《布魯克林》（簡人民文學出版社，2010）
《母與子》（簡人民文學出版社，2011）

Tournier, Michel

【法國】
米歇爾・圖尼埃
小說家

　　米歇爾・圖尼埃（Michel Tournier），法國新寓言派文學的代表作家。

　　圖尼埃1924年12月19日出生於巴黎，父母都是通曉德語的知識分子，因此他從小身受德語教育及德國文學藝術的薰陶。考入索邦大學後，他也在研究哲學的同時學習德語，並在畢業後留學德國繼續攻讀哲學。回國後，圖尼埃在哲學教師資格會考中失利，自認為無法實現成為大學哲學教授的願望，於是轉而進入法國電臺，擔任記者和翻譯。

　　圖尼埃可謂大器晚成，1967年他43歲時，才發表第一部小說作品《禮拜五或太平洋上的靈薄獄》（*Vendredi ou les Limbes du Pacifique*），改寫笛福廣為流傳的《魯賓遜漂流記》，為其注入了深厚的哲學內涵，結果一舉奪得法蘭西學院小說大獎。1970年他46歲，他又以《榿木王》（*Le Roi des aulnes*）一書榮獲龔固爾文學獎，他那堪與莫泊桑媲美的純淨語言風格、發人深思的哲理寓意，奠定了他在法國文壇的經典型地位。此後更是入選龔固爾學院院士，進入不朽者行列。

　　圖尼埃自詡為「哲學的走私者」，一心想在小說和故事中傳佈柏拉圖、亞里斯多德、史賓諾沙和康德的哲學思想，特別擅長以傳說故事作基礎，重新詮釋，賦予不同的哲理內涵，在法國文壇的新小說潮流中，開闢了新局面。其他重要作品還有小說《流星》（*Les Météores*, 1975）、《聖靈風》（*Le Vent Paraclet*, 1977）、《星期五或原始生活》（*Vendredi ou la Vie sauvage*）、《大松雞》（*Le Coq de bruyère*, 1978）、《七故事集》（*Sept Contes*, 1978）、《飛行的吸血鬼》（*Le Vol du vampire*, 1981）、《吉爾和貞德》（*Gilles et Jeanne*, 1983）、《金滴》（*La Goutte d'or*, 1985）等，並著有多部文學評論及遊記等等。

　　圖尼埃的作品充滿哲思和寓言，充分運用抒情語言和意象對比，以幽默、詼諧乃至精神分析和象徵手法來表達深刻的哲理，表現對現代人精神處境的反思與憂慮，以及對人性本真和人文價值的堅持與追求。

　　圖尼埃於1993年獲歌德獎章，並於1997年被授予倫敦大學榮譽博士學位，現居住在巴黎西南邊的一個小村鎮繼續創作。

中文譯本：

《檞木王》（簡 安徽文藝出版社，1994；簡 上海譯文出版社，2000）

《禮拜五——太平洋上的靈薄獄》（繁 皇冠文化，2002；簡 上海譯文出版社，1997；簡 安徽文藝出版社，1999）

《皮埃爾或夜的秘密》（簡安徽文藝出版社，1999）

《左手的記憶》（繁皇冠文化，2003）

《愛情半夜餐》（簡人民文學出版社，2012）

Trevor, William

【愛爾蘭】
威廉・崔弗
小說家、劇作家

　　威廉・崔弗（William Trevor），本名威廉・崔弗・考克斯（William Trevor Cox），愛爾蘭小說家、劇作家，他以短篇小說聞名於世。他3次獲得惠特布萊德獎，5次獲得布克獎提名，最近一次的提名作品是小說《愛和夏天》（2009）。

　　威廉・崔弗1928年5月24日生於愛爾蘭科克郡的米切爾斯敦一個中產階級新教家庭，自1950年代起定居英格蘭。在他漫長的職業生涯中，他寫了近20部長篇小說和幾百篇短篇小說，《觀察家》雜誌稱其為「當代小說創作領域中對人類生存狀態公認最敏銳的觀察者」。

　　崔弗因為父親在銀行任職，所以他在童年時跟隨父親不斷搬遷到其他地方，包括斯基伯林、蒂珀雷里、約爾、恩尼斯科西。他在都柏林的聖科倫巴學院和三一學院接受教育，並獲

得了歷史學位。從三一學院畢業後，他以崔弗‧考克斯的名義
當雕刻家，以補貼教書的收入。1952年他與簡‧瑞恩結婚，
兩年後移居英格蘭，為廣告商當廣告文案撰稿人。

　　他的第一本小說《一個行為的標準》出版於1958年，但
幾乎沒有得到評論界的褒獎。1964年在他36歲時，終於憑藉
《老校友》（*The Old Boys*）獲得了霍桑頓文學獎，這次成
功激勵崔弗成為一個全職作家。崔弗和家人搬去了德文郡，一
直居住至今。儘管他一生大部分時間都在英國渡過，他仍堅稱
自己「每一根血管都是愛爾蘭人」。

　　他出版的一些短篇小說集廣受歡迎，有些接近契科夫的
風格。崔弗小說中的主人翁常常是社會邊緣人物：孩子、老
人、中年單身男女，或者不幸的已婚者。這些人不能接受他們
生活的現實，因此躲避到他們自己臆想出來的世界中。

　　崔弗坦言他的短篇小說創作受到了詹姆斯‧喬伊斯的影
響，作品中充斥著「灰燼、枯草、舊雜物的氣味」，但總體印
象卻並不黯淡陰鬱，尤其是早期的作品，作家的詼諧幽默給讀
者呈現了一個悲喜交集的世界。

　　崔弗的小說背景都在英格蘭和愛爾蘭，其作品的共同主
題是新教地主和天主教房客之間的緊張關係。他早期的作品中
充滿了有怪癖的傢伙，他們總是以賣弄學問的方式說話，行為
舉止滑稽可笑，而這一切都以一種超然的敘事態度重現出來。
特別值得一提的是他筆下的人物類型之多令人震驚。在崔弗的
短篇中，並不是只有一個主人翁，而是精確自然地描寫了好幾
個主人翁，他們在小說中的重要程度也相差無幾，居住地充當

了個人故事發生發展的一個聚集點。後期作品在主題和寫作手法上都更為複雜，對世界的探索更加優雅溫和。

崔弗曾5次被提名布克獎，其中《奧尼爾飯店的埃克道夫太太》（*Mrs. Eckdorf in O'Neill's Hotel*, 1970）、《丹莫斯的孩子們》（*The Children of Dynmouth*, 1976）、《閱讀屠格涅夫》（*Reading Turgenev*, 1991）和《露西·高特的故事》（*The Story of Lucy Gault*, 2002）都進入最後決選名單，《愛與夏天》（*Love and Summer*, 2009）入圍初選名單。他還3次獲得惠特布萊德獎和一次霍桑頓文學獎。他寫有近20本短篇小說集，並四次贏得歐·亨利獎，1999年獲大衛·科恩獎，2001年獲愛爾蘭文學獎，2008年獲愛爾蘭文學的鮑勃·休斯終身成就獎。

崔弗是愛爾蘭文學研究院和愛爾蘭文學藝術院院士。1977年他因為對文學的貢獻而被授予英國二等勳位爵士榮譽，2002年他又獲封榮譽騎士。

中文譯本：

《意外的旅程》（繁 時報文化，2000）

《大嘴巴堤摩西》（繁 新苗文化，2004）

《露西·高特的故事》（繁 新苗文化，2004；簡 人民文學出版社，2012）

《雨後》（簡 人民文學出版社，2012）

《紙牌老千》（簡 浙江人民出版社，2012）

Vidal, Gore

【美國】
戈爾・維達爾
小說家、劇作家、政論家

　　尤金・盧瑟・戈爾・維達爾（*Eugene Luther Gore Vidal*），1925年10月3日出生於紐約，美國小說家、劇作家，還是美國政治的犀利評論者。他於1948年出版的小說《城市與鹽柱》（*The City and the Pillar*），作為美國第一部明確反映同性戀的小說引起社會廣泛爭議。

　　維達爾出身於顯赫的政治家庭，他的外祖父托馬斯・戈爾是來自奧克拉荷馬州的民主黨參議員，母親是百老匯演員，父親是西點軍校的飛行教官，而且是美國三大航空公司是創始人之一。他本人既是前副總統戈爾的表哥，又是前總統甘迺迪夫人賈桂琳的義兄。1943年，維達爾畢業於菲利普・艾克賽特學院後加入美國陸軍，二戰時在阿留申群島服役，為陸軍提供彈藥補給。維達爾一直有投身政治的情結，但他1960年競選國會議員失敗；1982年競選民主黨人加利福尼亞州參議員提名再次失敗。

　　維達爾成年後一直外祖父的姓氏戈爾作為筆名，孜孜不倦地創作歷史小說，力圖把自己的創作激情置於重要歷史事件

之中。19歲時,他發表了處女作小說《維利沃》(*Williwaw*, 1946),取材他在海島服役的經驗,以一場海上風暴為背景,講述了兩個海員為爭奪一名妓女鬧得不可開交。他最驚世駭俗的作品是《城市與鹽柱》(*The City and the Pillar*, 1948),描述了兩個青年男子相戀的故事,驚動了讀書界,使他一舉成名,也樹立起他嚴肅作家的形象。

1950年代以後,維達爾為米高梅公司撰寫了多部劇本並親自執導,在商業上非常成功,成為美國最富有的作家之一。同時,他還為百老匯撰寫劇本,與劇作家田納西·威廉斯過從甚密。

維達爾關於美國的小說都帶有反諷意味,他的政治三部曲《華盛頓特區》(*Washington, D.C.*, 1967)、《波爾》(*Burr*, 1973)和《1876》(*1876*, 1976),打碎了過去的偶像崇拜,重述了過去兩百年來美國的歷史,同時把憲法制訂者和其他一些人的陰暗面公諸於世。作者一方面對本性難移的爭權奪利一笑了之,另一方面對清教徒式的虛偽和容易輕信的選民表示憤慨。在長篇小說《卡爾基》(*Kalki*, 1978)裏,他讓一個新的救世主傳播瘟疫,把世界帶到了崩潰的邊緣,惟有屈指可數的倖存者雀躍在空蕩蕩的白宮。

維達爾的代表作品還有《帕里斯的評判》(*The Judgment of Paris*, 1952)、《創造》(*Creation*, 1981)、《德盧斯》(*Duluth*)(1983)、《林肯》(*Lincoln*, 1984)、《帝國》(*Empire*, 1987)、《好萊塢》(*Hollywood*, 1990)、《骷髏地生存》(*Live from Golgotha*, 1992)、《史密森學會》

（*The Smithsonian Institution*, 1998）。他的最新歷史小說《黃金年代》（*The Golden Age*, 2000），為他宏大的歷史夢想，也為他的26部小說畫上了一個完美的句號。他還出版了20多部評論集：《無事生非》（*Rocking the Boat*, 1963）、《沉船後反思》（*Reflections Upon a Sinking Ship*, 1969）、《性，死亡和金錢》（*Sex, Death and Money*, 1969）、《現實和小說中的事件》（*Matters of Fact and of Fiction*, 1977）、《第二次美國獨立戰爭》（*The Second American Revolution*, 1982）、《在家》（*At Home*, 1988）、《遮罩的歷史》（*Screening History*, 1992）、《最後的帝國》（*The Last Empire：essays 1992–2000*, 2001）等；還創作了《最佳男人》（*The Best Man*, 1960年）、《週末》（*Weekend*, 1968）等8部舞臺劇劇本和《賓虛》（*Ben Hur*, 1959）、《羅馬帝國豔情史》（Caligula, 1979，直譯「卡里古拉」）等14部電影劇本。1995年，維達爾出版了名為《羊皮書》（*Palimpsest*)的回憶錄。

自二戰之後的60多年時間裏，維達爾一直在犀利地批判美國政治，他的訪談在以知識分子為主要觀眾的有線電視網裏很受歡迎。9‧11事件發生後，維達爾表達他的意見，「幾十年來美國傳媒對穆斯林世界有一種揮之不去的刻薄的詛咒」，言下之意，他認為是美國咎由自取。他把小布希評為美國歷史上最愚蠢和最危險的總統，奧巴馬也無法把美國拖出泥潭。正如一位英國批評家所說：「維達爾像一隻溫文爾雅的食肉鳥，盤旋於落敗社會的上空，那種遺憾、寬慰和憤怒的完美結合是

他個人的獨特風格。」

　　從20世紀後半葉開始，維達爾在義大利和美國加州居住的時間各半，他認為美國人太沒有文化，但又無法割捨美國的讀者。2007年，維達爾榮獲新設立的「美國筆會／鮑德斯文學貢獻獎」；2009年，維達爾接替庫爾特・馮內古特（Kurt Vonnegut）出任美國人文協會主席。

中文譯本：

《政壇慾火》（簡 新華出版社，1981）
《亂世大總統林肯》（簡 寶文堂書店，1991）

Walser, Martin

【德國】
馬丁・瓦瑟
小說家、劇作家

　　馬丁・瓦瑟（Martin Walser），與君特・格拉斯齊名的德國小說家、劇作家。他的主要文學成就在小說和戲劇方面，作品曾獲黑塞獎、畢希納獎、席勒紀念獎等多種重要文學獎項。

　　馬丁・瓦瑟於1927年3月24日出生於德國南部與瑞士和奧地利交界的博登湖畔的瓦塞堡。11歲時父親去世，很小時就在母親的餐館裏幫工。馬丁・瓦瑟曾於1944年17歲時被徵入伍，二戰期間在德軍防空部隊服役。據2007年6月公開的檔案顯示，他可能曾於1944年1月30日加入過納粹黨。戰後，瓦瑟在雷根斯堡和圖賓根求學，被卡夫卡的作品所激勵開始發表作品。1951年以研究奧地利作家卡夫卡的論文獲博士學位。畢業後在斯圖加特的電臺、電視臺任導演。1957年起成為專業作家，在博登湖畔定居。

　　瓦瑟是一位主要以現實主義方法進行創作的作家，擅長描寫人物的內心世界，往往通過人物的自我內省反映社會生活的變遷。他主要的文學成就在小說和戲劇方面，此外，他還從事詩歌、評論、小品文、廣播劇、電視劇的創作。瓦瑟與德國

最大的文學出版社蘇康（Suhrkamp）有50年的合作關係，出版了將近60部作品，他以1978年出版的《驚馬奔逃》廣獲文壇承認。

瓦瑟稱自己是古代阿雷曼人的後裔，因此他的作品中常有方言出現。他的不少小說在情節上雖然並無上下承接關係，但是一個主人翁常常出現在幾本書裏，如《間歇》（*Halbzeit*, 1960）、《獨角獸》（*Das Einhorn*, 1966）和《墮落》（1973）中的昂塞姆・克里斯特萊因，《愛情的彼岸》（*Jenseits der Liebe*, 1976）和《致洛爾特・李斯特的信》（*Brief an Lord Liszt*, 1982）中的弗蘭茨・霍恩，《驚馬奔逃》（*Ein fliehendes Pferd*, 1978）和《激浪》（*Brandung*, 1985）中的赫爾穆特・哈爾姆，《天鵝之屋》（*Das Schwanenhaus*, 1980）和《狩獵》（*Jagd*, 1988）裏的房地產商格特利布・齊日姆。

瓦瑟的寫作風格獨特，擅長以心理分析、借喻、細節描寫和譏諷反映西德「經濟奇蹟」時期的社會真實。劇作基調嘲諷消極，運用布萊希特敘事劇的表現手法，描寫現實的靜態和難以改變。瓦瑟被認為是文學界的左翼，1965年以後積極贊助工人文學。

瓦瑟多次短期到美國和英國的大學講學，講授德國文學和創作課程。他是德國四七社成員、國際筆會德國中心理事、柏林藝術科學院院士、德意志語言文學科學院院士。

2002年，瓦瑟出版的《批評家之死》（*Tod eines Kritikers*）引起了很大的爭議；2007年，80歲的馬丁・瓦瑟出版了小說新作《戀愛中的男人》（*Ein liebender Mann*），

以大文豪歌德為主人翁，寫他在1823年，古稀73歲，戴著面具參加溫泉城馬里昂巴德的異裝舞會，對19歲少女烏爾麗克一見傾心。

　　瓦瑟曾獲多種文學獎，其中有四七社獎（1955）、黑塞獎（1957）、霍普特曼獎（1962）、席勒紀念獎（1965、1980）、畢希納獎（1981年）、荷爾德林獎（1996年）、德國書業和平獎（1998年）等。

中文譯本：

《愛情的彼岸》（簡陝西人民出版社，1987）
《驚馬奔逃》（簡浙江文藝出版社，2004）
《迸湧的流泉》（簡上海譯文出版社，2005）
《菲利普斯堡的婚事》（簡上海譯文出版社，2008）
《批評家之死》（簡人民文學出版社，2004）
《一個戀愛中的男人》（繁商周出版，2009；另譯《戀愛中的男人》，簡人民文學出版社，2009）

Yehoshua, A.B.

【以色列】
A・B・耶霍舒亞
小說家

　　亞伯拉罕・布利・耶霍舒亞（Abraham Bulli Yehoshua），
筆名A・B・耶霍舒亞，以色列小說家、散文家、劇作家。

　　A・B・耶霍舒亞1936年12月19日出生在耶路撒冷一個
第五代的西班牙裔猶太人家庭，現居海法。他的父親雅阿科
夫・耶霍舒亞，是一位從事耶路撒冷歷史研究的學者和作家，
母親瑪爾卡・羅薩里奧1932年從摩洛哥移民到耶路撒冷。耶
霍舒亞1954～1957年曾在以色列軍隊擔任傘兵，後在耶路撒
冷希伯來大學學習文學和哲學，1963～1967年他在巴黎生活
和任教，並擔任世界猶太學生聯盟秘書長。從1972年起，他
在海法大學教授希伯來文學和比較文學。1975年他成為牛津
大學聖十字學院的駐校作家。他還是哈佛大學（1977年）、
芝加哥大學（1988年、1997年、2000年）以及普林斯頓大學
（1992年）的客座教授。

　　在軍隊服役末期，耶霍舒亞就開始寫作小說。他的第一
部小說《老人之死》出版於1962年，使他成為以色列「新浪
潮作家」中的代表人物，這使他與早期以色列作家形成鮮明分

野，他更重視表現人性和人與人之間的關係而非集體。在列舉
影響自己的作家時，耶霍舒亞舉了法蘭茲・卡夫卡、薩繆爾・
約瑟夫・阿格農和威廉・福克納。哈羅德・布魯姆在《紐約時
報》的一篇文章中將耶霍舒亞與福克納相提並論，還將耶霍舒
亞列入了他的著作《西方正典：偉大作家和不朽作品》。

耶霍舒亞作品包括9部小說、3部短篇小說集、4部戲劇、
4本散文集。他最知名的小說《摩尼先生》，通過五次跨世紀
的對話展示了猶太人身分和以色列幾代的觀察。它被改編為五
集電視劇。《友軍》（*Friendly Fire:A Duet,* 2007）是他近
期最好的作品，探索了以色列家庭關係中的人性，劇情在以色
列和坦桑尼亞之間來回切換，耶霍舒亞深入挖掘了個人的苦難
與不幸。他的作品已經譯介到28個國家。

耶霍舒亞的主要作品還有《1970年初夏》（*Early in the
Summer of 1970,* 1972）、《三天和一個孩子》（*Three Days
and a Child,* 1975）、《情人》（*The Lover,* 1977）、《遲
來的離婚》（*A Late Divorce,* 1982）、《五個季節》（*Five
Seasons,* 1987）、《摩尼先生》（*Mr. Mani,* 1990）、《解放
的新娘》（*The Liberated Bride,* 2001）、《一個耶路撒冷女
子》（*A Woman in Jerusalem,* 2004）等。

他曾榮獲國家最高榮譽獎——以色列文學獎（1995），以
及美國猶太圖書獎（1995）、義大利薄伽丘文學獎（2006）。
他還被授予希伯來聯盟學院（1990年）、特拉維夫大學（1998
年）、都靈大學（1999年）和希伯來大學（2000年）的榮譽
博士學位。

中文譯本：

《三天和一個孩子》（簡 中國社會科學出版社，1994）

《情人》（以色列當代文學譯叢）（簡 上海譯文出版社，
　　2009）

Yevtushenko, Yevgeny

【俄羅斯】
葉甫根尼‧葉夫圖申科
詩人、小說家、散文家

　　葉甫根尼‧亞歷山德羅維奇‧葉夫圖申科（Yevgeny Aleksandrovich Yevtushenko，俄語：Евге́ний Алекса́ндрович Евтуше́нко），蘇聯和俄羅斯詩人，他同時也是小說家、散文作家、劇作家。

　　他本名葉甫根尼‧亞歷山德羅維奇‧岡納斯（後從母姓葉夫圖申科），1933年7月18日出生於西伯利亞伊爾庫茨克地區一個叫濟馬口的小鎮，家庭是一個由俄羅斯人、烏克蘭人和韃靼人組成的農民家庭。父親是一個地質學家，母親是一位歌手。1948年，他跟隨父親去哈薩克斯坦進行地質探險，1950年去了阿爾泰山和西伯利亞。住在西伯利亞的濟馬鎮時，小葉

夫圖申科就寫了自己的第一首打油詩和幽默歌曲《查士圖斯基》，7歲時他的父母離婚後，他由母親撫養。10歲時，他寫出了自己第一首詩。6年後，他的詩歌首次發表在一份體育雜誌上。19歲時，他出版了第一本詩集《展望未來》。

二戰後，葉夫圖申科移居莫斯科，從1951到1954年，他在莫斯科的高爾基文學研究所學習，後來輟學。1949年他的第一首詩發表，3年後出版第一本詩集，同時加入蘇聯作家協會。他發表的第一首重要作品是詩歌《濟馬口的交界》（*Станция Зима*, 1956）。1957年，他因「個人主義」被文學研究所開除。他被禁止旅行，卻在俄羅斯家喻戶曉。他早期的作品得到了伯里斯·帕斯捷爾奈克、卡爾·桑德堡和羅伯特·福斯特的高度讚譽。

在赫魯雪夫解凍時期，葉夫圖申科是政治活躍的作家之一。1961年，他寫了他本人最著名的一首詩《娘子谷》，在這首詩中他公開譴責蘇聯歪曲了1941年9月發生在基輔的納粹對猶太人大屠殺的史實，而且反猶主義仍然在蘇聯廣泛傳播。涉及到俄羅斯的大屠殺時，蘇聯的通常政策是將其描述成是針對蘇聯公民的暴行，而隱諱它其實是對猶太人的種族滅絕的事實。

有鑒於此，葉夫圖申科的作品《娘子谷》非常有爭議性，亦有政治不正確之嫌。「因為它認為（大屠殺）不僅是納粹的暴行，也是蘇聯政府對猶太人的迫害」。沿襲一個傳承了幾個世紀的俄羅斯傳統，葉夫圖申科成為一個公共詩人。這首詩被印在地下出版物上，廣為傳誦。

1965年，葉夫圖申科與安娜‧阿赫瑪托娃、科爾內‧楚科夫斯基、讓-保羅‧薩特等人聯名簽署的抗議書，反對對約瑟夫‧布羅茨基的不公正審判。1968年，他又簽署了一封聯名信，反對華約入侵捷克斯洛伐克。

儘管如此，葉夫圖申科仍然是遊歷最廣的蘇聯詩人，他擁有一種驚人的能力，在對蘇聯政府溫和的批判上取得絕佳平衡，也為他贏得了在西方世界的知名度，同時，值得注意的是，他體現出的堅定的馬列主義者的意識形態立場，又證明了他對蘇聯當局的忠誠。

所以，當葉夫圖申科1987年被授予美國藝術文學院榮譽院士時，布羅茨基發起了一連串抗議行動，指控葉夫圖申科表裏不一。

葉夫圖申科目前大部分時間住在俄羅斯和美國，他在美國奧克拉荷馬州的塔爾薩大學、紐約城市大學的皇后學院教授俄羅斯和歐洲詩歌和世界電影史。在西方他因為抨擊蘇維埃的官僚主義、呼籲從史達林的遺毒中解放出來而享有廣泛的知名度。他正在編著一部三卷本的11到20世紀的俄羅斯詩歌全集，並打算以自己在古巴導彈危機時在哈瓦那的真實經歷創作一部小說。

葉夫圖申科至今已出版近40本詩集，此外還著有長篇小說、電影劇本和評論文集等。他遊歷過世界上70多個國家，經常在廣大讀者面前朗誦自己的詩歌，在國內外贏得了廣泛的聲譽。除詩歌外，他還著有長篇小說《漿果處處》（*Ягодные места*）等。1984年，他的長詩《媽媽和中子彈》（*Мама и нейтронная бомба*）獲蘇聯國家文藝獎金。

　　葉夫圖申科有四次婚史：1954年他和詩人貝拉·阿赫瑪杜琳娜結婚，後者於1962年出版了自己的第一本抒情詩集；離婚後他娶了加琳娜·塞梅諾娃；第三任妻子是簡·巴特勒（他詩歌的英文翻譯者，與他多次訪問愛爾蘭，1978年結婚）；第四任妻子是瑪麗亞·諾維佳（1986年結婚）。

　　葉夫圖申科1991年獲得美國自由獎章，這是美國猶太委員會頒發的最高榮譽。2006年他榮膺國際博泰夫獎桂冠詩人。2007年，他被授予羅馬尼亞奧維德獎，用以表彰他的全部作品。

中文譯本：

《漿果處處》（簡上海譯文出版社，1986）

《葉夫圖申科詩選》（簡灕江出版社，1987）

《葉夫圖申科詩選》（簡湖南文藝出版社，1988）

《婚禮：葉夫圖申科詩選》（簡人民文學出版社，1991）

《媽媽與中子彈》（簡灕江出版社，1997）

《提前撰寫的自傳》（簡花城出版社，1998）

《不要在死期之前死去》（簡昆侖出版社，1999）

Zagajewski, Adam

【波蘭】
亞當・札伽耶夫斯基
詩人、小說家、散文家

　　亞當・札伽耶夫斯基（Adam Zagajewski），波蘭極具國際影響力的詩人、小說家、散文家。

　　札伽耶夫斯基1945年6月21日生於利沃夫（今屬烏克蘭），出生後即隨全家遷居格維里策。1960年代成名，是新浪潮派詩歌的代表人物。1982年移居巴黎，2002年返回波蘭，定居克拉科夫。

　　札伽耶夫斯基的詩歌貼近生活真實，拋棄了語言中華而不實的成分，風格簡潔、樸實，富於思想色彩。米沃什稱讚：「歷史和形而上的沉思在札伽耶夫斯基的詩中得以統一。」美國著名文學評論家蘇珊・桑塔格在《重點所在》一書裏，對札伽耶夫斯基作品的風格這樣寫道：「這裏雖然有痛苦，但平靜總能不斷地降臨。這裏有鄙視，但博愛的鐘聲遲早總會敲響。這裏也有絕望，但慰藉的到來同樣勢不可擋。」

　　亞當・札伽耶夫斯基善於把日常生活陌生化，在熟悉的處境中揭示新意，帶來各種令人驚奇的效果。這是「發現」而非「發明」，是對世界矛盾本質的呈現而非評判。相應地，詩

人在描寫人類的處境時，既能深入其中透視，又能站在遠處以略帶諷諭的態度觀望；在描寫大自然的風景時，既能展示其遼闊的畫面，又能保持細節的清晰。

他還是芝加哥大學教授，並任芝大社會思想委員會的成員。他教授兩門課，其中一門是波蘭詩人切斯瓦夫·米沃什研究。

札伽耶夫斯基著有詩集《震顫》（*Tremor*, 1985）、《畫布》（*Canvas*, 1991）、《神秘主義入門》（*Without End: New and Selected Poems*, 1997）、《沒有終結：新詩和詩選》（*Without End: New and Selected Poems*, 2002）、《永恆的敵人：詩集》（*Eternal Enemies: Poems*, 2008）等，散文集《兩個城市》（*Two Cities*, 1995）、《另一種美》（*Another Beauty*, 2000）等。

他曾被授予波蘭勇敢十字勳章，兩度獲得波蘭復興勳章。1992年他獲得古根漢姆獎金，2004年獲得由美國《今日世界文學》頒發的諾斯達特文學獎。

中文譯本：

《詩十二首》（黃燦然譯，載《外國文學》2007年第5期）

近年去世的部分候選人

（以姓氏字母為序）

Akhmadulina, Bella

【俄羅斯】
貝拉‧阿赫瑪杜琳娜
詩人

　　貝拉‧阿赫瑪杜琳娜（Bella Akhmadulina，俄語：
Белла Ахмадулина），全名是伊莎貝拉‧阿哈托芙娜‧阿
赫瑪杜琳娜（Izabella Akhatovna Akhmadulina），1937年
4月10日出生於莫斯科，蘇聯和俄羅斯詩人，被已故的諾貝爾
文學獎獲得者約瑟夫‧布羅茨基譽為「萊蒙托夫和帕斯捷爾
奈克所開創的俄羅斯詩歌傳統當仁不讓的女傳人」。

　　貝拉‧阿赫瑪杜琳娜是韃靼父親和俄羅斯-義大利混血母
親的獨生女。她的文學生涯始於她在莫斯科報紙《共青團真
理報》，當時她還是個女學生，她加入了由詩人葉甫根尼‧
維諾庫洛夫發起成立的圈子，這對她提高寫詩的技巧大有裨
益。1955年她的第一首詩《祖國》經過蘇聯官方詩人的檢驗
後發表於《十月》雜誌上。

　　完成學業後，她進入馬克沁‧高爾基文學院，1960年
畢業。在校學習期間，她在無論是官方還是手寫的不同報
紙上發表詩歌和文章。1962年，她的第一本詩集《琴弦》
（*Струна*）大獲成功。儘管有刪節，但她的許多詩集還是陸

續出版了：包括《音樂課》（*Уроки музыки*, 1969），《詩篇》（*Стихи*, 1975），《燭光》（*Свеча*, 1977），《夢見格魯吉亞》（*Сны о Грузии*, 1977），《海岸線》（*Побережье*, 1991）等。她的很多詩歌都被譜成了流行歌曲。

阿赫瑪杜琳娜不寫政治詩歌，但在她年輕時，她熱衷參與政治事件，支持「持不同政見的運動」。1979年，她和其他20餘位「喪家」的體制外知識分子一起，參與了瓦西里・阿克蕭諾夫發起的地下文學雜誌《大都會》，並在其中發表了短篇小說《許多狗和一條狗》。《大都會》大大觸怒了宣傳機關。官方作家波列伏依指責它為外國敵對勢力效命。阿克蕭諾夫立刻被開除出蘇聯作協，次年又被剝奪了蘇聯公民身分，驅逐出境。阿赫瑪杜琳娜未以首犯論處，雖能留在國內，作品卻從此被禁止發表，而多以手稿形式秘密傳抄於民間。直至公開化和改革時期，她才得以連續出書，各種榮譽也接踵而至。

貝拉有過五次婚姻，第一次婚姻嫁給了葉甫根尼・葉夫圖申科（1954）；第二任丈夫是短篇小說作家尤里・納吉賓；第三任丈夫是兒童文學作家根納季・馬姆林；第四任丈夫換成了電影導演埃爾達爾・庫利耶夫；直到1974年她嫁給了現任丈夫——莫斯科大劇院的舞臺美術師伯里斯・梅瑟列爾，方有安定婚姻，偕老白頭。

阿赫瑪杜琳娜共出版了20多部詩集，作品的主題多為友情、愛情等。她還寫了有關俄羅斯詩人的大量隨筆文章，也譯介文學作品。

1977年，貝拉・阿赫瑪杜琳娜成為美國藝術文學院院

士。她曾獲得過蘇聯國家獎桂冠詩人稱號，並得過義大利諾思
德獎、義大利獨立獎（1993）、普希金獎 、俄羅斯聯邦國家
獎等。

2010年11月29日，因心臟病惡化，貝拉在莫斯科去世，
享年73歲。

中文譯本：

《阿赫瑪杜琳娜詩選》（李寒譯本，見網路）

Bainbridge, Beryl

【英國】
博伊爾・本布里奇
小說家

博伊爾・瑪格麗特・本布里奇夫人（Dame Beryl Margaret
Bainbridge ），1932年11月21日生於利物浦，英國小說家。
1977年和1996年兩次獲惠特布萊德最佳小說獎，五次被提名
布克獎。2008年《泰晤士報》將本布里奇列入「1945年以來
50位最偉大的英國作家」。

本布里奇從小喜歡寫作，10歲起保持了寫日記的習慣。
14歲時，她愛上了一個正等待被遣返回國的前德國戰俘。在

接下來的六年，這對情侶一直鴻雁傳書，並一直努力申請讓這個德國人返回英國。然而申請被否決了，1953年他們的感情告終。1954年，本布里奇嫁給了藝術家奧斯丁‧達維斯。但不久後兩人就離婚了，本布里奇成了一個擁有兩個孩子的單親媽媽。

本布里奇把自己與德國戰俘哈瑞特的感情經歷寫成了的第一部小說《哈瑞特說》（*Harriet Said...*），但被多家出版社拒絕，其中一家稱主要人物有著「幾乎令人難以置信的反感」。小說最終在1972年出版，這已經是她第三部小說《另一些木頭》（*Another Part of the Wood*）問世四年後了。她的第二部和第三部小說出版於1967和1968年，評論反應大好。1970年代她有七部小說完成和出版，其中第五部《傷停補時》（*Injury Time*）獲得了1977年的惠特布萊德最佳小說獎。

1980年始，她又有8部小說問世。1990年代，本布里奇的創作重點轉向歷史小說，深受評論界好評並在商業上大獲成功。她的歷史小說《人人為己》（*Every Man for Himself*）取材於1912年的泰坦尼克海難，獲得1996年惠特布萊德最佳小說獎；《喬治大人》（*Master Georgie*）的背景則是在克里米亞戰爭時期，獲得1998年布萊克小說紀念獎。《奎妮告訴我》（*According to Queeney*）是透過奎妮‧斯瑞拉的視角所觀察的撒母耳‧詹森生命的最後一年，也贏得了廣泛讚譽。

憑藉小說《裁縫》（*The Dressmaker*, 1973）、《酒瓶工廠的旅行》（*The Bottle Factory Outing*, 1975）、《藝海奇緣》（*An Awfully Big Adventure*, 1989）、《人人為己》

（*Every Man for Himself*，1996）、《喬治大人》（*Master Georgie*, 1998），本布里奇五度進入布克獎決選名單，終未折桂。2000年，她被授予為大英帝國二等女爵士。2001年6月，本布里奇被授予開放大學的名譽博士學位。2003年，她獲得大衛·科恩大不列顛文學獎。2005年，大英圖書館收藏了本布里奇的許多私人書信和日記。

　　2010年7月2日，本布里奇因癌症逝世於倫敦，享年77歲。2011年4月，經過讀者投票，她的小說《喬治大人》被追授為布克獎最佳小說。

中文譯本：

無

Christensen, Inger

【丹麥】
英格·克莉絲藤森
詩人、小說家

　　英格·克莉絲藤森（Inger Christensen），生於1935年1月16日，被公認為丹麥最重要的實驗詩人，

　　克莉絲藤森出生於丹麥東部的瓦埃勒市，父親是名裁

縫。她於1958年畢業於師範學院，1963年至1964年任教於霍爾拜克藝術學院，後開始專職寫作。她的兩部早期詩作《光》（*Lys*, 1962）和《草》（*Graes,* 1963）出版後，廣受好評；隨後推出的詩集《它》（*Det,* 1969），更是被奉為傑作。

克莉絲藤森的代表作品還有《四月的信》（*Brev i April*, 1979）、《字母表》（*Alfabet*, 1981），以及《蝴蝶谷》（*Sommerfugledalen*, 1991）。在她最著名的詩集《字母表》中，她運用了斐波納契數列，完成了從字母a（*abrikostraerne*，杏樹）到n（nat，夜）的一組序列。 在斐波納契數列裏，每一個數等於前面兩數之和，例如0，1，1，2，3，5，8，13，21……音樂和詩歌中都有類似運用。在這些作品中，除數學之外，她也從法國作曲家梅西安和美國語言學家諾姆·喬姆斯基的作品中得到了靈感，形式感、創新性非常強。

她還出版過兩部小說《永動機》（*Evighedsmaskinen*, 1964）、《畫室》（*Det malede værelse*, 1976），寫過童話、廣播劇、電視劇和散文作品。

1978年，克莉絲藤森當選丹麥皇家學院院士，1994年她成為歐洲詩歌學院成員。1994年，瑞典學院向她頒發了北歐文學獎，同年她還獲得了奧地利的歐洲國家文學獎；此後，她又於1995年獲得歐洲詩歌獎；2001年獲得美洲獎，2006年獲得德國的齊格弗雷德·翁塞德獎。自1994年後，她幾乎年年被看好會獲得諾貝爾文學獎，但至死未能如願。

英格·克莉絲藤森於2009年1月2日在哥本哈根去世，享年73歲。

中文譯本：

《北歐現代詩選》（部分詩選）（簡 河北教育出版社，2004）

Claus, Hugo

【比利時】
雨果‧克勞斯
詩人、小說家、劇作家

　　雨果‧克勞斯（Hugo Claus），全名是雨果‧莫里斯‧朱利安‧克勞斯（Hugo Maurice Julien Claus），比利時文壇泰斗，他同時以本名和筆名出版作品，其文學成就跨越了戲劇、小說、詩歌各個領域，作為畫家和電影導演也留下了大量作品。他主要以用荷蘭的佛萊明語寫作。

　　1929年4月5日，雨果‧克勞斯生於比利時的布魯日市，他是家中三個男孩的長子。二戰時期，納粹德國入侵比利時，年幼的雨果正就讀於佛蘭德斯一家寄宿學校，他的幾位老師在德國佔領的5年時間裏都是支持德國政府的右翼民族主義者；他的父親曾因在德國佔領的末期從事親德活動而被拘留過，雨果本人也支持過親德的青年運動。這些戰爭時期右翼民族主義者的經歷，都成為克勞斯在1983年的著作《比利時的哀愁》

（*Het verdriet van België*）中的素材，這本書講述的是克勞斯的密友路易士・塞涅維的故事。1960年代，克勞斯在一次出訪古巴後，對社會主義模式十分拜服，並在此後大部分時間中都是左翼政治的支持者。

克勞斯在文壇上的卓越成就始於1950年，他21歲時出版的作品《大都會》（*De Metsiers*），是他作為小說家的首次亮相。而他真正意義上的第一本詩集則早在1947年就已出版。1950到1952年他居住在巴黎，並結識了許多「眼鏡蛇藝術群」的成員。

雨果・克勞斯被認為是當代最重要的佛萊明語作家之一。克勞斯以多羅西亞・凡・馬勒（Dorothea van Male）的筆名出版了小說《諾斯特拉學院》（*Schola Nostra*, 1971），他用過的筆名還有揚・依戎茨（Jan Hyoens）和西婭・斯泰訥（Thea Streiner）。1962年的《奇蹟》（*De verwondering*）和1983年的《比利時的哀愁》（*Het verdriet van België*）是克勞斯作為小說家最具影響的作品。

作為劇作家克勞斯堪稱高產，他創作了35部原創劇本。《馬斯切洛恩》（*Masscheroen*）的劇本大綱最初在科諾克一個俱樂部上演，清一色的裸體陣容：三位裸男分別扮演基督教三位一體的聖父、聖子、聖靈；這部劇作還塑造了聖處女、一個佛萊明聖徒，以及東方三博士。這部表演輕鬆的戲劇上演後遭到了瀆神和毒害公眾道德的猛烈攻擊，還引發了一場著名官司，克勞斯本人被控公開猥褻公眾罪名成立，被判一萬法郎的罰款和為期4個月的監禁。判決一出，輿論譁然，刑期又被減

為緩期執行。

克勞斯創作了超過1300頁的詩歌,超過20部小說和一些散文、電影劇本、歌劇和譯著等,但只有一小部分被譯成英文。近年的兩本詩集《痕跡》（1996）和《殘酷的快樂》（1999）,呈現了他詩藝的種種變化。雨果·克勞斯的名字屢屢登上諾貝爾文學獎的提名榜,對此他輕描淡寫地說:「這筆獎金給我太合適了。」

作為一名畫家,他從1950年起一直是「眼鏡蛇藝術運動」的積極參與者。他與該團體的一些成員都有很深的友誼,與包括卡瑞爾·阿佩爾和高乃依等靈魂人物均有過合作,還參加過其中一些展覽。他後來將自己這段時期的經歷都寫進了一本書——《溫和的破壞》（*Een zachte vernieling*）。

1964年到2001年間,他還導演了幾部電影。

克勞斯曾憑《奇蹟》獲得奧古斯特·貝爾納特文學獎（1964）、憑所有戲劇作品獲亨里埃特·羅蘭·霍爾斯特大獎（1965）和艾德蒙·霍斯廷克斯大獎（1967）,還獲得過康斯坦丁·惠更斯獎（1979）、荷蘭文學獎（1986）、亞里斯提獎（1998）、諾尼諾獎（2000）等。

2008年3月19日,他選擇以安樂死的方式離開了人世。雖然安樂死在比利時是合法的,但也引起了相當大的爭議。

中文譯本:

《比利時的哀愁》（繁皇冠出版,1997）

Druzhnikov, Yuri

【俄羅斯】
尤里·德魯日尼科夫
小說家

　　尤里·伊里奇·德魯日尼科夫（Yuri Ilyich Druzhnikov，俄語：Юрий Ильич Дружников），1933年4月17日生於莫斯科，俄羅斯小說家。

　　德魯日尼科夫生於莫斯科一藝術家家庭，中學期間因對史達林在衛國戰爭中的作用評價不足而受責難，導致隨後沒有一所莫斯科高校願意錄取他，後入拉脫維亞大學學習，1955年在莫斯科國立師範學院歷史語文系畢業。他當過教師、圖書編輯、報社記者。1971年出版第一本小說集《怎麼就這麼不走運》（*Что такое не везет*），隨後加入蘇聯作家協會。1974年，他的兩部小說《最後一課》和《2月30日》在投稿時被《新世界》雜誌拒絕，理由是：「雜誌可供容納敏感作品的空間已被索忍尼辛佔用了。」1976年，德魯日尼科夫在蘇聯的最後一部長篇小說《請等到十六時》被砍掉一半後發表。1977年，他因為從事地下出版物活動被開除作家協會，從此在蘇聯文學界銷聲匿跡。直到1987年他被迫流亡海外這段時期，他的作品一直都處於地下文學狀態，通過地下文學圈之間

互相傳閱而知名，而後在西方文學世界中發表和出版自己的作品，從而為世人所知。

他的小說《針尖上的天使》（*Ангелы на кончике иглы*）就是以這種曲折的方式才得以出版，最初的手稿被一位美國人以微型膠卷的形式，包裹在香煙盒裏才終於帶出蘇聯國境，並隨後在倫敦出版。此書直到1995年才在莫斯科出版第一個版本。

德魯日尼科夫在維也納逗留一年後，於1988年遷居美國。為他帶來巨大聲譽的作品是《告密者001號，或帕夫利克・莫羅佐夫的飛升》（*Доносчик 001, или Вознесение Павлика Морозова*），這部作品是他在1980～1984年間在莫斯科秘密寫就的，揭露了大清洗、大恐怖之前告密之風盛行的蘇聯現實。他的代表作長篇小說《針尖上的天使》（*Ангелы на кончике иглы*）寫於1969～1976年的莫斯科，描寫了莫斯科《勞動真理報》1969年中67天裏總編馬卡爾采夫患心肌梗塞（因為有人偷偷把一份敏感的地下出版物稿子放在他的辦公桌上）到他被撤職並在五一節前死亡的故事。這是一部對勃列日涅夫的停滯時期進行如實描寫的作品，不帶迴避和不帶寓言性的嚴肅作品，卻往往讓人覺得太過荒誕。他的作品中俏皮的雙關語層出不窮，包含雙重、甚至三重的心理動機的潛臺詞頗顯優雅，善於在悄然無形中從嚴酷的現實轉向卡夫卡式的變形誇張。

他的其他作品還有：微型長篇小說《沙皇費多爾之死》、《曾祖母的蜜月》，回憶錄《作家第8552號被開除》，短篇

小說《為什麼要煩普希金》，戲劇《老師戀愛了》，論辯性文集《俄羅斯神話》（*Русские мифы*）、《俄羅斯囚徒》（*Узник России*），隨筆集《我在排隊的時候出生》（*Я родился в очереди*）等等。《針尖上的天使》被波蘭華沙大學列入20世紀十大最佳俄語小說，英文本收入聯合國教科文組織「現代世界文學最佳翻譯作品」名錄，並被波蘭作協授予「杜斯妥也斯基獎」。2001年，他被波蘭推薦角逐諾貝爾文學獎。

德魯日尼科夫長期擔任美國加利福尼亞大學教授及「被驅逐作家」國際筆會美國分會副主席。2008年5月14日，德魯日尼科夫在美國加利福尼亞大衛斯大學城自己的家中逝世。

中文譯本：

《針尖上的天使》（簡 譯林出版社，2010）

Havel, Vaclav

【捷克】
瓦茨拉夫・哈維爾
劇作家

瓦茨拉夫・哈維爾（Václav Havel），1936年10月5日生於布拉格，捷克的作家、劇作家，1993～2002年間擔任捷克

共和國總統。

　　哈維爾父親是土木工程師，哈維爾在1951年完成義務教育後便因「階級出身」及「政治背景」的理由，而無法進入高等教育學校；於是哈維爾便一邊擔任學徒與實驗員，一邊就讀於夜間文化學校，才在1955年通過政治考核。之後哈維爾申請就讀人文學科，但屢次被拒絕，最後就讀於捷克工業高等學校經濟科。而哈維爾就讀戲劇學校的申請也不斷被拒絕，一直到1967年才完成戲劇學校的校外課程。

　　哈維爾自1955年便開始寫作有關文學與劇作的文章，1959年開始在布拉格的ABC劇團做後臺工作，1960年開始寫作劇作。1963年，哈維爾第一個劇作《遊園會》（*The Garden Party*）在納札布蘭德劇院首演，而哈維爾也屢次在公開場合批評有關政府所控制的作家協會與言論管制。1967年哈維爾與伊萬‧克里瑪、巴韋爾‧科胡特和魯德維克‧瓦楚里克被從作家協會的候補中央委員中除名，之後哈維爾等五十八人籌組獨立作家團，哈維爾出任獨立作家團主席。

　　在布拉格之春期間，哈維爾不但發表文章要求兩黨制政治，更要求籌組社會民主黨；在1968年8月21日蘇聯派兵佔領布拉格時，哈維爾加入自由捷克電臺，每天都對現狀作出評論。布拉格之春後，哈維爾受到捷克官方的公開批判，作品也從圖書館消失，家中也被安裝竊聽器，並且被送往釀酒廠工作。但是哈維爾仍然持續寫作，並公開要求特赦政治犯，與其他作家與異議人士發表七七憲章，要求捷克政府遵守赫爾辛基宣言的人權條款。1977年哈維爾被傳訊，同年10月以「危害

共和國利益」為名判處14個月有期徒刑；1979年哈維爾又被以「顛覆共和國」名義判處有期徒刑4年半，引發國際社會關注，歐洲議會更要求捷克政府釋放包括哈維爾在內的政治犯。

1983年哈維爾因肺病出獄，其他的刑期被以「紀念解放40周年」為由被政府赦免。哈維爾出獄後繼續擔任七七憲章的發言人，並且不斷發表劇作與批判文章，多次被警方拘留；1988年8月，哈維爾發表《公民自由權運動宣言》。在1989年捷克民主化後，於1990年出任捷克斯洛伐克聯邦總統。1992年由於斯洛伐克獨立，哈維爾辭去聯邦總統一職；1993年哈維爾當選捷克共和國總統，並於1998年連任。

哈維爾的代表作包括《乞丐的歌舞劇》（*The Beggar's Opera*, 1975）、《山間酒店》（*Mountain Hotel*, 1976）、《誘惑》（*Temptation*, 1985）、《無權者的權力》（*The Power of the Powerless*, 1985）、《給奧爾嘉的信》（*Letters to Olga*, 1988）、《離開》（*Leaving*, 2007）等，他最擅長的是荒誕派戲劇。哈維爾曾被授予甘地和平獎、良心大使獎、總統自由勳章等，還被多家大學授予榮譽博士學位。

2011年12月18日，瓦茨拉夫‧哈維爾逝世，享年76歲。

中文譯本：

《來自遠方的拷問：哈維爾自傳》（繁 傾向出版社，2003；
　　另譯《哈韋爾自傳》，簡 東方出版社，1992）
《哈韋爾選集》（簡 基進出版社，1992）
《獄中書簡：致親愛的奧爾嘉》（繁 田園書屋，1998）

《哈維爾戲劇選》（繁書林出版，2004）

《政治，再見》（繁左岸出版，2003）

Infante, Guillermo Cabrera

【古巴】
吉列爾莫・卡夫雷拉・因凡特
小說家

　　吉列爾莫・卡夫雷拉・因凡特（Guillermo Cabrera Infante），古巴著名小說家，被歸入拉美爆炸文學的代表作家之一，但他拒絕為自己貼上這樣的標籤。

　　卡夫雷拉・因凡特1929年4月22日出生於古巴的吉巴拉，1941年隨父母遷居哈瓦那。他的父母都是古巴共產黨的老黨員。1950年，卡夫雷拉・因凡特在哈瓦那大學學習新聞。1952年，他在一個短篇小說中諷刺了巴蒂斯塔政權，因而被短暫逮捕入獄。1954年至1960年，他用筆名該隱（G. Caín）給一家電影評論雜誌寫評論，並以此聞名，後來當上這家雜誌的總編輯。

　　1959年，古巴革命勝利，巴蒂斯塔政權倒臺，他在政府文化事務部得到一個職位，主持卡斯楚政權的喉舌《革命報》的文學增刊，一周出版一次。1962年至1965年，卡夫雷拉・

因凡特擔任駐比利時使館的文化參贊。其間，他開始了政治轉向，進而反對卡斯楚政權，1965年他在回國參加完母親的葬禮後，從此便流亡到西班牙的馬德里，又來到倫敦，後來加入英國國籍。

1964年，他出版了小說《熱帶的黎明》（*Vista del amanecer en el trópico*）。1966年，他出版了最著名的自傳體作品《三隻憂傷的老虎》（*Tres tristes tigres*），想像奇特、語言幽默而帶色情意味。他在這部小說中描述了自己在哈瓦那的童年生活，目睹巴蒂斯塔政權日漸式微和菲德爾·卡斯楚領導下的新古巴興起的過程。

1985年，卡夫雷拉·因凡特出版了用英語寫了《聖煙》（*Holy Smoke*），用小說筆法描寫了雪茄的歷史，歐洲人在美洲第一次遇到了吸煙草的印第安人，據說當時哥倫布拒絕抽當地人的雪茄。

1995年，已過花甲的因凡特發表了短篇小說集《跳恰恰舞的罪過》（*Guilty of Dancing the ChaChaCha*），1997年又寫了部愛情小說《她曾經是位歌手》，探討現代人的精神苦悶和感情世界。此前，他的回憶錄《死者因凡特眼中的哈瓦那》（*La Habana para un Infante Difunto*, 1979；英文版為 *Infante's Inferno*，名為《因凡特的地獄》）產生了強烈的反響，書中充滿對故鄉的眷戀。

秘魯作家巴爾加斯·略薩曾把卡夫雷拉·因凡特的作品和幽默感同路易斯·卡洛爾和詹姆斯·喬伊斯等作家模擬，他寫道：「為了實現調侃、滑稽模仿、一語雙關、智力的高難度

雜技以及口語中的跳躍，卡夫雷拉・因凡特總是準備著與全世界人為敵，準備失去朋友甚或自己的生命。因為幽默在他這裏與在普通人那裏不一樣，它不是一種純粹的精神消遣、用來放鬆頭腦的解悶，毋寧說，它是一種被迫的、向現存世界發起挑戰的手段。」

　　何塞・多諾索在《文學爆炸親歷記》中回憶到，拉丁美洲文學的「寶塔尖」是由賈西亞・馬奎斯、巴爾加斯・略薩、富恩特斯和科塔薩爾四個人組成的，而卡夫雷拉・因凡特也完全有資格包括在寶塔尖中，但由於他長期流亡在外，文學地位就顯得浮動不定了。而因凡特本人親手把《三隻憂傷的老虎》（排名前15位的20世紀西班牙語小說經典之一）翻譯成英文和法文這兩種版本後，多諾索大加讚譽，認為因凡特把自己的小說「譯得非常精湛」，無愧為「全世界議論的話題」。

　　1997年，卡夫雷拉・因凡特獲得西班牙語的最高文學獎——賽凡提斯獎。2005年2月21日，因患敗血症，卡夫雷拉・因凡特在倫敦去世，享年75歲。

中文譯本：

無

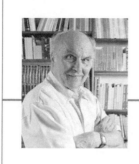

Kapuscinski, Ryszard

【波蘭】
瑞薩德‧卡普欽斯基
小說家、記者

　　瑞薩德‧卡普欽斯基（Ryszard Kapuscinski），波蘭文學巨匠，1932年3月4日生於波蘭的平斯克（現屬白俄羅斯），曾榮獲50項國內國際文學大獎，6次被提名為諾貝爾文學獎候選人。他是波蘭著名戰地記者、報告文學作家、評論家、詩人和攝影家，也是波蘭當代最著名、最成功的小說家之一。

　　卡普欽斯基童年時正值納粹入侵，飽受戰爭磨難，高中畢業後開始發表作品。1951年考入華沙大學語言文學系，後轉入歷史系學習，1956年畢業分配到《青年旗幟報》工作。從50年代後期開始，卡普欽斯基成為波蘭通訊社（PAP）駐非洲的唯一記者。作為一名戰地記者，他具有40餘年駐外經歷，足跡遍及五洲四洋60多個國家，特別是拉美、非洲、中東等人跡罕至的蠻荒地帶，在火線發回彌漫著硝煙的真實報導和照片；在拉美5年內4次被判死刑，40餘次被拘關押，在亞非拉親歷27場革命和政變，被譽為「事實文學大師」。

卡普欽斯基的代表作有包括關於海爾・塞拉西的《皇帝：沒落的獨裁者》（*The Emperor : Downfall of an Autocrat*, 1978），記錄了這位獨裁者在埃塞俄比亞統治衰落史和「獨裁統治的機械構造」。《皇帝》是他最著名的作品，在東歐和西方均產生過極大影響。還有關於巴列維的《伊朗王中王》（Shah of Shahs, 1982），記錄了1979年推翻巴列維國王的伊朗伊斯蘭革命；關於安哥拉內戰的《生命中的另一天》（*Another Day of Life*, 1976），以及關於蘇聯之衰落的《帝國》（*Imperium*, 1993），還有《足球戰爭》（*The Soccer War*, 1978）、《太陽的陰影》（*The Shadow of the Sun*, 2001）等。

卡普欽斯基做記者時，隨身帶兩本筆記，一本平鋪直敘，按消息寫，隨即以電訊發回國內；另一本則記所思所感，夾敘夾議，用作將來寫書的素材。他生前出版的最後一本書《與希羅多德一起旅行》（*Travels with Herodotus*），源於他被派去遙遠的、一無所知的印度工作時總編送他的一件禮物。就是古希臘歷史地理學家希羅多德的著作《歷史》。這本書陪伴他走遍天涯海角，成為他的人生指南。他依據自己的親歷和希羅多德的指引，講述了兩個相互交錯的旅行，完成了一次穿越時空、超越虛實的對話。此書出版於2004年，時年瑞薩德・卡普欽斯基72歲。

2007年1月23日，瑞薩德・卡普欽斯基因心臟病在華沙去世，差兩個月75歲。

中文譯本：

《帝國：俄羅斯五十年》（繁 馬可孛羅，2008）

《帶著希羅多德去旅行》（繁 允晨文化，2009；另譯《與希羅多德一起旅行》，簡 人民文學出版社，2009）

《皇帝：獨裁政權的傾覆》（簡 新星出版社，2011）

Kross, Jaan

【愛沙尼亞】
揚・克羅斯
詩人、小說家

揚・克羅斯（Jaan Kross），1920年2月19日生於愛沙尼亞的塔林，愛沙尼亞著名詩人、小說家。

克羅斯1938年至1945年在圖塔爾大學學習法律，後在大學擔任過法學講師。他1944年曾被納粹逮捕，5個月後獲釋；兩年後，他又被送往西伯利亞的勞改營，至1954年才因「解凍」政策而獲釋。回到塔林後，在那裏他將一生奉獻給寫作，作為詩人，他還翻譯了莎士比亞、巴爾扎克、路易斯・卡羅爾的經典作品。1991年愛沙尼亞獨立後，克羅斯曾短暫擔任議員，但終因心生挫敗感而回歸寫作。

克羅斯1958年出版第一部詩集，他率先打破社會主義現實主義的模式，引入新的主題。從20世紀70年代起，他轉向歷史題材小說寫作，都在以小說反映愛沙尼亞這個波羅的海小國的命運。他寫了12部小說，借助愛沙尼亞人反抗外族侵略的歷史故事，來曲折表現他本人所處的時代、國家與民族的現實處境，最著名的當屬1978年的史詩性巨著《沙皇的狂人》（*The Czar's Madman*）。

他的重要作品還有《馬爾滕斯教授的離去》（*Professor Martens' Departure*, 1984）、《挖掘》（*Excavations*, 1990）、《飄忽不定》（*Elusiveness*, 1993）、《陰謀及其他》（*The Conspiracy and other stories*, 2005）等。

克羅斯曾獲得許多獎項，包括1988年的芬蘭伊娃·約恩佩爾托獎，1989年的法國最佳外語圖書獎、1990年大赦國際的金火焰獎、1998年的愛沙尼亞國家文化獎、1999年的波羅的海文學獎等，並多次被授予榮譽博士學位。

揚·克羅斯因病於2007年12月27日在塔林去世，終年87歲。

中文譯本：

無

Lustig, Arnost

【捷克】
阿諾斯特・盧斯蒂格
小說家、劇作家

　　阿諾斯特・盧斯蒂格（Arnost Lustig），1926年12月21日生於布拉格，是一位聲望卓著的捷克猶太裔小說家、劇作家，他的作品多以猶太人和大屠殺為題材。

　　作為二戰時捷克斯洛伐克的一名猶太男孩，1942年他被送到了特萊西恩施塔特集中營，後來又被轉到了奧斯維辛集中營，接著是布痕瓦爾德集中營。1945年，通過往達濠集中營的火車的發動機由於美國戰鬥機轟炸而毀壞，他得以跳車逃跑。1945年5月他返回布拉格，參加了反納粹的起義。

　　戰後，他到布拉格查理斯大學學習新聞，然後在布拉格廣播電臺工作多年。1948年第一次中東戰爭時期，盧斯蒂格以戰地記者的身分前往以色列。50年代他任捷克《新世界》雜誌文化專欄的主編和捷克斯洛伐克電影的編劇。1968年「布拉格之春」運動以後，他離開了祖國，經義大利、以色列和南斯拉夫到達美國，在當地的幾所大學教書。1989年東歐解體後，盧斯蒂哥主要往來於布拉格和華盛頓兩地，直到2003年他從美洲大學退休，從此常住布拉格。

　　盧斯蒂格出版有20餘本著作，最為人熟知的作品是《黑夜與希望》（*Noc a naděje*, 1957）、《夜之鑽》（*Démanty noci*, 1958）、《天國護照》（*Transport z ráje*, 1962）、《蒂塔‧莎克索娃》（*Dita Saxová*, 1962）、《為卡特琳娜‧赫拉維佐娃祈禱》（*Modlitba pro Kateřinu Horovitzovou*, 1974年出版後被提名國家圖書獎）、《黑暗沒有影子》（*Tma nemá stín*, 1991）以及《可愛的綠眼睛》（*Krásné zelené oči*, 2000）。《蒂塔‧莎克索娃》和《黑夜與希望》都被捷克斯洛伐克改編為電影。

　　2006年在他80歲生日那天，曾任捷克總統的瓦茨拉夫‧哈維爾贈予他布拉格城堡的一套公寓，以獎勵他為捷克文學作出的貢獻。2008年，盧斯蒂格獲得第八屆法蘭茲‧卡夫卡文學獎。

　　2011年2月26日，經過5年的肺癌煎熬，盧斯蒂格在布拉格去世，享年84歲。

中文譯本：

《白樺林》（簡中國青年出版社，2010）

Mulisch, Harry

【荷蘭】
哈里·穆里施
小說家

　　哈里·穆里施（Harry Mulisch），全名哈里·庫爾特·維克托·穆里施（Harry Kurt Victor Mulisch），荷蘭最著名的文學大師。

　　穆里施出生於1927年7月29日荷蘭的哈爾林姆市，父親是來自奧地利的日耳曼移民，母親是奧地利猶太人。這一家庭出身在二戰期間是危險的，這一矛盾深深影響了作家的寫作，「這是戰爭最可怕之處，我的父親冒了很大風險保護母親，但後來卻被指控是納粹合作者。」作家的祖母後來就死在了毒氣室裏。「二戰」同時也是穆里施寫作重要母題，他說，他不僅親身經歷了這場戰爭，他「自己就是這場戰爭」。二戰主題從1959年的《石頭婚床》（*Het Stenen Bruidsbed*）一直貫穿到2001年的《齊格弗里德》（*Siegfried*）。他最成功的作品是《暗殺》，小說描寫了納粹佔領下的荷蘭，他反省荷蘭人在那個時期犯下的罪孽，小說改編的同名電影還獲得了1986年奧斯卡最佳外語片獎。

　　1947年，穆里施發表了第一個短篇小說《房間》（*De*

kamer），1952年出版了第一部長篇小說《阿奇博爾德・斯托哈姆》（*Archibald Strohalm*），其後共出版了30部小說、8部戲劇、10部詩集和很多其他作品。除了戰爭外，穆里施的小說充滿哲學思辨，這在他1970年代左右發表的作品中尤為明顯。在評論家看來，穆里施像個文學試驗者，他把世界擺放在一張解剖臺上，然後試著將它分解，再把它拼裝起來。1992年，他的小說《天堂的秘密》（*De Ontdekking van de Hemel*）出版後，被評論界譽為能與但丁的《神曲》和《荷馬史詩》相提並論。

事實上，哈里・穆里施、格拉爾德・雷夫（Gerard Reve）和威廉・弗萊德瑞克・赫爾曼斯（Willem Frederik Hermans）一起被譽為戰後荷蘭文學的三巨頭。而他們之間的區別在於，穆里施更具多面性——無論在形式上，還是在主題上。2006年起，10251號小行星也被以他的名字命名。穆里施在荷蘭的重要性，還可以從另外一件事上表現出來，2001年出版的《齊格弗里德》（*Siegfried*）是穆里施最後一部作品，6位荷蘭作家專門為慶賀他的壽辰寫了一系列短篇小說響應他的著作，每週有一篇短篇小說問世，直到穆里施80歲壽辰慶賀大典。

2009年，哈里・穆里施曾被誤診身患不治之症，而2010年10月30日，他真的離開了人世，享年83歲。

荷蘭文學評論家認為，穆里施的離世標誌著對戰爭善惡深刻反思的一代作家謝幕了。荷蘭首相馬克・呂特在葬儀上動情地說：「我們都看著他的書長大，穆里施是荷蘭文學的元帥。這個時代結束了。」「荷蘭文學的元帥」是穆里施自封的

稱號，足見他的自負，他從不害怕針對某事表達自己的意見。而普通荷蘭人則稱他傲慢。他13歲就對外稱自己是天才，後來還請人做過騎士雕像。

今後，荷蘭人再也不用每年10月都忙著猜測他是否獲得諾貝爾文學獎了。

中文譯本：

《暗殺》（簡中國文聯出版公司，1988；另譯《襲擊》，簡長江文藝出版社，1988）

《石頭婚床》（簡花城出版社，2010）

Updike, John

【美國】
約翰・厄普戴克
小說家、詩人、評論家

約翰・霍耶・厄普戴克（John Hoyer Updike），1932年3月18日生於美國賓夕法尼亞州。公認的美國最優秀的小說家、詩人和評論家，其文風對許多作家產生了巨大影響。

1954年，厄普戴克以優異成績畢業於哈佛大學英文系，並獲獎學金去牛津大學研究藝術一年，當時他立志要成為一

名畫家。回國後，他成為《紐約客》「城市話題」專欄作者，經常為《紐約客》撰寫詩歌和短篇小說。1954年，他在《紐約客》發表短篇小說處女作《費城友人》（*Friends from Philadelphia*），後來他的這些作品集結為詩集《木匠的母雞》（*The Carpentered Hen*, 1958）和短篇小說集《貧民院集市》（*The Poorhouse Fair*, 1959）出版。為解決經濟壓力，他養成了每天必寫5頁紙的習慣。他的早期作品深受塞林格、約翰・契佛、馬塞爾・普魯斯特、詹姆斯・喬伊斯、弗拉基米爾・納博科夫的影響，

　　1960年出版的《兔子，跑吧》是厄普戴克文學生涯最大的突破。在此後的30多年中，厄普戴克以「兔子」哈利・安斯特朗為主角，連續創作了《兔子四部曲》：《兔子，跑吧》（*Rabbit, Run*）、《兔子歸來》（*Rabbit Redux*, 1971）、《兔子富了》（*Rabbit Is Rich*, 1981）以及《兔子歇了》（*Rabbit At Rest*, 1990），以「歷代紀」的方式通過兔子一生記錄了美國戰後40年社會歷史的全貌，涉及越南戰爭、登陸月球、能源危機，全景式地描寫了美國中產階級「平庸」、「無聊」、「美國夢」、「樂觀向上」等生存狀態。厄普戴克有意選取每10年的最後一年作為故事發生的時間，以加強在末日來臨之際孤獨靈魂所經受的煩躁、恐懼、失落、異化和死亡的威脅。而這一年中現實世界的劇烈變局，又象徵性地加強了社會的危機感。

　　厄普戴克小說中充斥的性描寫也為人所詬病。如《夫婦們》（*Couples*, 1968）有露骨的性描寫、有換妻派對；《兔

子四部曲》有兔子婚外情、兔子換妻、兔子一夜情，甚至與兒媳上床，「兔子」的一生被總結為一段「向女人身子裏鑽的旅程」。1968年4月26日，厄普戴克上了《時代》週刊的封面，封面大標題寫著「通姦社會」；2008年，英國《文學評論》雜誌戲授予厄普戴克「糟糕性描寫小說終身成就獎」。

從1958年發表第一部作品直到生命終點，厄普戴克共創作了50多部作品，其中包括30多部長篇小說、10多部中短篇小說集、8部詩集，1部劇本和1部回憶錄以及大量的文學評論，代表作還有「貝克三部曲」、「紅字三部曲」。厄普戴克傾向於寫實風格，多有創新。他常常運用現代主義手法表現精神彷徨與迷惘，重視情慾之於生命的意義，追求平凡家庭生活表現過程中的現代節奏、變動氛圍與鮮明色彩，並擅長以獨特的中產階級口語風格吸引讀者。

作為呼聲最高的諾貝爾文學獎候選人，厄普戴克是又一位被諾貝爾文學獎忽略的大師級作家。對於自己遭受的「不公平」待遇，他似乎也憤憤不平。在厄普戴克筆下，他創造小說人物「亨利·貝克」於1999年獲得了諾貝爾文學獎，並在頒獎典禮上戲謔了一番瑞典人。雖然沒有得到瑞典人的垂青，但厄普戴克幾乎獲得了美國所有文學獎，其中作品《兔子富了》和《兔子歇了》於1982年、1991年兩度獲得普立茲小說獎，並以《馬人》（*The Centaur*, 1964）、《兔子富了》兩度獲得美國全國圖書獎、三次全美書評人獎以及歐·亨利獎、福克納獎等多種文學獎項。

2009年1月27日，約翰·厄普戴克因肺癌在麻塞諸塞州去

世，終年76歲。

中文譯本：

《兔子，跑吧》（簡 重慶出版社，1987；簡 上海譯文出版社，
　　2007）

《兔子歸來》（簡 重慶出版社，1990；簡 上海譯文出版社，
　　2007）

《兔子富了》（簡 重慶出版社，1990；簡 上海譯文出版社，
　　2007）

《兔子歇了》（簡 重慶出版社，1993；簡 上海譯文出版社，
　　2007）

《懷念兔子》（簡 上海譯文出版社，2009）

《咱們結婚吧：一樁羅曼史》（簡 南海出版公司，1989）

《馬人》（簡 外國文學出版社，1991；簡 上海譯文出版社，
　　2010）

《巴西》（簡 河南人民出版社，1999）

《聖潔百合》（簡 河南人民出版社，1999）

《夫婦們》（簡 河南人民出版社，1999；簡 上海譯文出版社，
　　2011）

《羅傑教授的版本》（簡 河南人民出版社，2000）

《葛特露和克勞狄斯：哈姆萊特前傳》（簡 譯林出版社，
　　2002）

《愛的插曲》（簡 上海譯文出版社，2003）

《恐怖分子》（簡 人民文學出版社，2009）

《村落》（簡人民文學出版社，2011）

《父親的眼淚》（簡人民文學出版社，2012）

Wolf, Christa

【德國】
克里斯塔‧沃爾夫
小說家、評論家

　　克里斯塔‧沃爾夫（Christa Wolf），德國當代重要女作家。1929年生於波蘭瓦爾塔河畔的蘭茨貝格。二次大戰時，沃爾夫和她的家人被德國人趕出自己自己的家園，被迫定居在梅克林堡。兩德分裂後，她居住在民主德國，1949年加入德國統一社會黨。1949～1953年在耶拿大學和萊比錫大學攻讀日耳曼語言文學，畢業後在民主德國作協工作。自1956年起，沃爾夫先後擔任柏林新生活出版社編審、《新德國文學》雜誌編輯，並發表了不少文藝評論文章。1962年起她成為專業作家，1964年起成為國際筆會民主德國中心成員和民主德國藝術科學院院士。自1978年起，克里斯塔‧沃爾夫到許多國家如美國、蘇格蘭、瑞士和聯邦德國進行演講。她在德國統一的當年退出德國統一社會黨。

　　沃爾夫最初是以短篇小說《莫斯科的故事》（*Moskauer*

Novelle, 1961）引起文壇注意的，這是一篇戰爭年代的愛情故事。長篇小說《分裂的天空》（Der geteilte Himmel, 1963）敘述德國分裂造成一對青年的不幸愛情，是上世紀60年代民主德國文學中的佳作，曾被搬上銀幕。《回憶克里斯塔·T》（Nachdenken über Christa T, 1969）、《菩提樹下》（Unter den Linden, 1974）、《童年典範》（Kindheitsmuster, 1976）在東西兩德都深受讀者歡迎。1979年面世的《茫然無處》（Kein Ort.Nirgends）為她贏得了國際性聲譽，她以婦女解放和男女平等為主的題材引起廣泛關注。

長篇小說《卡珊德拉》（Cassandra）出版於1983年，是德國文壇近年爭議較大的作品，被認為是達到了她的文學創作高峰。作品取材於希臘神話：特洛伊國王的女兒卡珊德拉從阿波羅那裏得到了一種能預吉凶的本領，可她拒絕了阿波羅的愛情，作為對她的懲罰，神讓世人不相信她的預言。在特洛伊之戰前，卡珊多拉就預見特洛伊王國將因搶奪海倫而毀滅，並對此發出了警告，可特洛伊國人沒人相信她的話，最終國破家亡。國家滅亡後她被阿伽門儂作為女奴帶到了希臘。小說引發了一場關於當年美蘇兩國核競爭、道德與美學的論爭。

1996年出版的長篇小說《美狄亞》（Medea），仍是一部以女性為主題的作品，它重構了古希臘神話中的人物。千百年來，美狄亞被看成一個兇殘狠毒的壞女人，她為了愛情而不惜背棄父親和祖國；但沃爾夫筆下的美狄亞高貴、美麗和善良。作者通過演繹希臘神話人物的故事，反映了以美狄亞為代

表的女性對男權社會的反抗，揭示現代生活中人性的缺陷。小說從新的視角探索了德國統一後的一系列社會問題，其精巧的構思和闡釋的多種可能性使它出版後不久就躋身暢銷書之列，同時在德語文學界深受好評。

克里斯塔・沃爾夫是德國女性文學的傑出代表，她以女性的「疾病之軀」作為小說慣用的主題和意象，從女性視角書寫與現實生活難以調和，甚至有些格格不入的「病女人」的生活畫卷，她們的人生交織著煩悶、哀愁、失望、疾病和死亡，她們的不幸遭際鐫刻著作家成長的心路歷程。

2010年，克里斯塔・沃爾夫積十餘年之力而寫作的400多頁的巨著《天使之城，或佛洛德博士的外套》（*Stadt der Engel oder The Overcoat of Dr. Freud*）出版，成為當年德國文壇的大事之一，沃爾夫參加新書發佈會，並說這可能是她的「最後一部大書」。小說用第一人稱敘述一位德國女作家以訪問學者的身分來到美國。她回憶在1989年的柏林亞歷山大廣場，她與許多民主德國知識分子一樣，曾經對建設一種全新的社會主義充滿了幻想。然而夢碎得過於輕易，民主德國轉瞬間不復存在。回到故事開始的1992年的天使之城——美國洛杉磯，她逐漸投入了資本主義的生活方式，安居於平靜甚至單調的海外桃源。小說出版後，由於小說有強烈的自傳色彩，關於沃爾夫是否不光彩地擔當過斯塔西（安全部門）的線人的問題再次引發爭論。

沃爾夫以其作品的深刻思想性和新穎的創作手法在德國文學史中佔據重要一席，在其創作生涯中，曾先後在國內外榮

獲多種文學獎,如亨利希‧曼獎(1963)、民主德國國家獎
(1964)、畢希納獎(1980)、席勒紀念獎(1983)、奧地利
歐洲國家文學獎(1984)、奈麗‧薩克斯文學獎(1999),
2002年榮獲德國文學的最高獎——德國圖書獎的終生成就獎。

　　2011年12月1日上午,克里斯塔‧沃爾夫因患重病在柏林
去世,享年82歲。

中文譯本:

《分裂的天空》(簡 重慶出版社,1987)

《卡珊德拉》(簡 上海譯文出版社,2006)

《美狄亞‧聲音》(簡 上海譯文出版社,2006)

《天使之城,或佛洛德博士的外套》(簡 人民文學出版社,
　　2011)

歷屆諾貝爾文學獎獲得者名錄

（1901～2011）

1901年

蘇利・普呂多姆（Sully Prudhomme, 1839～1907），法國詩人。主要作品有詩集《命運》，散文《詩之遺囑》、《孤獨與深思》等。獲獎理由：「是高尚的理想、完美的藝術和罕有的心靈與智慧的實證。」

1902年

克利斯蒂安・馬蒂亞斯・特奧多爾・蒙森（Christian Matthias Theodor Mommsen, 1817～1903），德國歷史學家。主要作品有五卷本《羅馬史》等，並主編16卷《拉丁銘文大全》。獲獎理由：「今世最偉大的纂史巨匠，此點於其巨著《羅馬史》中表露無疑。」

1903年

比昂斯滕・比昂松（Bjørnstjerne Martinus Bjørnson, 1832～1910），挪威戲劇家、詩人、小說家。主要作品有劇作

《皇帝》、《挑戰的手套》，詩集《詩與歌》等。獲獎理由：
「他以詩人鮮活的靈感和難得的赤子之心，把作品寫得雍容、華
麗而又繽紛。」

1904年

弗雷德里克・米斯特拉爾（Frédéric Mistral, 1830～
1914），法國詩人。主要作品有詩作《金島》、《普羅旺斯》、
《米洛依》等。獲獎理由：「他的詩作蘊涵之清新創造性與真正
的感召力，忠實地反映了民族的質樸精神。」

何塞・埃切加賴・伊・埃伊薩吉雷（José Echegaray Ÿ
Eizaguirre, 1832～1916），西班牙戲劇家、詩人。主要作品有
《偉大的牽線人》、《不是瘋狂，就是神聖》等。獲獎理由：
「由於它那獨特和原始風格的豐富又傑出，作品恢復了西班牙喜
劇的偉大傳統。」

1905年

亨利克・顯克維支（Henryk Sienkiewicz, 1846～1916），
波蘭小說家。主要作品有《第三個女人》、《十字軍騎士》、
《你往何處去》等。獲獎理由：「因為其歷史小說的寫作極為出
色。」

1906年

喬祖埃・卡爾杜齊（Giosuè Carducci, 1835～1907），義大
利詩人、文藝批評家。主要作品有詩集《青春詩》、長詩《撒旦
頌》、專著《義大利民族文學的發展》等。獲獎理由：「不僅是
由於他精深的學識和批判性的研究，更重要是為了頌揚他詩歌傑
作中所具有的特色、創作氣勢，清新的風格和抒情的魅力。」

1907年

約瑟夫・魯德亞德・吉卜林（Joseph Rudyard Kipling, 1865～1936），英國小說家、詩人。主要作品有詩集《營房謠》、《七海》，小說集《生命的阻力》、動物故事《叢林之書》等。獲獎理由：「這位世界名作家的作品以觀察入微、想像獨特、氣概雄渾、敘述卓越見長。」

1908年

魯道夫・克里斯多夫・歐肯（Rudolf Christoph Eucken, 1846～1926），德國哲學家。主要作品有《人生的主義與價值》、《人與世界──生命的哲學》、《精神生活漫筆》等。獲獎理由：「他對真理的熱切追求、他對思想的貫通能力、他廣闊的觀察，以及他在無數作品中，辯解並闡釋一種理想主義的人生哲學時，所流露的熱誠與力量。」

1909年

塞爾瑪・拉格洛夫（Selma Ottilia Lovisa Lagerlöf, 1858～1940），女，瑞典作家。主要作品有長篇小說《耶路撒冷》、《騎鵝旅行記》等。獲獎理由：「由於她作品中特有的高貴的理想主義、豐富的想像力、平易而優美的風格。」

1910年

保爾・約翰・路德維希・馮・海澤（Paul Johann Ludwig von Heyse, 1830～1914），德國作家。主要作品有劇本《拜爾堡》，小說《驕傲的姑娘》、《特雷庇姑娘》、《尼瑞娜》等。獲獎理由：「表揚這位抒情詩人、戲劇家、小說家以及舉世聞名

的短篇小說家，在他漫長而多產的創作生涯中，所達到的充滿理
想主義精神之藝術至境。」

1911年

莫里斯・瑪麗・伯恩哈德・梅特林克（Maurice Polidore
Marie Bernhard Maeterlinck, 1862～1949），比利時劇作家、
詩人、散文家。主要作品有劇作《盲人》、《青鳥》、散文集
《雙重的花園》、《死亡》、《螞蟻的生活》等。獲獎理由：
「由於他在文學上多方面的表現，尤其是戲劇作品，不但想像豐
富，充滿詩意的奇想，有時雖以神話的面貌出現，還是處處充滿
了深刻的啟示。這種啟示奇妙地打動了讀者的心弦，並且激發了
他們的想像。」

1912年

傑哈特・約翰・羅伯特・豪普特曼（Gerhart Johann
Robert Hauptmann, 1862～1946），德國劇作家、詩人。主要
作品有劇作《日出之前》、《沉鐘》、《群鼠》等。獲獎理由：
「欲以表揚他在戲劇藝術領域中豐碩、多樣的出色成就。」

1913年

羅賓德拉納特・泰戈爾（Rabindranath Tagore, 1861～
1941），印度詩人、社會活動家。主要作品有詩集《吉檀迦
利》、《新月集》、《飛鳥集》，小說《兩畝地》、《沉船》、
《饑餓的石頭》等。獲獎理由：「由於他那至為敏銳、清新與優
美的詩；這詩出之於高超的技巧，並由於他自己用英文表達出
來，使他那充滿詩意的思想業已成為西方文學的一部分。」

1914年

未頒獎

1915年

羅曼·羅蘭（Romain Rolland, 1866～1944），法國作家、音樂評論家。主要作品有長篇巨著《約翰·克利斯朵夫》，傳記作品《貝多芬傳》、《米開朗基羅傳》、《托爾斯泰傳》等。獲獎理由：「文學作品中的高尚理想和他在描繪各種不同類型人物時所具有的同情和對真理的熱愛。」

1916年

卡爾·古斯塔夫·魏爾納·馮·海頓斯塔姆（Carl Gustaf Verner von Heidenstam, 1859～1940），瑞典詩人、小說家。主要作品有詩集《朝聖年代》，小說《查理士國王的人馬》等。獲獎理由：「褒獎他在瑞典文學新紀元中所占之重要代表地位。」

1917年

卡爾·阿道夫·蓋勒魯普（Karl Adolph Gjellerup, 1857～1919），丹麥作家。主要作品有詩集《我的愛情之卷》，小說《明娜》、《磨房血案》、《已為生命而熱》等。獲獎理由：「因為他多樣而豐富的作品——它們蘊含了崇高的理想。」

亨利克·蓬托皮丹（Henrik Pontoppidan, 1857～1943），丹麥小說家。主要作品有長篇小說《老亞當》、《聖歌》、《霍克市長和夫人》，「樂土」三部曲：《希望之鄉》、《幸運兒彼爾》、《死亡之國》等。獲獎理由：「由於他真實描

繪了當代丹麥的生活。」

1918年

未頒獎

1919年

卡爾‧弗里德里希‧格奧爾格‧施皮特勒（Carl Friedrich Georg Spitteler, 1845～1924），瑞士詩人、小說家。主要作品有史詩《奧林匹斯的春天》、《受難者普羅米修士》，小說《康拉德少尉》、《伊瑪果》等。獲獎理由：「特別表彰他在史詩《奧林匹斯的春天》的優異表現。」

1920年

克努特‧佩德森‧漢姆生（Knut Pedersen Hamsun, 1859～1952），挪威小說家、戲劇家、詩人。主要作品有小說《饑餓》、《牧羊神》、《大地碩果》等。獲諾貝爾文學獎。獲獎理由：「為了他劃時代的巨著《土地的成長》。」

1921年

阿納托爾‧法郎士（Anatole France, 1844～1924），法國作家、文學評論家、社會活動家。主要作品有小說《苔依絲》、《企鵝島》、《諸神渴了》等。獲獎理由：「他輝煌的文學成就，乃在於他高尚的文體、憐憫的人道同情、迷人的魅力，以及一個真正法國性情所形成的特質。」

1922年

哈辛特‧貝納文特（Jacinto Benavente, 1866～1954），西

班牙作家。主要作品有劇本《別人的窩》、《利害關係》、《熱情之花》、《不吉利的姑娘》等。獲獎理由：「由於他以適當方式，延續了戲劇之燦爛傳統。」

1923年

威廉・勃特勒・葉芝（William Butler Yeats, 1865～1939），愛爾蘭詩人、劇作家。主要作品有詩作《風中蘆葦》、《在七座樹林裏》、《佈滿陰影的水》、8卷本《葉芝詩選》，詩論集《幻象》等。獲獎理由：「由於他那永遠充滿著靈感的詩，它們透過精美的藝術形式展現了整個民族的精神。」

1924年

瓦迪斯瓦夫・雷蒙特（Wladyslaw Stanislaw Reymont, 1868～1925），波蘭作家。主要作品有長篇小說《福地》和四卷本長篇小說《農民》等。獲獎理由：「我們頒獎給他，是因為他的民族史詩《農民》寫得很出色。」

1925年

喬治・蕭伯納（George Bernard Shaw, 1856～1950），英國劇作家。共創作51個劇本，主要作品有《華倫夫人的職業》、《匹克梅梁》、《人與超人》、《聖女貞德》等。獲獎理由：「由於他的作品表現了理想主義和博愛，其中發人深思的諷刺時常充滿了富有詩意的新奇之美。」

1926年

格拉齊亞・黛萊達（Grazia Deledda, 1871～1936），女，義大利作家。主要作品有小說《鴿子與老鷹》、《橄欖園的火

災》、《母親》、《孤獨者的秘密》、《飛往埃及》、《邪惡之路》等。獲獎理由：「為了表揚她由理想主義所激發的作品，以渾柔的透徹描繪了她所生長的島嶼上的生活；在洞察人類一般問題上，表現的深度與憐憫。」

1927年

亨利‧柏格森（Henri Bergson, 1859～1941），法國哲學家。主要作品有《時間與自由意志》、《創造進化論》、《道德與宗教的兩個起源》等。獲獎理由：「因為他那豐富的且充滿生命力的思想，以及所表現出來的光輝燦爛的技巧。」

1928年

西格里德‧溫塞特（Sigrid Undset, 1882～1949），女，挪威作家。主要作品有小說《珍妮》、三部曲《勞倫斯之女克里斯丁》等。獲獎理由：「主要是由於她對中世紀北國生活之有力描繪。」

1929年

托馬斯‧曼（Thomas Mann, 1875～1955），德國作家。主要作品有小說《布登勃洛克一家》、《魔山》等。獲獎理由：「由於他那在當代文學中具有日益鞏固的經典地位的偉大小說《布登勃洛克一家》。」

1930年

辛克萊‧路易斯（Sinclair Lewis, 1885～1951），美國作家。主要作品有《大街》、《巴比特》、《阿羅史密斯》等。獲獎理由：「由於他充沛有力、切身和動人的敘述藝術，和他以機

智幽默去開創新風格的才華。」

1931年

埃利克・阿克塞爾・卡爾費爾特（Erik Axel Karlfeldt, 1864～1931），瑞典詩人。主要作品有詩集《荒原與愛情》、《秋天的號角》等。獲獎理由：「由於他在詩作的藝術價值上，從沒有人懷疑過。」

1932年

約翰・高爾斯華綏（John Galsworthy, 1867～1933），英國小說家、劇作家。著有長篇小說《福爾賽世家》三部曲、《現代喜劇》三部曲和劇本《銀匣》等。獲獎理由：「為其描述的卓越藝術——這種藝術在《福爾賽世家》中達到高峰。」

1933年

伊凡・阿列克謝耶維奇・蒲寧（Ivan Alekseyevich Bunin, 1870～1953），俄國詩人、小說家。主要作品有詩集《落葉》，短篇小說集《安東諾夫的蘋果》、《松樹》、《新路》，中篇小說《鄉村》等。獲獎理由：「由於他嚴謹的藝術才能，使俄羅斯古典傳統在散文中得到繼承。」

1934年

路伊吉・皮蘭德婁（Luigi Pirandello，1867～1936），義大利劇作家、小說家。一生創作了40多部劇本，主要劇作有《誠實的快樂》、《六個尋找劇作者的角色》、《亨利四世》、《尋找自我》等。獲獎理由：「他果敢而靈巧地復興了戲劇藝術和舞臺藝術。」

1935年

未頒獎。

1936年

尤金·格拉德斯通·奧尼爾（Eugene Gladstone O'Neill, 1888～1953），美國劇作家。主要劇作有《天邊外》、《安娜·克利斯蒂》、《無窮的歲月》和自傳性劇作《長夜漫漫路迢迢》等。獲獎理由：「由於他劇作中所表現的力量、熱忱與深摯的感情——它們完全符合悲劇的原始概念。」

1937年

羅傑·馬丹·杜·加爾（Roger Martin du Gard, 1881～1958），法國小說家。主要作品有長篇小說《蒂博一家》8卷，《灰色筆記本》、《教養院》、《美好的季節》、《診斷》、《小妹妹》、《父親的死》、《1914年夏天》等。獲獎理由：「由於他在長篇小說《蒂博一家》中表現出來的藝術魅力和真實性，這是對人類生活面貌的基本反映。」

1938年

賽珍珠（珀爾·塞登斯特里克·巴克）（Pearl Sydenstricker Buck, 1892～1973），女，美國作家。主要作品有大地三部曲：《大地》、《兒子們》、《分家》，小說《母親》、《愛國者》、《龍種》等。獲獎理由：「她對於中國農民生活的豐富和真正史詩般的描述，以及她自傳性的傑作。」

1939年

弗蘭斯・埃米爾・西蘭帕（Frans Eemil Sillanpää, 1888～1964），芬蘭作家。主要作品有長篇小說《神聖的貧困》、《少女西麗亞》、《夏夜的人們》等。獲獎理由：「由於他在描繪兩樣互相影響的東西──他祖國的本質，以及該國農民的生活時──所表現的深刻瞭解與細膩藝術。」

1940年～1943年

未頒獎

1944年

約翰內斯・威廉・延森（Johannes Vilhelm Jensen, 1873～1950），丹麥小說家、詩人。主要作品有長篇系列小說《漫長的旅行》：《冰河》、《船》、《失去的天國》、《諾尼亞・葛斯特》、《奇姆利人遠征》和《哥倫布》，詩集《世界的光明》、《日德蘭之風》等。獲獎理由：「憑藉豐富有力的詩意想像，將胸襟廣博的求知心和大膽的、清新的創造性風格結合起來。」

1945年

加布列拉・米斯特拉爾（Gabriela Mistral, 1889～1957），女，智利詩人。主要作品有詩集《死的十四行詩》、《絕望》、《柔情》、《有刺的樹》、《葡萄區榨機》等。獲獎理由：「她那由強烈感情孕育而成的抒情詩，已經使得她的名字成為整個拉丁美洲世界渴求理想的象徵。」

1946年

赫爾曼‧黑塞（Hermann Hesse, 1877～1962），瑞士作家，原籍德國。主要作品有長篇小說《克努爾普》、《德米爾》、《席特哈爾塔》、《荒原狼》、《玻璃球遊戲》等。獲獎理由：「他那些靈思盎然的作品——它們一方面具有高度的創意和深刻的洞見，一方面象徵古典的人道理想與高尚的風格。」

1947年

安德列‧保羅‧吉約姆‧紀德（André Paul Guillaume Gide, 1869～1951），法國作家、評論家。主要作品有小說《梵蒂岡地窖》、《窄門》、《田園交響曲》、《偽幣製造者》等。獲獎理由：「為了他廣泛的與有藝術質地的著作，在這些著作中，他以無所畏懼的對真理的熱愛，並以敏銳的心理學洞察力，呈現了人性的種種問題與處境。」

1948年

托馬斯‧斯特恩斯‧艾略特（Thomas Stearns Eliot, 1888～1965），英國詩人、劇作家、批評家。主要作品有詩作《普魯弗洛克的情歌》、《荒原》、《四個四重奏》，評論《傳統與個人才能》、《批評的功能》、《詩與批評的效用》等。獲獎理由：「對於現代詩之先鋒性的卓越貢獻。」

1949年

威廉‧福克納（William Faulkner, 1897～1962），美國小說家。主要作品有長篇小說《聲音與憤怒》、《我彌留之際》、《押沙龍，押沙龍》、《聖殿》等。獲獎理由：「因為他對當代

美國小說做出了強有力的和藝術上無與倫比的貢獻。」

1950年

伯特蘭・亞瑟・威廉・羅素（Bertrand Arthur William Russell, 1872～1970），英國哲學家、邏輯學家、數學家。主要作品有《數理哲學導論》、《數學原理》、《哲學問題》、《自由之路》、《社會重建原理》等。獲獎理由：「表彰他多樣且重要的作品，持續不斷的追求人道主義理想和思想自由。」

1951年

佩爾・費比安・拉格奎斯特（Pär Fabian Lagerkvist, 1891～1974），瑞典詩人、戲劇家、小說家。主要作品有詩集《天才》，劇本《瘋人院裏的仲夏夜之夢》，小說《侏儒》、《大盜巴拉巴》等。獲獎理由：「由於他在作品中為人類面臨的永恆的疑難尋求解答所表現出的藝術活力和真正獨立的見解。」

1952年

弗朗索瓦・莫里亞克（François Mauriac, 1885～1970），法國作家。小說：《黛萊絲・苔斯蓋魯》、《愛的荒漠》、《昔日一少年》，劇本《阿斯摩泰》、《不為人愛的人們》、《地上的火焰》，回憶錄《內心回憶錄》、《內心回憶新錄》和《政治回憶錄》等。獲獎理由：「因為他在他的小說中剖析了人生的戲劇，對心靈的深刻觀察和緊湊的藝術。」

1953年

溫斯頓・倫納德・斯潘塞・邱吉爾（Winston Leonard Spencer Churchill, 1874～1965），英國政治家、歷史學家、傳

記作家。曾任英國首相。主要作品有《馬拉坎德遠征記》、《第二次世界大戰回憶錄》、《英語民族史》等。獲獎理由：「由於他在描述歷史與傳記方面的造詣，同時由於他那捍衛崇高的人的價值的光輝演說。」

1954年

歐尼斯特・米勒・海明威（Ernest Miller Hemingway, 1899～1961），美國小說家。主要作品有《太陽照常升起》、《永別了，武器》、《喪鐘為誰而鳴》、《死在午後》、《老人與海》等。獲獎理由：「因為他精通於敘事藝術，突出地表現在其近著《老人與海》之中；同時也因為他對當代文體風格之影響。」

1955年

赫爾多爾・奇里揚・拉克斯內斯（Halldór Kiljan Laxness, 1902～1998），冰島小說家。主要作品有長篇小說《莎爾卡・瓦爾卡》、《獨立的人們》、《世界之光》、長篇歷史小說3卷《冰島鐘聲》等。獲獎理由：「為了他在作品中所流露的生動、史詩般的力量，使冰島原已十分優秀的敘述文學技巧更加瑰麗多姿。」

1956年

胡安・拉蒙・希梅內斯（Juan Ramón Jiménez, 1881～1958），西班牙詩人。主要作品有詩集《詩韻集》、《悲哀的詠歎調》，散文集《三個世界的西班牙人》，長詩《空間》等。獲獎理由：「由於他的西班牙抒情詩，成了高度精神和純粹藝術的最佳典範。」

1957年

阿爾貝・卡繆（Albert Camus, 1913～1960），法國作家。主要作品有劇本《誤會》、《正義》，小說《局外人》、《鼠疫》，論文集《西西弗斯的神話》等。獲獎理由：「由於他重要的著作，在這著作中他以明察而熱切的眼光照亮了我們這時代人類良心的種種問題。」

1958年

鮑利斯・列奧尼多維奇・帕斯捷爾奈克（Boris Leonidovich Pasternak, 1890～1960），俄蘇詩人、小說家。主要作品有詩集《在街上》、《生活啊，我的姊姊》、《主題與變奏》，長篇小說《齊瓦哥醫生》等。獲獎理由：「在當代抒情詩和俄國的史詩傳統上，他都獲得了極為重大的成就。」

1959年

薩瓦多爾・誇西莫多（Salvatore Quasimodo, 1901～1968），義大利詩人。主要作品有詩集《水與土》、《消逝的笛音》、《瞬息間是夜晚》、《日復一日》等。獲獎理由：「由於他的抒情詩，以古典的火焰表達了我們這個時代中，生命的悲劇性體驗。」

1960年

聖-瓊・佩斯（Saint-John Perse, 1887～1975），法國詩人。作品有《歌頌童年》、《遠征》、《流亡》、《海標》、《紀年詩》等。獲獎理由是：「由於他高超的飛越與豐盈的想像，表達了一種關於目前這個時代之富於意象的沉思。」

1961年

伊沃‧安德里奇（Ivo Andric, 1892～1975），南斯拉夫小說家。主要作品有「波士尼亞三部曲」《德里納河上的橋》、《特拉夫尼克紀事》和《薩拉熱窩女人》等。獲獎理由：「由於他作品中史詩般的力量——他憑藉它在祖國的歷史中追尋主題，並描繪人的命運。」

1962年

約翰‧斯坦貝克（John Steinbeck, 1902～1968），美國小說家。主要作品有《憤怒的葡萄》、《月亮下去了》、《珍珠》、《煩惱的冬天》和《人鼠之間》等。獲獎理由：「通過現實主義的、寓於想像的創作，表現出富於同情的幽默和對社會的敏感觀察。」

1963年

喬治‧塞菲里斯（George Seferis, 1900～1971），希臘詩人。主要作品有詩集《轉捩點》、《神話和歷史》、《航海日誌》和《「畫眉鳥」號》。獲獎理由：「他的卓越的抒情詩作，是對希臘文化的深刻感受的產物。」

1964年

讓-保爾‧薩特（Jean-Paul Sartre, 1905～1980），法國哲學家、作家。主要作品有哲學著作《存在與虛無》、《辯證理性批判》，小說《噁心》、《自由之路》三部曲，劇本《蒼蠅》和《禁閉》等。獲獎理由：「因為他那思想豐富、充滿自由氣息和探求真理精神的作品對我們時代發生了深遠影響。」

1965年

米哈伊爾・亞歷山大羅維奇・蕭洛霍夫（Mikhail Aleksandrovich Sholokhov, 1905～1984），俄蘇小說家。主要作品有長篇巨著《靜靜的頓河》和長篇小說《一個人的遭遇》等。獲獎理由：「由於這位作家在那部關於頓河流域農村之史詩作品中所流露的活力與藝術熱忱——他以這兩者在小說裏描繪了俄羅斯民族生活之某一歷史層面。」

1966年

薩繆爾・約瑟夫・阿格農（Shmuel Yosef Agnon, 1888～1970），猶太人，以色列作家。主要作品有小說《婚禮華蓋》、《大海深處》、《過夜的客人》、《訂婚記》等。獲獎理由：「他的敘述技巧深刻而獨特，並從猶太民族的生命汲取主題。」

內莉・薩克斯（Nelly Sachs, 1891～1970），女，瑞典詩人、劇作家，原籍德國。主要作品有詩集《逃亡與蛻變》、《進入無塵之境》、《死亡歡慶生命》，詩劇《伊萊》、《沙中的記號》等。獲獎理由：「因為她傑出的抒情詩與戲劇作品，以感人的力量表現了以色列的命運。」

1967年

米格爾・安赫爾・阿斯圖里亞斯（Miguel Angel Asturias, 1899～1974），瓜地馬拉詩人、小說家。主要作品有小說《瓜地馬拉傳說》、《總統先生》、《玉米人》等。獲獎理由：「因為他的作品落實於自己的民族色彩和印第安傳統，而顯得鮮明生動。」

1968年

　　川端康成（Yasunari Kawabata, 1899～1972），日本小說家。主要作品有小說《雪國》、《古都》、《千隻鶴》、《淺草紅團》、《山之音》等。獲獎理由：「由於他高超的敘事性作品以非凡的敏銳表現了日本人的精神特質。」

1969年

　　薩繆爾‧貝克特（Samuel Beckett, 1906～1989），愛爾蘭劇作家。主要作品有三部曲《馬婁伊》、《馬婁伊之死》、《無名的人》和劇本《等待果陀》、《哦，美好的日子》等。獲獎理由：「他那具有奇特形式的小說和戲劇作品，使現代人從精神困乏中得到振奮。」

1970年

　　亞歷山大‧伊薩耶維奇‧索忍尼辛（Aleksandr Isayevich Solzhenitsyn, 1918～2008），俄羅斯作家。主要作品有長篇小說《伊凡‧傑尼索維奇的一天》、《古拉格群島》、《癌病房》、《第一圈》、《紅輪》等。獲獎理由：「他的作品具有全球性的藝術魅力，以不同的藝術形式象徵性地表達了自己對俄羅斯母親的摯愛。」

1971年

　　巴勃羅‧聶魯達（Pablo Neruda, 1904～1973），智利詩人。主要作品有《二十首情詩和一支絕望的歌》、《西班牙在我心中》、《船長的詩》、《黑島紀事》、《詩歌總集》等。獲獎理由：「詩歌具有自然力般的作用，復甦了一個大陸的命運與夢想。」

1972年

海因里希・伯爾（Heinrich Böll, 1917～1985），德國小說家。主要作品有小說《列車正點到達》、《女士及眾生相》、《喪失了名譽的卡塔琳娜》等。獲獎理由：「為了表揚他的作品，這些作品兼具有對時代廣闊的透視和塑造人物的細膩技巧，並有助於德國文學的振興。」

1973年

派屈克・懷特（Patrick White, 1912～1990），澳洲小說家、劇作家。主要作品有小說《生者和死者》、《人之樹》、《風暴眼》、《樹葉裙》等。獲獎理由：「由於他史詩與心理敘述藝術，並將一個嶄新的大陸帶進文學中。」

1974年

埃溫特・詹森（Eyvind Johnson, 1900～1976），瑞典作家。主要作品有小說《烏洛夫的故事》等。獲獎理由：「以自由為目的，而致力於歷史的、現代的廣闊觀點之敘述藝術。」

哈里・艾德蒙・馬丁遜（Harry Martinson, 1904～1978），瑞典詩人。主要作品有詩作《遊牧民族》、《自然》、《海風之路》、《蟬》、《草之山》、《阿尼亞拉》等。獲獎理由：「他的作品捕捉了一滴露珠而映射出整個世界。」

1975年

埃烏傑尼奧・蒙塔萊（Eugenio Montale, 1896～1981），義大利詩人。主要作品有詩集《烏賊骨》、《守岸人的石屋》、《生活之惡》等。獲獎理由：「獨樹一幟的詩歌創作，以巨大的

藝術敏感性，排除謬誤與幻想的生活洞察力，詮釋了人類的真正
價值。」

1976年

索爾‧貝婁（Saul Bellow, 1915～1995），美國小說家。主
要作品有長篇小說《奧吉‧瑪琪歷險記》、《赫索格》、《洪堡
的禮物》等。獲獎理由：「由於他的作品對人性的瞭解，以及對
當代文化的敏銳透視。」

1977年

阿萊克桑德雷‧海格（Vicente Aleixandrey Merlo, 1898～
1984），西班牙詩人。主要作品有詩集《天堂的影子》、《毀滅
或愛情》、《終極的詩》、《知識的對白》等。獲獎理由：「他
的作品繼承了西班牙抒情詩的傳統和吸取了現代派的風格，描述
了人在宇宙和當今社會中的狀況。」

1978年

艾薩克‧巴什維斯‧辛格（Isaac Bashevis Singer, 1904～
1991），美國小說家。主要作品有《撒旦在戈雷》、《盧布林的
魔術師》、《原野王》等。獲獎理由：「他的充滿激情的敘事藝
術，這種藝術既紮根於波蘭猶太人的文化傳統，又反映了人類的
普遍處境。」

1979年

奧德修斯‧埃里蒂斯（Odysseus Elytis, 1911～1996），希
臘詩人。主要作品有詩集《初生的太陽》、《英雄挽歌》、《理
所當然》等。獲獎理由：「他的詩以希臘傳統為背景，用感覺的

力量和理智的敏銳，描寫現代人為自由和創新而奮鬥。」

1980年

切斯瓦夫・米沃什（Czeslaw Milosz, 1911～2004），波蘭詩人。主要作品有詩集《冰封的日子》、《三個季節》、《冬日鐘聲》、《白晝之光》、《日出日落之處》，日記《獵人的一年》，論著《被奴役的心靈》等。獲獎理由：「不妥協的敏銳洞察力，描述了人在激烈衝突的世界中的暴露狀態。」

1981年

埃利亞斯・卡內蒂（Elias Canetti, 1905～1994），英國德語作家。主要作品有長篇小說《迷惘》，劇作《婚禮》、《虛榮的喜劇》，自傳《獲救之舌》、《耳中火炬》、《眼睛遊戲》等。獲獎理由：「極其尖銳地向我們這個時代不健康傾向進攻的豐富多彩的作品。」

1982年

加大列爾・賈西亞・馬奎斯（Gabriel García Márquez, 1928～），哥倫比亞記者、小說家。主要作品有長篇小說《百年孤獨》、《家長的沒落》、《霍亂時期的愛情》、《迷宮中的將軍》、《苦妓追憶錄》等。獲獎理由：「由於其長篇小說以結構豐富的想像世界，其中糅混著魔幻於現實，反映出一整個大陸的生命矛盾。」

1983年

威廉・戈爾丁（William Golding, 1911～1994），英國小說家。主要作品有長篇小說《蠅王》、《繼承者》、《金字塔》、

《自由墮落》、《看得見的黑暗》、《紙人》等。獲獎理由：「具有清晰的現實主義敘述技巧以及虛構故事的多樣性與普遍性，闡述了今日世界人類的狀況。」

1984年

雅羅斯拉夫・塞弗爾特（Jaroslav Seifert, 1901～1986），捷克詩人。主要作品有詩作《裙兜裏的蘋果》、《紫羅蘭》、《鑄鐘》、《媽媽》、《哈雷彗星》和回憶錄《世界美如斯》等。獲獎理由：「他的詩富於獨創性、新穎、栩栩如生，表現了人的不屈不撓精神和多才多藝的渴求解放的形象。」

1985年

克洛德・西蒙（Claude Simon, 1913～2005），法國小說家。「新小說派」代表作家。主要作品有《弗蘭德公路》、《歷史》、《農事詩》等。獲獎理由：「由於他善於把詩人和畫家的豐富想像與深刻的時間意識融為一體，對人類的生存狀況進行了深入的描寫。」

1986年

沃萊・索因卡（Wole Soyinka, 1934～），奈及利亞劇作家、詩人、小說家、評論家。主要作品有《沼澤地的居民》、《獅子與寶石》、《路》、《解釋者》等，詩集《伊當洛及其它》。獲獎理由：「他以廣博的文化視野創作了富有詩意的關於人生的戲劇。」

1987年

約瑟夫・布羅茨基（Joseph Brodsky, 1940～1996），俄裔美籍詩人。主要作品有詩集《言辭片段》、《山丘和其他》、《悼約翰・鄧恩及其它》、《駐足荒漠》，散文集《小於一》等。獲獎理由：「因為一種以思想敏銳和詩意強烈為特色的包羅萬象的寫作。」

1988年

納吉布・馬哈福茲（Naguib Mahfouz, 1911～2006），埃及小說家。主要作品有開羅三部曲《宮間街》、《思宮街》、《甘露街》，小說《小偷與狗》、《乞丐》、《我們街區的孩子們》（《街魂》）、《新開羅》、《梅達格胡同》、《平民史詩》等。獲獎理由：「他通過大量刻畫入微的作品，洞察一切的現實主義，喚起人們樹立信心，形成了全人類所欣賞的阿拉伯語言藝術。」

1989年

卡米洛・何塞・塞拉（Camilo José Cela, 1916～2002），西班牙作家。主要作品有詩集《踏著白日猶豫的光芒》、《修道院與語言》，小說《蜂房》、《黃頭髮姑娘》、《為亡靈彈奏瑪祖卡》。獲獎理由是：「帶有濃郁情感的豐富而精簡的描寫，對人類弱點達到的令人難以企及的想像力。」

1990年

奧克塔維奧・帕斯（Octavio Paz, 1914～1998），墨西哥詩人。主要作品有詩集《太陽石》、《假釋的自由》、《向下生

長的樹》，散文集《孤獨的迷宮》、《人在他的世紀中》、《印度紀行》等。獲獎理由：「因為一種帶有廣闊多重的地平線的寫作，其特徵是感性的睿智和人文主義的氣節構成。」

1991年

內丁・戈迪默（Nadine Gordimer, 1923～），女，南非作家。主要作品有長篇小說《縹緲歲月》、《陌生人的世界》、《戀愛時節》、《貴賓》、《伯格的女兒》、《朱利的族人》、《七月的人民》等。獲獎理由：「以強烈而直接的筆觸，描寫周圍複雜的人際與社會關係，其史詩般壯麗的作品，對人類大有裨益。」

1992年

德里克・沃爾科特（Derek Walcott, 1930～），聖盧西亞詩人。主要作品有詩集《在綠夜裏》、《放逐及其它》、《海葡萄》、《海灣及其它》、《仲夏》、《歐莫如斯》等；劇作《猴山之夢》、《最後的狂歡節》等。獲獎理由：「因為一種具有巨大光能的詩歌寫作，而這種光能是用一種多元文化和介入產生出的歷史眼光維繫的。」

1993年

托妮・莫里森（Toni Morrison, 1931～），女，美國小說家。主要作品有長篇小說《最藍的眼睛》、《秀拉》、《所羅門之歌》、《寶貝兒》、《爵士樂》等。獲獎理由：「其作品想像力豐富，富有詩意，顯示了美國現實生活的重要方面。」

1994年

大江健三郎（Kenzaburo Oe, 1935～），日本小說家。主要作品有小說《死者的奢華》、《個人的體檢》、《萬延元年的足球隊》、《洪水湧上我的靈魂》、《致令人眷念的年代的信》，長篇三部曲《燃燒的綠樹》等。獲獎理由：「通過詩意的想像力，創造出一個把現實與神話緊密凝縮在一起的想像世界，描繪了現代人的芸芸眾生相。」

1995年

希默斯・希尼（Seamus Heaney, 1939～），愛爾蘭詩人。主要作品有詩集《一位自然主義者之死》、《通向黑暗之門》、《在外過冬》、《北方》、《野外作業》、《苦路島》、《山楂燈》、《幻覺》等。獲獎理由：「由於其作品洋溢著抒情之美，包容著深邃的倫理，揭示出日常生活和現實歷史的奇蹟。」

1996年

維斯瓦娃・辛波絲卡（Wislawa Szymborska, 1923～2012），女，波蘭詩人。主要作品有詩集《我們為此活著》、《向自己提出問題》、《呼喚雪人》、《鹽》、《一百種樂趣》、《橋上的歷史》、《結束與開始》等。獲獎理由：「由於其在詩歌藝術中警辟精妙的反諷，挖掘出了人類一點一滴的現實生活背後歷史更迭與生物演化的深意。」

1997年

達里奧・福（Dario Fo, 1926～），義大利劇作家。主要作品有劇作《滑稽神秘劇》、《一個無政府主義者的意外死亡》、

《不付錢！不付錢！》、《他有兩把手槍》、《該扔掉的夫人》等。獲獎理由：「他繼承中世紀流浪藝人的傳統，抨擊權威，恢復了受屈辱者的尊嚴。」

1998年

若澤・薩拉馬戈（José Saramago, 1922～2010），葡萄牙小說家。主要作品有小說《里斯本圍困史》、《失明症漫記》、《修道院紀事》等。獲獎理由：「由於他那極富想像力、同情心和頗具反諷意味的作品，我們得以反覆重溫那一段難以捉摸的歷史。」

1999年

君特・格拉斯（Günter Grass, 1927～），德國作家。主要作品有詩集《風信雞之優點》、《三角軌道》等，小說「但澤三部曲」《鐵皮鼓》、《貓與鼠》、《狗年月》，長篇小說《母鼠》、《鈴蟾的叫聲》，回憶錄《剝洋蔥》等。獲獎理由：「他在詼諧幽默的黑色寓言中描摹出人類淡忘的歷史面目。」

2000年

高行健（1940～），法籍華人（1997年加入法國國籍），劇作家、小說家。主要作品有劇作《絕對信號》、《野人》、《車站》，長篇小說《靈山》、《一個人的聖經》、《給我老爺買魚竿》等。獲獎理由：「其作品的普遍價值，刻骨銘心的洞察力和語言的豐富機智，為中文小說和藝術戲劇開闢了新的道路。」

2001年

維迪亞德哈爾・蘇拉易普拉薩德・奈波爾（Vidiadhar Surajprasad Naipaul, 1932～），印度裔英國作家。主要作品有小說《靈異推拿師》、《米格爾大街》、《河灣》、《島上的旗幟》、《自由國度》、《浮生》等。獲獎理由：「其著作將極具洞察力的敘述與不為世俗左右的探索融為一體，是驅策我們從扭曲的歷史中探尋真實的動力。」

2002年

因惹・卡爾特斯（Kertész Imre, 1929～），匈牙利作家。主要作品有小說《船夫日記》、《非關命運》、《慘敗》、《給未出生的孩子的安息禱告》等。獲獎理由：「表彰他對脆弱的個人在對抗強大的野蠻強權時痛苦經歷的深刻刻畫以及他獨特的自傳體文學風格。」

2003年

約翰・馬克斯維爾・庫切（John Maxwell Coetzee, 1940～），南非作家。主要作品有小說《等待野蠻人》、《幽暗之地》、《邁克爾・K的生活和時代》、《內陸深處》、《恥》、《凶年紀事》等。獲獎理由：「在眾多假面具下描繪了局外人令人驚訝的人性本質。」

2004年

埃爾弗里德・耶利內克（Elfriede Jelinek, 1943～），女，奧地利作家。主要作品有《鋼琴教師》、《米夏埃爾》、《我們是騙子，寶貝》、《死亡與少女》、《情慾》等。獲獎理由：

「因為她的小說和戲劇具有音樂般的韻律，她的作品以非凡的充滿激情的語言，揭示了社會上的陳腐現象及其禁錮力的荒誕不經。」

2005年

哈羅德・品特（Harold Pinter, 1930～2008），英國劇作家。主要作品：《生日派對》、《看門人》、《回鄉》、《送菜升降機》、《無人之地》、《塵歸塵》等。獲獎理由：「在其戲劇中揭示了日常閒談掩蓋下的危局，直闖壓抑的密室。」

2006年

奧爾罕・帕穆克（Orhan Pamuk, 1952～），土耳其小說家。主要作品有《白色城堡》、《雪》、《我的名字叫紅》、《伊斯坦布爾》、《純真博物館》等。獲獎理由：「在尋找故鄉的憂鬱靈魂時，發現了文化碰撞和融合中的新象徵。」

2007年

多麗絲・萊辛（Doris Lessing, 1919～），女，英國小說家。代表作有《金色筆記》、《野草在歌唱》、《暴力的孩子們》、《黑暗前的夏天》、《第五個孩子》、《簡・薩默斯日記》等。獲獎理由：「她以懷疑主義、激情和想像力審視一個分裂的文明，她登上了女性體驗的史詩巔峰。」

2008年

勒・克萊喬（Jean-Marie Gustave Le Clézio, 1940～），法國小說家。主要作品有《訴訟筆錄》、《金魚》、《流浪的星星》、《少年心事》、《戰爭》、《烏拉尼亞》。獲獎理由：

「有新起點、詩意冒險和感官迷幻的作家，是在現代文明之外對於人性的探索者。」

2009年

荷塔‧慕勒（Herta Müller, 1953～），女，羅馬尼亞裔德國小說家、詩人。1987年後流亡至德國，主要作品有《心獸》、《那時候狐狸就是獵人》、《我所擁有的我都帶著》、《光年之外》、《國王鞠躬，國王殺人》、《呼吸秋千》等。獲獎理由：「以詩歌的凝練和散文的率直，描寫了被剝奪者、一無所有者的境況。」

2010年

馬里奧‧巴爾加斯‧略薩（Mario Vargas Llosa, 1936～），秘魯與西班牙雙重國籍小說家。主要作品有長篇小說《城市與狗》、《綠房子》、《胡莉婭姨媽與作家》、《世界末日之戰》《誰殺死了帕洛米諾‧莫雷羅》、《公羊的節日》等。獲獎理由：「他不僅繪製出了權力的結構，也犀利地刻畫出了個人的抵制、反抗和失敗。」

2011年

托馬斯‧特朗斯特羅默（Tomas Transtromer, 1931～），瑞典詩人，被譽為當代歐洲詩壇最傑出的象徵主義和超現實主義大師。主要作品有詩集《詩十七首》、《途中的秘密》、《半完成的天空》、《看見黑暗》、《小路》、《真理之盾》、《給生者和死者》、《悲哀貢朵拉》、《巨大的謎》、《畫廊》等。獲獎理由：「他用凝練、透徹的意象，為我們提供了通向現實的新途徑。」

【注】

1914、1918、1935、1940、1941、1942、1943年因戰爭未授獎;

1907、1917、1966、1974年各有兩位作家獲獎。

瑞典學院院士的18把椅子

（帶＊號者為現任諾貝爾文學獎評委，括弧內為其任期時間。）

第一把椅子

A・J・謝普根（1786年～1789年）

N・Ph・於爾登斯多爾佩（1789年～1810年）

J・O・瓦林（1810年～1839年）

A・福利賽爾（1840年～1881年）

H・福塞爾（1881年～1901年）

C・比爾特（1901年～1931年）

B・維德貝里（1931年～1945年）

B・埃凱貝利（1945年～1968年）

B・A・S・彼得倫（1969年～1976年）

S・J・G・路德霍爾姆（1977年～2008年）

L・羅塔斯（2009年至今）

第二把椅子

C・F・謝菲爾（1786年5月～1786年8月，從未到會）

A・N・埃德爾克朗茨（1786年～1821年）

C・P・哈格貝里（1821年～1841年）

C・E・法爾克朗茨（1842年～1866年）

G・文納貝里（1866年～1901年）

C・安納斯泰特（1901年～1927年）

M・拉姆（1928年～1950年）

I・安德松（1950年～1974年）

T・塞格爾斯泰特（1975年～1999年）

B・拉爾夫（1999年至今）

第三把椅子

O・小塞爾西尤斯（1786年～1794年）

J・A・丁斯塔迪尤斯（1794年～1827年）

C・G・馮・布林科曼（1828年～1847年）

A・伊利（1849年～1849年，從未到會）

J・伯爾耶松（1859年～1866年）

H・M・梅林（1866年～1877年）

C・G・馬爾姆斯特羅姆（1878年～1912年）

H・舍克（1913年～1947年）

H・S・尼貝里（1948年～1974年）

C・I・斯托勒（1974年～1980年）

S・阿倫＊（1980年至今）

第四把椅子

J・H・卡爾葛蘭（1786年～1795年）

J・斯坦哈馬爾（1876年～1799年）

C・弗萊明（1799年～1831年）

C・A・阿卡德（1831年～1859年）

Ｆ・Ｆ・卡爾松（1859年～1887年）

Ｈ・隆德葛蘭（1887年～1906年）

Ｉ・阿塞利尤斯（1907年～1921年）

Ｔ・赫德貝里（1922年～1931年）

Ｓ・西維爾茨（1932年～1970年）

Ｌ・福賽爾（1971年～2008年）

Ａ・烏爾松（2008至今）

第五把椅子

Ｍ・馮・赫爾曼松（1786年～1879年）

Ｍ・倫貝里（1789年～1808年）

Ｊ・林德布魯姆（1809年～1819年）

Ｃ・馮・盧森斯泰因（1819年～1836年）

Ｊ・Ｊ・貝塞里尤斯（1837年～1848年）

Ｊ・Ｅ・里德科威斯特（1849年～1877年）

Ｔ・維森（1878年～1892年）

Ｋ・Ｆ・綏德爾瓦爾（1892年～1924年）

Ａ・科克（1924年～1935年）

Ｂ・何塞耳曼（1935年～1952年）

Ｈ・奧爾松（1953年～1985年）

Ｇ・馬爾姆奎斯特（中文名馬悅然）（1985年至今）

第六把椅子

Ｊ・文果德（1786年～1818年）

Ａ・莫納爾（1818年～1838年）

Ａ・格拉夫斯特羅姆（1839年～1870年）

Ｆ・達爾葛蘭（1871年～1895年）

H・赫德爾博朗德（1895年～1913年）

S・赫丁（1913年～1952年）

S・賽朗德爾（1953年～1957年）

O・赫德貝里（1957年～1974年）

P・O・松德曼（1975年～1993年）

B・特洛齊格（1993年至今）

第七把椅子

A・馮・費爾森（1786年～1794年）

A・G・希爾威爾斯托爾佩（1794年～1816年）

A・古爾貝里（1817年～1851年）

C・A・哈格貝里（1851年～1864年）

W・E・斯維德利尤斯（1864年～1889年）

F・桑德爾（1889年～1900年）

A・耶勒爾斯泰特（1901年～1914年）

S・拉格洛夫（1914年～1940年）

H・古爾貝里（1940年～1961年）

K・基耶洛夫（1961年～1982年）

E・安隆德（1983年至今）

第八把椅子

J・G・奧克森謝納爾（1786年～1818年）

E・泰格納爾（1818年～1846年）

C・W・博迪戈爾（1847年～1878年）

C・D・維爾森（1879年～1912年）

V・馮・海頓斯塔姆（1912年～1940年）

P・拉格奎斯特（1940年～1974年）

O・S・舍斯特朗德（1975年～2006年）

J・斯文布羅（2006年至今）

第九把椅子

G・J・阿德列波特（1786年～1818年）

H・耶爾達（1819年～1847年）

C・D・斯古格曼（1847年～1856年）

H・哈彌爾頓（1856年～1881年）

E・小泰格納爾（1882年～1928年）

O・馮・弗利森（1929年～1942年）

E・呂夫泰特（1942年～1955年）

T・約翰尼松（1955年～1991年）

T・林格仁（1991至今）

第十把椅子

A・布丁（1786年～1790年）

C・B・茲伯特（1790年～1809年）

G・拉格爾布耶爾科（1809年～1837年）

C・F・文果德（1837年～1851年）

H・列烏特達爾（1952年～1870年）

P・根貝里（1871年～1875年）

C・斯諾伊爾斯基（1876年～1903年）

H・顏爾納（1903年～1922年）

F・伯克（1922年～1961年）

E・倫洛特（1962年～2002年）

P・恩葛蘭＊（2002年至今）

第十一把椅子

N・馮・盧森斯泰因（1786年～1824年）

L・M・恩貝里（1824年～1865年）

B・E・赫爾德博倫德（1866年～1884年）

C・T・奧德納爾（1885年～1904年）

E・A・卡爾菲爾德（1904年～1931年）

T・福格爾克維斯特（1931年～1941年）

N・安隆德（1941年～1957年）

E・詹森（1957年～1976年）

U・H・林德（1977年至今）

第十二把椅子

E・施呂德海姆（1786年～1795年）

I・布魯姆（1797年～1826年）

G・F・維爾森（1826年～1827年）

B・馮・比斯科沃（1826年～1827年）

C・G・斯特朗德貝里（1869年～1874年）

A・安德松（1875年～1892年）

A・諾登施爾德（1893年～1901年）

G・列茨尤斯（1901年～1919年）

A・諾列恩（1919年～1925年）

B・貝里曼（1925年～1967年）

S・H・林德羅德（1968年～1980年）

K・W・阿斯本斯特洛姆（1981年～1997年）

P・維斯特拜里耶＊（1997年至今）

第十三把椅子

G・F・於倫堡里（1786年～1808年）

F・M・弗朗森（1808年～1847年）

B・E・馬爾姆斯特羅姆（1849年～1865年）

C・古爾貝里（1865年～1897年）

A・梅林（1898年～1919年）

A・厄斯特林（1919年～1981年）

G・瓦爾奎斯特（1982年至今）

第十四把椅子

G・M・阿姆費爾特（1786年～1794年被除名）

M・拉梅爾（1797年～1824年）

E・G・耶伊爾（1824年～1847年）

E・弗利艾斯（1847年～1978年）

C・R・尼布魯姆（1879年～1907年）

P・哈爾斯特洛姆（1908年～1960年）

R・約瑟夫松（1960～1966年）

L・J・W・於倫斯坦（1966年~2006年）

K・隆＊（2006年至今）

第十五把椅子

C・G・諾爾丁（1786年～1812年）

C・B・魯斯斯特羅姆（1812年～1826年）

J・D・瓦列爾尤斯（1826年～1852年）

L・曼德爾斯特羅姆（1852年～1873年）

A・N・桑德貝里（1874年～1900年）

G・畢林（1900年～1925年）

H・拉松（1925年～1944年）

E・維格納爾（1944年～1949年）

H・馬爾遜（1949年～1978年）

K・L・艾克曼（1978年至今）

第十六把椅子

C・G・利奧波爾德（1786年～1829年）

S・格魯佩（1830年～1853年）

L・瓦薩爾（1854年～1860年）

C・W・A・斯特朗德貝里（1862年～1877年）

V・里德貝里（1877年～1895年）

W・魯丁（1896年～1921年）

N・綏德爾布魯姆（1921年～1931年）

T・安德列（1932年～1947年）

E・維森（1947年～1981年）

K・E・埃斯普馬克＊（1981年至今）

第十七把椅子

J・莫爾貝里（1787年～1805年）

G・M・阿姆費爾特（1805年被重新召回～1811年又被除名）

G・維德爾斯泰特（1811年～1837年）

A・M・斯特林霍爾姆（1837年～1862年）

L・德・格爾（1862年～1896年）

P・馮・埃倫海姆（1897年～1918年）

H・哈馬舍爾德（1918年～1953年）

D・哈馬舍爾德（1954年～1961年）

J・E・林德葛蘭（1962年～1968年）

B・J・埃德費爾特（1969年～1997年）

H・恩格道爾＊（1997年至今）

第十八把椅子

N・L・舍貝里（1787年～1822年）

A・F・舍爾德博朗德（1822年～1834年）

P・H・林（1835年～1839年）

P・D・A・阿德爾波姆（1839年～1855年）

J・H・杜曼德爾（1855年～1865年）

G・雍葛蘭（1865年～1905年）

V・諾爾斯特羅姆（1907年～1916年）

O・蒙德利尤斯（1917年～1921年）

A・英斯特羅姆（1922年～1940年）

G・M・希爾維爾斯托爾佩（1941年～1942年）

G・赫爾斯特洛姆（1942年～1953年）

B・馬爾姆貝里（1953年～1958年）

G・艾凱洛夫（1958年～1968年）

N・A・隆德克維斯特（1968年～1992年）

K・弗洛斯滕松＊（1992年至今）

圖片資料來源

Chinua Achebe
http://www.blackeducator.org/blackcultureweaponry.htm
Adonis
http://moodoor.blog.163.com/blog/static/62840820091022114331888/
Edward Albee
http://www.guardian.co.uk/stage/theatreblog/2007/mar/02/whydoesedwardalbeehatedir
Vassilis Alexakis
http://www.flickr.com/photos/lifa_en_images/5618490279/
Ibrahim Al-Koni
http://www.polityka.pl/swiat/rozmowy/1513792,1,rozmowa-z-ibrahimem-al-konim-pisarzem-libijskim.read
Isabel Allende
http://www.sierracollege.edu/ejournals/jsnhb/v1n2/contributors.html
Samīh al-Qāsim
http://nswas.org/spip.php?article619&id_document=1545
Maya Angelou
http://quotedepot.net/famous-people/maya-angelou/9786/quotes
Antonio Lobo Antunes
http://zh.wikipedia.org/zh/File:Antonio_Lobo_Antunes_20100328_Salon_du_livre_de_Paris_2.jpg
John Ashbery
http://artsbeat.blogs.nytimes.com/2007/12/03/the-skim-25/
Kjell Askildsen
http://laantiguabiblos.blogspot.com/2011/10/los-perros-de-tesalonica-kjell.html
Margaret Atwood
http://blog.camera.org/archives/2010/09/fiction_by_margaret_atwood.html
Paul Auster
http://www.joschwartz.de/JScom/vips/index.html
Rosalind Belben
http://www.ed.ac.uk/about/people/tait-black/introduction
John Banville
http://www.guardian.co.uk/books/2011/may/26/john-banville-kafka-prize

Julian Barnes
http://www.telegraph.co.uk/culture/donotmigrate/3671554/Julian-Barnes-Life-as-he-knows-it.html
Robert Bly
http://minnesota.publicradio.org/display/web/2008/02/27/blylaureate/
Bei Dao
http://www.poetryfoundation.org/bio/bei-dao
Yves Bonnefoy
http://www.cbc.ca/news/arts/books/story/2007/10/30/kafka-prize.html
A.S.Byatt
http://en.wikipedia.org/wiki/A._S._Byatt
Peter Carey
http://www.guardian.co.uk/lifeandstyle/2010/feb/27/peter-carey-interview
Ernesto Cardenal
http://www.uhmc.sunysb.edu/surgery/cardenal3.html
Anne Carson
http://www.randomhouse.com/acmart/catalog/author.pperl?authorid=4379
Mircea Cărtărescu
http://ramnicpress.ro/2012/05/mircea-cartarescu-in-turneu-la-bruxelles-si-amsterdam/
Maryse Condé
http://www.blackpast.org/?q=gah/conde-maryse-1937
Don DeLillo
http://www.sfgate.com/books/article/Point-Omega-by-Don-DeLillo-3273173.php
Fernando del Paso
http://www.eluniversal.com.mx/notas/593103.html
Mahasweta Devi
http://indiatoday.intoday.in/story/mahasweta-devi-resigns-as-bangla-academy-chairperson/1/197249.html
Assia Djebar
http://www.pwf.cz/archivy/autori/assia-djebar/en/
E.L.Doctorow
http://www.gradesaver.com/author/e-l-Doctorow/
Bob Dylan
http://www.historyguy.com/biofiles/bob_dylan_2009_tour.htm
Umberto Eco
http://www.prensalibre.com/internacional/Wikipedia_0_413958628.html
Esterházy Péter
http://hu.wikipedia.org/wiki/Esterh%C3%A1zy_P%C3%A9ter
Nuruddin Farah
http://www.newsomali.com/2011/11/25/happy-birthday-nuruddin-farah/
Jon Fosse
http://artsfuse.org/12589/fuse-book-review-a-norwegian-ghost-story/
Carlos Fuentes
http://www.achievement.org/autodoc/photocredit/achievers/fue0-002

Eduardo Galeano
http://zh.wikipedia.org/zh-hans/File:Eduardo_Galeano_2009.jpg
William H.Gass
http://en.wikipedia.org/wiki/William_H._Gass
Juan Gelman
http://en.wikipedia.org/wiki/File:Juan_Gelman_-presenciagovar-_31JUL07.jpg
Louise Glück
http://thesisterproject.com/roach/contact-she-said-she-said/
Juan Goytisolo
http://es.wikipedia.org/wiki/Juan_Goytisolo
Luis Goytisolo
http://www.elmundo.es/elmundo/hemeroteca/2007/10/29/n/elsibarita.html
Mary Gordon
http://isak.typepad.com/isak/2012/03/speaking-mary-gordon.html
David Grossman
http://en.wikipedia.org/wiki/David_Grossman
Peter Handke
http://e-callao.net/2011/12/poeta-aleman-peter-handke-nacio-un-6-de-diciembre/
Kevin John Hart
http://corner.acu.edu.au/research_supervision/framework/browse.php?srperid=2640
Kazuo Ishiguro
http://online.wsj.com/article/SB100014240527487037400045745134631060121 06.html
Tahar Ben Jelloun
http://www.taharbenjelloun.org/index.php?id=2
Francisco Sionil José
http://www.engr.uvic.ca/~amakosin/afsj.html
Ismail Kadare
http://www.listal.com/viewimage/1256837
Shlomo Kalo
http://en.wikipedia.org/wiki/Shlomo_Kalo
Thomas Keneally
http://www.guardian.co.uk/lifeandstyle/2009/sep/12/thomas-keneally-interview
Elias Khoury
http://en.wikipedia.org/wiki/Elias_Khoury
Eeva Kilpi
http://sverigesradio.se/sida/artikel.aspx?programid=1003&artikel=1960587
Ivan Klíma
http://www.guardian.co.uk/books/2009/aug/02/ivan-klima-interview
Ko Un
http://jacketmagazine.com/34/ko-un.shtml
Milan Kundera
http://www.enviedecrire.com/lecriture-selon-milan-kundera/

John le Carré
http://zh.wikipedia.org/wiki/File:John_le_Carre.jpg
Jonathan Littell
http://www.stern.de/kultur/buecher/prix-goncourt-literaturpreis-fuer-ss-gestaendnis-575718.html
Amin Maalouf
http://www.hudong.com/wiki/%E9%98%BF%E6%95%8F%C2%B7%E9%A9%AC%E5%8D%A2%E5%A4%AB
Claudio Magris
http://baiaedicions.net/editorial/a-cultura-italiana-na-feira-do-libro-de-madrid/
David Malouf
http://blog.mpl.org/mke_reads/2011/12/ransom_by_david_malouf.html
Norman Manea
http://www.a1.ro/timp-liber/evenimente/scriitorul-norman-manea-vine-in-romania-203862.html
Javier Marias
http://www.elmundo.es/elmundo/2006/06/19/cultura/1150734433.html
Juan Marsé
http://www.argia.com/boligrafo-gorria/2011/02/pelikula-gomendio-bat-juan-marse-bezalako-tele-eszeptikoei/
Cormac McCarthy
http://bookhaven.stanford.edu/tag/cormac-mccarthy/
Ian McEwan
http://www.guardian.co.uk/books/2010/may/28/ian-mcewan-hay-prize-solar
Patrick Modiano
http://www.mediapart.fr/journal/culture-idees/060310/patrick-modiano-passe-au-futur-anterieur
Alice Munro
http://www.abebooks.com/blog/index.php/2009/05/27/alice-munro-wins-man-booker-international/
Haruki Murakami
http://pitheatre.com/murakami/
Geraid Murnane
http://www.theage.com.au/news/entertainment/books/a-very-melbourne-man-collects-literary-prize/2009/11/11/1257615079773.html
Les Murray
http://www.abc.net.au/tv/talkingheads/txt/s2927060.htm
Nadas Peter
http://www.leipzig.de/int/en/kultur_gastonomie/literatur/lbev/chronik/11010.shtml
Cees Nooteboom
http://www.daad.de/alumni/netzwerke/vip-galerie/westeuropa/12797.en.html
Joyce Carol Oates
http://www.aprweb.org/author/joyce-carol-oates
Ben Okri
http://www.librarything.com/author/okriben

Michael Ondaatje
http://www.writingbar.com/2011/11/book-reviews/book-review-in-the-skin-of-a-lion-by-michael-ondaatje/attachment/michael-ondaatje/

Amos Oz
http://articles.philly.com/2011-10-27/news/30328131_1_amos-oz-anton-chekhov-uncle-vanya

Victor Pelevin
http://en.wikipedia.org/wiki/Victor_Pelevin

Per Petterson
http://minnesota.publicradio.org/display/web/2007/09/27/petterson/

Marge Piercy
http://www.utk.edu/tntoday/2010/10/11/marge-piercy-poetry-readings/

Thomas Pynchon
http://www.3quarksdaily.com/3quarksdaily/2011/10/your-best-friend-calls-you-and-tells-you-heshes-really-sick-how-do-you-show-you-care-1.html

Atiq Rahimi
http://www.guardian.co.uk/books/booksblog/2008/nov/19/atiq-rahimi-marc-bressant

Philip Roth
http://www.nytimes.com/2008/09/17/books/17kakutani.html

Salman Rushdie
http://www.memorabletv.com/books/salman-rushdie-to-write-screenplay-for-showtime/

K.Satchidanandan
http://www.spiderkerala.net/resources/8330-Poet-K-Satchidanandan-Profile-Biography.aspx

Gitta Sereny
http://getglue.com/search?q=Gitta+Sereny&cat=topics

Botho Strauss
http://www.rowohlt-theaterverlag.de/artikel/Cate_Blanchett_spielt_Botho_Strauss.2982943.html

Graham Swift
http://www.telegraph.co.uk/culture/books/4943131/Interview-with-Graham-Swift.html

Antonio Tabucchi
http://www.nndb.com/people/564/000031471/

Ngugi wa Thiong'o
http://www.thepaltrysapien.com/2011/04/literary-superstar-ngugi-wathiongo-on-re-membering-african-civilisations/

Colm Tóibín
http://www.prospectmagazine.co.uk/magazine/anewyorkminiature/

Michel Tournier
http://fr.wikipedia.org/wiki/Michel_Tournier

William Trevor
http://www.munsterlit.ie/Writer%20pages/Trevor,%20William.html

Gore Vidal
http://www.therichest.org/celebnetworth/celeb/authors/gore-vidal-net-worth/
Martin Walser
http://www.dradio.de/dkultur/sendungen/kritik/844261/bilder/image_main/
A.B. Yehoshua
http://jewneric.com/2012/03/a-b-yehoshua-american-jews-are-only-partial-jews/
Yevgeny Yevtushenko
http://www.jccc.edu/photo_stories/2010/0322-yevtushenko.html
Adam Zagajewski
http://artsfuse.org/31797/fuse-poetry-review-zagajewski-6-0/adam-zagajewski/
Bella Akhmadulina
http://obit-mag.com/articles/grim-reader-dec-3-2010-leslie-nielsen-alfred-masini-
and-bella-akhmadulina
Beryl Margaret Bainbridge
http://www.commapress.co.uk/?section=books&page=TheBookofLiverpool
Inger Christensen
http://www.information.dk/178584
Hugo Claus
http://frontpage.fok.nl/nieuws/222455/1/1/50/hugo-claus-78-overleden.html
Yuri Ilyich Druzhnikov
http://www.universityofcalifornia.edu/senate/inmemoriam/yuridruzhnikov.html
Václav Havel
http://en.wikipedia.org/wiki/File:V%C3%A1clav_Havel.jpg
Guillermo Cabrera Infante
http://www.quelibroleo.com/noticias/libros/cuba-edita-un-libro-sobre-guillermo-
cabrera-infante-tras-decadas-de-censura
Ryszard Kapuscinski
http://lacomunidad.elpais.com/crguarddon/2009/7/6/lapidarium-ryszard-
kapuscinski
Jaan Kross
http://niitellen.webs.com/apps/photos/photo?photoid=114488451
Arnost Lustig
http://en.wikipedia.org/wiki/Arno%C5%A1t_Lustig
Harry Mulisch
http://en.wikipedia.org/wiki/File:Harry_Mulisch_2010.JPG
John Hoyer Updike
http://www.reuters.com/article/2009/01/28/us-updike-idUSTRE50Q5WR20090128
Christa Wolf
http://biografieonline.it/biografia.htm?BioID=1552&biografia=Christa+Wolf

後記

先得介紹一下這本書的來由。

這本書介紹的都是近些年來諾貝爾文學獎的候選人，他們基本上都是20世紀50年代後成名的作家，其中多數是近四十年活躍在世界文壇的。

其實，諾貝爾文學獎是從不公佈候選人的，而且參評名單在50年內秘不示人。所以，蒐集候選人名單就成為當務之急。而我們是從兩個管道的來源編制這110多名候選人名單的：一、從各種文化新聞報導和外國文學介紹文章中採集被各國推薦的諾貝爾文學獎候選人的資訊，占35%左右；二、利用英國立博國際博彩公司（Ladbrokes）每年公佈的諾貝爾文學獎投注名單，占65%左右。

這裏要重點說一下英國立博國際公司的投注名單。自從這家博彩公司1985年增加了對諾貝爾文學獎的投注、押獎之後，它每年都會公佈一個長的多達五、六十人的名單，標注不同的賠率，供彩民們投注。博彩公司也雇傭了一些專家和顧問，專門研究被科研人員引用和評價的作家的頻率，看大牌文學批評家都在看什麼、評論什麼，看這些作家在其他文學獎中

的獲獎機率，根據這些作家的聲譽和最新作品反應等等條件，
然後給入選的作家按照可能性編制出不同的賠率，從而形成每
年的賠率表。據立博公司諾貝爾文學獎賠率設定者大衛‧威廉
姆斯介紹，雖然立博公司也有物理、化學、經濟學和醫學這四
項諾貝爾獎開盤，但押注者很少，而文學獎儼然已成為諾獎中
的博彩大戶。

　　我們是在2007年注意到立博的這個名單的。名單一出，
大家都很迷茫，這些作家都是哪國的？在國際上有什麼影響？
都有那些代表作品？我雖然平時很關注外國文學，但畢竟是業
餘的，有些名字聽說過，但這個名單上80%以上的作家都沒有
作品被翻譯成中文，難免還是有些迷惑。

　　於是，在2009年的諾貝爾文學獎的立博投注賠率表推出
後，我們遍查英文網站，編制了一份「2009年諾貝爾文學獎
候選人及作品中文譯本全手冊」，然後貼在豆瓣網和譯文論壇
上，受到外國文學愛好者的一致好評。據對各種華文網站的查
閱結果，這個名錄應該是世界華文領域中的頭一份，以前沒人
做過。我們知道，其實做這個工作我們並非最佳人選，但專家
們似乎對這事是不屑一顧，再加上既不算什麼成果，也沒有太
高技術含量，還沒有人給報酬，更是沒人願意做的。但廣大的
外國文學愛好者是很歡迎這類普及性介紹的，轉載率很高，並
且很多人跟帖指出一些錯漏和誤譯，提供新的資料，使這個手
冊得以進一步完善。

　　當時在《延安文學》供職的賈勤先生還專門徵得我們的
許可，在雜誌上把這篇介紹文章刊發了一下。2010年下半

年，賈勤先生策劃「木鐸文叢」時，又督促我們把這個手冊加以補充、完善，整理成一本真正的書。他的想法是能使欲瞭解和翻譯最新外國文學作品的讀者和機構都能把本書當成不可或缺的參考資料。於是，我們加快編譯步伐，對一些各語種人名的讀音、內容措辭和作品譯名上電郵往來，做了很多探討，反覆推敲，譯文品質也更有保證。

在編譯中，我們才發現工作量之大遠遠超出原來的預料，雖然多數作家在英文維基百科（wikipedia）中有資料和介紹，但各家的介紹詳略不一、體例各異，有的洋洋灑灑數萬字，有的則只有短短一二百字的介紹，個別甚至隻字皆無，需從他人的評論中摘取一點點相關的資訊，需要查找其他英文網站的資料予以補充。有時為了一本書名的譯法，查找資料、反覆推敲，往往花費兩三天的時間。由於這些作家遍佈全球，涉及的語種較多，有的英文介紹極少，只有德文、法文、西班牙文、芬蘭文、瑞典文、挪威文、捷克文的資料，所以只有請相關語種的專家答疑解惑，個別資料太少的只有放棄。

我們知道，在全球文壇中，有些作家行為極為怪癖，比如有的很少拋頭露面，行蹤隱秘，生平資料極少外露，只有寥寥三五行介紹，如英國作家羅莎琳德・貝爾本；有的甚至連照片都很少存世，比如美國作家托馬斯・品欽，只有幾張中學和服役時的證件照；有很多雖不至於怪異若此，但不喜記者採訪，蒐遍各語種資料，也仍覺資訊不夠豐滿。這也是造成書中作家的介紹有些詳略不一的原因。

書中涉及的著作名稱甚多，有中文譯名的參照已通行的

譯名，但大多數沒有譯名，則根據字面意思譯出，可能會有許多理解的偏差或錯漏。因為很多著作如果沒有詳讀原著的話，其書名的深刻內涵是不易把握的，僅憑字面意思來理解是不妥當的。因為這不是一部研究某位作家的專著，我們不可能詳細瞭解眾多作家的作品，只能這樣簡單操作了。所以若有遺憾只能留待有關專家的彌補和糾正。有些外國作家有中文資料的，前輩翻譯家有過翻譯介紹的，我們也都做了一些吸收與採納，在此不再一一具名感謝。

由於諾貝爾文學獎主要是獎勵文學創作（小說、詩歌、戲劇等），很多作家同時也是散文家、評論家和翻譯家，為了突出重點，對他們的其他成就簡單帶過，不再開列詳細書目，以免冗長。比如翁貝托·埃可的理論和評論著作比他的小說多幾倍，翻譯成中文的也有幾十本，不勝枚舉，所以開列的中文譯本只以小說為主。為使本書更加新鮮、實用，所有資訊也都盡可能準確到本書出版前最新動態（如著作出版情況、獲獎情況等）。

寫到這裏，不禁讓人想起1979年在外國文學的一片荒蕪中，中國出版了上中下三卷的《外國名作家傳》，如饑似渴的青年們爭相傳閱的情景。那套書介紹的大多是外國古典文學作家，涉及到的現當代作家很少，但已經為文學青年們打開了新視野。今天再出版新的《外國名作家傳》，恐怕也很難有往日的盛況了。但作家和作品提要對打開我們閱讀的眼界是至關重要的，我們仍記得1988年灕江出版社的《現代主義代表作100種、現代小說99種提要》出版後，很快成為先鋒派文學青年

們的聖經，被搶購一空的情景。由於印量較少，在一些舊書交易網站上還被被高價炒賣。1996年，光明日報出版社出版了余中先先生翻譯的法國《讀書》雜誌編選的《理想藏書》，分門別類的推薦了2401種書籍，這才讓我們發現，原來我們的視野那麼狹小，外面的世界是那麼的廣袤。

如今，有了這30多年的改革開放和翻譯界、出版界的推動，我們的外國文學作品的翻譯和閱讀已成為大家讀書生活的一個有機組成部分，有很多作品的翻譯出版甚至已做到與世界同步；外國文學作品的出版也成為各出版社的一項大宗，世界各大文學獎的獲獎作品也成為各家爭相出版的焦點。每年的諾貝爾文學獎公佈後，馬上就會有出版社推出獲獎者的作品系列。很多外國文學作品如《1Q84》、《百年孤獨》都創造了近年引進出版物中的價格新高。這種市場的持續高溫，都表明了我們對世界文學的融入速度。

所以，在這種態勢下，希望這本書的出版能對我們的外國文學出版工作有所助益，也能對普通讀者起到開闊眼界、閱讀指南的作用。如此，就盡到編譯者的初衷了。書中的錯漏之處，也盼望能得到方家的指教，以俟再版時訂正。

曹亞瑟　路鵑

2011年4月16日初稿

2012年2月7日修訂

史地傳記類　PC0236

紙上的王冠
——誰是下一位諾貝爾文學獎得主

作　　者／路　鵑、曹亞瑟
主　　編／蔡登山
責任編輯／蔡曉雯
圖文排版／邱瀞誼
封面設計／王嵩賀

發 行 人／宋政坤
法律顧問／毛國樑　律師
印製出版／秀威資訊科技股份有限公司
　　　　　114台北市內湖區瑞光路76巷65號1樓
　　　　　電話：+886-2-2796-3638　傳真：+886-2-2796-1377
　　　　　http://www.showwe.com.tw
劃撥帳號／19563868　戶名：秀威資訊科技股份有限公司
　　　　　讀者服務信箱：service@showwe.com.tw
展售門市／國家書店（松江門市）
　　　　　104台北市中山區松江路209號1樓
　　　　　電話：+886-2-2518-0207　傳真：+886-2-2518-0778
網路訂購／秀威網路書店：http://www.bodbooks.com.tw
　　　　　國家網路書店：http://www.govbooks.com.tw
圖書經銷／紅螞蟻圖書有限公司
　　　　　114台北市內湖區舊宗路二段121巷28、32號4樓
　　　　　電話：+886-2-2795-3656　傳真：+886-2-2795-4100

2012年08月BOD一版
定價：450元

國家圖書館出版品預行編目

紙上的王冠：誰是下一位諾貝爾文學獎得主 / 路鵑,
　曹亞瑟編譯. -- 一版. -- 臺北市：秀威資訊科技,
　2012.08
　　面；　公分. -- (讀歷史；PC0236)
　BOD版
　ISBN 978-986-221-968-3(平裝)

　1. 作家　2.世界傳記

781.054　　　　　　　　　　　　　101009498

讀 者 回 函 卡

感謝您購買本書，為提升服務品質，請填妥以下資料，將讀者回函卡直接寄回或傳真本公司，收到您的寶貴意見後，我們會收藏記錄及檢討，謝謝！
如您需要了解本公司最新出版書目、購書優惠或企劃活動，歡迎您上網查詢或下載相關資料：http:// www.showwe.com.tw

您購買的書名：＿＿＿＿＿＿＿＿＿＿＿＿＿＿＿＿＿＿＿＿＿＿＿

出生日期：＿＿＿＿＿年＿＿＿＿＿月＿＿＿＿＿日

學歷：□高中 (含) 以下　　□大專　　□研究所 (含) 以上

職業：□製造業　□金融業　□資訊業　□軍警　□傳播業　□自由業
　　　□服務業　□公務員　□教職　　□學生　□家管　　□其它＿＿＿

購書地點：□網路書店　□實體書店　□書展　□郵購　□贈閱　□其他

您從何得知本書的消息？

　□網路書店　□實體書店　□網路搜尋　□電子報　□書訊　□雜誌

　□傳播媒體　□親友推薦　□網站推薦　□部落格　□其他＿＿＿＿＿

您對本書的評價：（請填代號　1.非常滿意　2.滿意　3.尚可　4.再改進）

　封面設計＿＿＿　版面編排＿＿＿　內容＿＿＿　文／譯筆＿＿＿　價格＿＿＿

讀完書後您覺得：

　□很有收穫　□有收穫　□收穫不多　□沒收穫

對我們的建議：＿＿＿＿＿＿＿＿＿＿＿＿＿＿＿＿＿＿＿＿

＿＿＿＿＿＿＿＿＿＿＿＿＿＿＿＿＿＿＿＿＿＿＿＿＿＿＿＿＿＿

＿＿＿＿＿＿＿＿＿＿＿＿＿＿＿＿＿＿＿＿＿＿＿＿＿＿＿＿＿＿

＿＿＿＿＿＿＿＿＿＿＿＿＿＿＿＿＿＿＿＿＿＿＿＿＿＿＿＿＿＿

11466
台北市內湖區瑞光路 76 巷 65 號 1 樓

秀威資訊科技股份有限公司　　　收

BOD 數位出版事業部

....

（請沿線對折寄回，謝謝！）

姓　　名：＿＿＿＿＿＿＿＿　　年齡：＿＿＿＿　　性別：□女　□男

郵遞區號：□□□□□

地　　址：＿＿＿＿＿＿＿＿＿＿＿＿＿＿＿＿＿＿＿＿＿＿＿

聯絡電話：(日)＿＿＿＿＿＿＿＿＿　(夜)＿＿＿＿＿＿＿＿＿＿

E-mail：＿＿＿＿＿＿＿＿＿＿＿＿＿＿＿＿＿＿＿＿＿＿＿